LADISLAS MICKIEWICZ

ADAM MICKIEWICZ

SA VIE ET SON ŒUVRE

AVEC UN PORTRAIT PAR THÉOPHILE BÉRENGIER

DEUXIÈME ÉDITION

PARIS
NOUVELLE LIBRAIRIE PARISIENNE
ALBERT SAVINE, ÉDITEUR
18, RUE DROUOT, 18

1888
Tous droits réservés.

ADAM MICKIEWICZ

SA VIE ET SON ŒUVRE

EN VENTE A LA MÊME LIBRAIRIE

Envoi FRANCO au reçu du prix en un mandat ou en timbres-poste.

Collection in-18 jésus à 3 fr. 50

ISAAC PAVLOVSKY
Souvenirs sur Tourguéneff, 2e édition.

NAPOLÉON BONAPARTE
Œuvres littéraires, 2e édition.

SHELLEY
Œuvres poétiques complètes, 3 volumes.

JACINTO VERDAGUER
L'Atlantide, poème catalan. 2e édition.

LÉON TIKHOMIROV
La Russie politique et sociale, 4e édition.
Conspirateurs et Policiers, 2e édition.

LÉON HUGONNET
Chez les Bulgares, 2e édition.

MARINA POLONSKY
Causes célèbres de la Russie, 3e édition.

HENRI CONTI
L'Allemagne intime, 4e édition.

FRANÇOIS LOYAL
L'Espionnage allemand en France, 3e édition.

V. ALMIRALL
L'Espagne telle qu'elle est, 3e édition.

FÉLIX RABBE
Shelley, sa vie et ses œuvres, 2e édition. Prix : 4 fr.

LADISLAS MICKIEWICZ

ADAM MICKIEWICZ

SA VIE ET SON ŒUVRE

AVEC UN PORTRAIT

PAR

THÉOPHILE BÉRENGIER

PARIS

NOUVELLE LIBRAIRIE PARISIENNE

ALBERT SAVINE, ÉDITEUR

18, RUE DROUOT, 18

1888

Tous droits réservés.

PRÉFACE

Adam Mickiewicz a passé une grande partie de sa vie à Paris, il y a compté d'illustres amitiés et professé avec éclat au *Collège de France*. Cependant, que de personnes savent son nom qui n'ont jamais lu ses œuvres, ou ont lu ses œuvres qui ignorent sa biographie !

C'est qu'il faut des circonstances exceptionnelles pour qu'une réputation étrangère, si brillante qu'elle soit, s'impose en France. On répète un nom avant de connaître le pourquoi de sa notoriété. A la longue, on recherche le pourquoi, on s'informe du chef-d'œuvre qui vaut à l'auteur sa renommée. Ce chef-d'œuvre ne se découvre pas à vous tout entier, mais un œil expérimenté devine, sous le voile plus ou moins épais des traductions, jusqu'aux beautés qui restent à demi cachées.

Les lecteurs désirent finalement pénétrer davantage dans l'intimité de l'écrivain, parce qu'ils sentent que ce n'est qu'à cette condition que leur jouissance sera complète. En examinant le portrait, ils regrettent de ne pouvoir lui comparer l'original. Ils aimeraient à côtoyer de plus près la limite qui sépare la fiction de la réalité, à être mis à même d'analyser douleur et joie et de déterminer le degré de concordance des actes et des paroles. En fermant un poème, nous sommes tentés d'établir un parallèle entre l'auteur et tel ou tel de ses personnages, entre son amante idéale et l'autre.

Une difficulté se présente souvent. On s'aperçoit que le traducteur a été plus pressé que le biographe, et force est d'attendre le bon plaisir de ce dernier. Les simples notices des encyclopédies sont généralement inexactes, toujours insuffisantes. Mickiewicz avait séjourné et agi en tant de pays différents qu'aucun de ses amis n'était renseigné sur les diverses périodes de sa carrière. Des récits épisodiques ne sauraient suppléer à une vue d'ensemble. Les matériaux néanmoins s'amoncelaient peu à peu. La publication de la correspondance du poète vint nous livrer ses confidences et mettre un fil d'Ariane aux mains des critiques.

Nous avons hésité longtemps devant une tâche remplie à la fois de douceur et d'amertume. Le cœur se serre à inventorier des félicités disparues.

Certaines évocations vous font ouvrir les bras devant un fantôme qui s'évanouit et ravivent l'angoisse des séparations suprêmes. En outre, le fils qui, comme un ancien Égyptien, s'installe pour juger un mort, paraît, lorsque ce mort est son père, irrespectueux d'abord et ensuite suspect de partialité. Heureusement qu'il est des personnages, drapés dans leur linceul, qui sont assez augustes pour que les juger ce soit les offrir en exemple. Eux non plus, il est vrai, n'échappent pas aux clameurs de cette tourbe de pygmées qui, à notre époque plus qu'à aucune autre de l'histoire, ne trouvent d'autre moyen de se persuader qu'ils ont la taille belle qu'en niant qu'il y ait des géants. Un jour, en France, à la Chambre des députés, M. Piet ne s'est-il pas écrié : « Les grands hommes font toujours le malheur de leur pays ! » Ce qui lui attira cette réplique du général de Girardin : « Vous êtes bien chanceux, Monsieur Piet, la France n'a rien à redouter de vous. »

Oui, on va répétant que le génie est une névrose, un développement anormal de plusieurs cellules du cerveau, et qu'il n'y a de bien conformé que les intelligences moyennes, les cœurs étroits et les âmes positives. L'émotion indéfinissable et délicieuse qui nous saisit au spectacle d'une action sublime ou d'un chef-d'œuvre nous prouve que l'infirme, c'est l'homme médiocre. Nous comprenons que l'étude et l'imitation du génie nous avancera dans le chemin de la perfection. Le genre humain n'a jamais progressé autrement. Les fortes individualités remorquent les retardataires. Elles ne sont plus de ce monde que leur tradition et leurs œuvres facilitent toujours la marche ascensionnelle de ceux qui gravissent péniblement une voie que leurs prédécesseurs ont non seulement franchie en quelques bonds, mais qu'ils ont rendue plus praticable et plus sûre en y laissant la trace lumineuse de leur passage.

Ladislas M<small>ICKIEWICZ</small>.

ADAM MICKIEWICZ

I

Années d'enfance et d'adolescence. — Premières poésies et premier amour. — Publication des œuvres. — Philomathes et philarètes. — Persécution, emprisonnement et condamnation par ukase impérial.

Le 24 décembre 1798, à Zaosie, ferme située en Lithuanie, aux environs de la petite v.lle de Nowogrodek, naissait Adam Mickiewicz. Les vastes forêts de cette région ont longtemps protégé ses habitants contre les incursions de leurs voisins. Une forêt de traditions les protège encore contre l'invasion spirituelle de la Russie. Moins expansifs et moins brillants que leurs frères des bords de la Vistule, ils sont plus réfléchis et plus tenaces. Cette province, librement unie jadis, dans sa prospérité, à la Pologne par un mariage, comme la Bretagne, avec laquelle elle a plus d'un trait de ressemblance, le fut à la France, scella, dans son malheur, cette alliance en produisant coup sur coup Thadée Kosciuszko et

Adam Mickiewicz. Le génie intuitif de Michelet lui a fait saisir que ce sont les grands hommes des diverses parties de la Pologne qui forment et cimentent son unité morale (1). Edgard Quinet a recueilli l'anecdote suivante : « Un général polonais (l'illustre Dembinski) m'a raconté que, dans l'une des dernières guerres contre la Russie, ayant conduit son corps d'armée sur les bords du Niemen sans intention de le franchir, il voulut savoir pourtant si l'autre rive était restée polonaise. Pour cela, il rassembla la musique de ses régiments, et il lui fit jouer un des vieux airs de la patrie. A peine les premiers sons eurent-ils traversé le fleuve qu'il s'éleva de la terre qu'on ne pouvait atteindre — c'était, je crois, Kowno — un murmure confus de voix qui consola le cœur du vieux soldat (2). »

A ce murmure confus devaient succéder des strophes inspirées qui, du fond de la Lithuanie, retentirent jusqu'aux confins extrêmes de la Pologne et qui résonnent toujours.

Enfant, Adam Mickiewicz fut témoin de l'admiration suscitée par l'héroïsme des légionnaires, et il entendit bénir les victoires remportées par Napoléon sur les oppresseurs de la Pologne. Bientôt la Grande Armée traversa la Lithuanie en triomphe pour y repasser en déroute : spectacle extraordinaire qui remua profondément l'âme d'Adam Mickiewicz.

Je me rappelle bien 1812, a-t-il raconté plus tard à un ami. Chobrzynski, lié avec mon père, évacua Nowogrode

---

(1) Voir *la Pologne martyre*, p. vii. Paris, 1863.
(2) Préface des *Esclaves*, p. xxx. Édit. Bruxelles, 1853.

avec le dernier détachement russe. Les traînards voulurent piller et incendier la ville. Chobrzynski la préserva et distribua aux habitants le blé qui restait en magasin. En deuil alors de mon père, je vis entrer l'armée polonaise en pleurant de joie. On me soupçonna de regretter les Russes. Ce reproche me blessa douloureusement et je ne pus de longtemps l'oublier (1).

A une leçon du *Collège de France*, du 23 décembre 1847, Michelet cita une autre réminiscence de la même époque :

Notre illustre collègue et ami Mickiewicz m'a conté l'impression qu'il avait eue enfant lorsqu'en 1812 sont arrivées dans la Lithuanie, où il étudiait, ces masses d'hommes qui revenaient de Moscou, et les rapports que lui, Mickiewicz, avait eus avec eux. C'était au moment où les grands froids commençaient : les Polonais étaient dans la plus grande inquiétude, dans une attente, une anxiété extraordinaires. On allait, chaque matin, voir le thermomètre; et on s'effrayait de le voir baisser, baisser, baisser. Et puis voilà que peu à peu on voit arriver des hommes et encore des hommes ; tout en est plein : les maisons, les édifices pu-

(1) Notes d'Eustache Januszkiewicz prises au cours d'un voyage en compagnie de Mickiewicz de Paris à Zurich, en 1846. Le 23 juin 1812, 300 voltigeurs français avaient franchi le Niemen. Napoléon Iᵉʳ entra à Vilna le 28 juin, à midi. (Voir : *Itinéraire général de Napoléon, indiquant jour par jour, pendant toute sa vie, où était Napoléon*, par Perrot. Paris 1843.) « Le roi de Westphalie arriva le 8 juillet au soir à Nowogrodek avec trois de ses quatre corps d'armée. » L'un de ses trois corps d'armée, le 5ᵉ, composé de Polonais, était commandé par le prince Joseph Poniatowski. (Voir : *Mémoires pour servir à l'histoire de la campagne de 1812, en Russie*, par Albert du Casse, Paris. 1852.)

blics, le collège où était alors Mickiewicz, tout se remplit à la fois. Le froid devenait très vif; on leur faisait des feux partout. Dans les salles, dans les corridors, partout des soldats, des Français. Mickiewicz, qui avait alors 14 ans, allait de temps en temps regarder ces fantômes. Plusieurs d'entre eux avaient marché bien au delà de leurs forces par une vigueur intérieure que leur aspect n'expliquait pas. Le grand poète vit tout de suite une chose que personne n'a dite. Ces vieux soldats ne se couchaient point; la nuit, autour du feu, on les trouvait toujours la tête sur le coude, à rêver : ils avaient perdu le sommeil, étant tellement habitués au mal, à la fatigue, tellement désaccoutumés du repos. Ils roulaient en eux cette grande histoire. C'était trop, vous le sentez, pour les mêmes hommes d'avoir commencé en 1792 et de se trouver là en 1812 : chose excessive, au delà des puissances humaines. Donc, cette histoire leur revenait toujours : ils restaient là, rêveurs, autour du feu. Le grand poète des *Morts* (c'est le titre du premier poème de Mickiewicz), les ayant longtemps contemplés avec une gravité au-dessus de son âge, se hasarda à adresser une question à ces vieillards : « Vous êtes bien âgés ; comment donc, à votre âge, êtes-vous sortis de votre pays, encore cette fois, pour venir si loin ? » Et alors ces vieux grenadiers, relevant leur grandes moustaches blanches, répondaient avec simplicité : « Nous ne pouvions pas le quitter, le laisser aller tout seul ! » Voix profonde de la Grande Armée : « Nous ne pouvions pas le laisser aller tout seul. » Et le dernier mot est sublime : « Le laisser aller seul ! » Ainsi ces vieux soldats ne comptaient pour rien les générations nouvelles ni les cinquante peuples que Napoléon traînait après lui. Sans eux, Napoléon eût été seul. Grande réponse, voix profonde du cœur de la France. Le cœur survivait au sacrifice. C'est le plus précieux trésor de la déroute qui fut recueilli ainsi, sauvé par un enfant polonais. Et il a gardé ce trésor. C'est là ce qui le soutient à travers tant d'épreuves. Mickiewicz est resté, par cette force du souvenir, si j'osais le dire ici, presque plus Français que la France.

Second fils d'un avocat très considéré dans sa ville natale, Adam Mickiewicz appartenait à une famille à laquelle une tradition prêtait une origine princière, mais qui, fort appauvrie, se débattait péniblement au milieu des difficultés d'une époque calamiteuse. Chaque guerre devenait pour les Russes l'occasion de vexations épouvantables et, en pleine paix, leur brutalité et leur arbitraire mettaient à une rude épreuve la patience des infortunés Lithuaniens. C'est parmi la menue noblesse qui, généralement, ne possédait rien en propre que se recrutaient les fermiers et les titulaires des plus humbles fonctions administratives et judiciaires, tous gens en contact immédiat et journalier avec le paysan, au courant de ses usages, initiés à ses aspirations et capables de l'entraîner. Cette classe, à peine plus prospère que le paysan, mais exonérée des servitudes qui pesaient alors sur ce dernier, a toujours été une pépinière d'insurgés. Les Russes s'acharnèrent contre elle avec une férocité particulière. Adam Mickiewicz respira donc la plus saine des atmosphères.

D'entre ses quatre frères, Antoine, le plus jeune, qui mourut à six ans, montra une précocité extraordinaire, car il savait lire, écrire, compter et témoignait beaucoup de dispositions pour le dessin et la musique. Sa perte affecta ses parents au point qu'ils abandonnèrent la métairie de Zaosie pour s'installer définitivement à Nowogrodek. Antérieurement déjà, il arrivait que Nicolas Mickiewicz passait plusieurs mois seul en ville, où sa femme le rejoignait lorsqu'ils avaient à recevoir chez eux ou à aller dans le monde. Mais dorénavant Zaosie fut affermée, le séjour constant à Nowogrodek se prêtant mieux d'ailleurs à l'éducation des enfants (1). Le jeune Adam entra au collège des Dominicains le 13 septembre 1807.

François n'avait pas la mémoire prompte; il y suppléait à force d'application. Adam n'apprenait presque rien dans les livres ; il lui suffisait d'écouter son frère réciter ses leçons. Aussi n'achetait-on de livres de classe que pour l'aîné, et le puîné s'en passait (2).

Au collège, racontait plus tard Adam Mickiewicz, nous avions nos propres tribunaux et qui jouissaient d'une telle réputation que, dans leurs différends avec la jeunesse, les juifs s'en rapportaient absolument à cette sorte d'arrêts (3).

De plus, les Dominicains permirent à leurs élèves de former de vrais bataillons scolaires, avec armes, uniformes et décorations. Les Russes n'y prêtèrent pendant quelque temps aucune attention. Ces bataillons, à certains jours, s'en allaient manœuvrer hors de la ville. En 1812, les esprits étaient très montés. Le 3 mai, les bataillons scolaires furent rencontrés par un lieute-

---

(1) Nous empruntons ces détails à un mémorial de famille commencé par François, le frère aîné d'Adam, mais bientôt interrompu.
(2) Mémorial de François Mickiewicz.
(3) Notes d'Eustache Januszkiewicz.

nant russe, Siemihradzki, décoré de la croix de Sainte-Anne, pour sa participation au massacre de Praga, en 1794. Une des décorations enfantines qu'il aperçut lui déplut. Sur une observation grossière, une rixe s'engagea. Les élèves désarmèrent l'officier et l'emmenèrent prisonnier au collège; les premiers soldats qui se présentèrent furent repoussés. Heureusement que le recteur avait couru exposer l'incident au général russe qui commandait à Nowogrodek, brave homme qui ne demanda pas mieux que d'étouffer l'affaire. Il obligea l'officier Siemihradzki à donner sa démission et à passer au service civil. Le jeune Glowacki, qui avait frappé l'officier, reçut une correction, mais des mains de son père. D'autres élèves furent mis cinq jours au pain sec et à l'eau. Des uniformes ayant été lacérés dans la bagarre, les soldats qui les portaient furent indemnisés. La dissolution des bataillons scolaires fut immédiatement prononcée. Nicolas Mickiewicz, qui s'était activement employé à amener cette solution pacifique, en fut si heureux, qu'il invita chez lui à dîner les officiers russes pour sceller l'oubli de cette aventure(1). Le souvenir de cette levée enfantine de boucliers n'a peut-être pas été étranger à la genèse du chef-d'œuvre d'Adam Mickiewicz: *le sieur Thadée*.

Les chansons et les contes populaires se gravèrent de bonne heure dans la mémoire d'Adam Mickiewicz.

N'est-il pas étrange, faisait-il observer le 25 juin 1846, en parcourant des recueils de chansons populaires, publiés cette

---

(1) Mémorial de François Mickiewicz.

année-là, que je ne trouve rien dans ces ouvrages que je n'aie entendu et appris, enfant, à Nowogrodek dans la maison paternelle ? Notre bonne, nommée Gonsiewska, connaissait par cœur toutes ces chansons et les chantait en compagnie des paysannes qui venaient filer. Je puis aujourd'hui encore chantonner chaque air et rectifier les fautes des éditeurs (1).

Son premier essai poétique lui fut inspiré par un incendie qui éclata à Nowogrodek, en 1810. Il existait une société patriotique dans la ville ; ses archives étaient cachées dans le clocher de l'église Saint-Nicolas qui brûla. Ces papiers furent sauvés et remis à Nicolas Mickiewicz. Ils contenaient « les mystères des rapports entre l'Aigle blanc et le Cavalier de Lithuanie (2). » Le jeune Adam décrivit l'horreur de cet incendie et stigmatisa en même temps le désarroi de la garnison russe et la rapacité du maître de police d'alors qui ne vit dans ce désastre qu'une occasion de voler impunément. Ces vers circulèrent et auraient pu attirer des désagréments à Nicolas Mickiewicz s'il n'avait, en temps opportun, graissé la patte à qui de droit.

Mais si Adam Mickiewicz rima de bonne heure, il ne connut sa vocation qu'en 1818, et nous verrons que ce fut l'amour qui la lui révéla. En attendant, tout en ayant causé à ses parents la satisfaction de voir son nom imprimé parmi ceux des meilleurs élèves dans l'almanach où ces mentions s'inséraient alors, il ne fut

---

(1) Conversations d'Adam Mickiewicz, notées par Alexandre Chodzko.

(2) Mémorial de François Mickiewicz. Les armes de la Pologne sont un aigle blanc, celles de la Lithuanie un cavalier.

nullement un enfant prodige. Son premier répétiteur, homme acariâtre, l'avait rebuté. Un nommé Jankowski qui lui succéda gagna ses bonnes grâces en lui narrant sans fin de ces légendes populaires qui, après avoir été le délassement des premières années du jeune Adam, nourrirent son imagination et fournirent plus tard la trame de ses premières créations. L'enthousiasme de l'écolier fut si vif qu'il supplia son maître de coucher toutes ces belles choses par écrit et qu'il l'y décida. Il le perdit de vue ensuite, mais reconnut lui avoir été redevable de son goût pour la lecture et pour l'étude (1). Aussi, au logis, eut-il dans son département la surveillance des archives et de la bibliothèque, tandis que son frère aîné dut inspecter l'écurie et entretenir une collection d'armes. Cette collection renfermait des reliques de famille, depuis un uniforme des régiments de Kosciuszko jusqu'au sabre du grand-père, ennemi juré de Stanislas-Auguste, et de l'aïeul, partisan zélé de Stanislas Leszczynski. A Adam Mickiewicz incombaient encore les lectures du soir à haute voix. Souvent, le journal remplaçait le livre, chaque victoire des Français provoquait de joyeuses exclamations, chacune de leurs défaites arrachait des soupirs à l'auditoire (2). Voilà quel foyer patriotique prépara au rôle qu'il était destiné à remplir l'homme qui a pu se rendre à lui-même ce témoignage que ses contemporains et la postérité ont confirmé :

(1) Notes inédites d'un ami d'Adam Mickiewicz.
(2) Mémorial de François Mickiewicz.

Mon âme est incarnée dans ma patrie. Moi, la patrie, ce n'est qu'un. Je m'appelle million, car j'aime et je souffre pour des millions d'hommes. Je regarde ma patrie infortunée comme un fils regarde son père livré au supplice de la roue; je sens les souffrances de toute une nation comme la mère ressent dans son sein les souffrances de son enfant (1).

Quant à la communauté morale qui exista toujours entre Adam Mickiewicz et ses frères, il l'a dépeinte lui-même dans une lettre de 1847, à François, son aîné :

Sois certain, lui écrivait-il, que toutes mes actions proviennent du terrain où nous avons grandi, au foyer paternel. Cela m'est souvent une consolation de penser que nous autres, frères, quoiqu'ayant si peu de rapports entre nous, nous sommes pourtant sûrs les uns des autres. Je sais que tu ne doutes pas que, n'importe en quelle circonstance, tu nous trouveras et moi et Alexandre et Georges (s'il vit) aussi pleins d'attachement fraternel que tu nous a connus à la maison. C'est une rare consolation ici-bas que de pouvoir du moins être spirituellement d'accord, si nous ne pouvons nous être d'aucune utilité sur la terre.

Nicolas Mickiewicz, en mourant, le 16 mai 1812, en pleine guerre, laissa un lourd fardeau sur les épaules de sa veuve. Beaucoup des clients que l'avocat considérait comme des amis dévoués oublièrent à l'instant sa famille. Un juge, Terasiewicz, l'aida de ses conseils dans ces conjonctures difficiles, et Alexandre Mickiewicz reconnaissant épousa plus tard sa fille. Ce fut un peu à la

---

(1) Voir les *Dziady* dans *Chefs-d'œuvre poétiques* d'Adam Mickiewicz, p. 235, Paris. Charpentier.

grâce de Dieu qu'en 1815 Barbe Mickiewicz envoya à l'Université de Vilna son fils Adam qui a ainsi raconté ce voyage :

J'avais seize ans, quand on m'expédia de Nowogrodek à Vilna. J'emportai mon fusil, convaincu que, dans les montagnes des environs de Vilna, je rencontrerais des voleurs. Mon pressentiment ne m'avait point trompé. A quelques verstes de la ville, j'aperçus un homme qui, sortant du bois, allait vers moi à travers champs en criant! « Halte-là ! » Je saisis mon fusil ; le conducteur arrête la voiture. Je lui crie de fuir et il me répond tranquillement : « Mais c'est un Monsieur! » Ce Monsieur approcha et me demanda une place pour regagner la ville, parce qu'il s'était fatigué en chassant. C'était un nommé Michniewicz. On causa et il me conduisit chez lui où je fus cordialement accueilli par sa femme. Elle me donna des avis sur la façon dont je devais me présenter au chanoine Mickiewicz et me préparer à mes examens. Le chanoine Mickiewicz m'accorda un logement et me conseilla de tâcher d'entrer dans l'école qui formait des professeurs (1).

Toute une pléiade poétique et patriotique surgissait en Lithuanie. Thomas Zan, âme aimante et communicative, attirait à lui les étudiants pour les grouper autour de l'idée nationale, aidé dans sa tâche par des jeunes gens d'élite tels que Jean Czeczot, d'une droiture proverbiale et d'un stoïcisme admirable; François Malewski, plein d'intelligence, d'enjouement et de tact; Joseph Jezowski, dévoué et studieux entre tous, mais tellement taciturne qu'à ce qu'on raconte la ser-

(1) Notes d'Eustache Januszkiewicz.

vante du traiteur où il prenait ses repas depuis un mois se serait, le jour où il lui adressa la parole, écriée en faisant le signe de la croix : « Il n'est donc pas muet! » Adam Mickiewicz devint bientôt le plus zélé collaborateur de Zan, de Czeczot, de Malewski, de Jezowski et de bien d'autres encore, tous destinés à agir de concert et à être frappés ensemble. La proscription, en effet, ne tarda pas à les éloigner à jamais les uns des autres. La reconnaissance publique ne sépare pas leurs noms.

L'horizon s'assombrissait singulièrement en Lithuanie. Alexandre Ier avait répondu aux flatteries de Mme de Staël : « Je ne suis qu'un accident heureux. » Son libéralisme accidentel ne survécut guère à la chute de Napoléon. Autocrate en Russie, roi constitutionnel en Pologne, il infligea à ce dernier pays son frère Constantin. L'arbitraire le plus effréné sévissait à Varsovie. En Lithuanie, un reste de prestige que conservait le prince Adam Czartoryski sauvegardait l'Université. Ami d'enfance de l'Empereur régnant, puis son ministre, et, en dernier lieu, ayant, sous le nom de curateur, la surveillance et presque la haute direction des établissements d'instruction publique en Lithuanie, Adam Czartoryski en imposa longtemps à la camarilla de l'autocrate. Il avait cru sincèrement pouvoir fonder la prospérité de son pays sur les qualités personnelles d'Alexandre Ier. Il procura du moins à la Lithuanie un répit précieux.

Le loyalisme polono-russe avait été circonscrit dans le cercle de quelques familles aristocratiques. Le pays lui-même fut toujours partisan de la France. Les légions polonaises l'ont témoigné de la façon la plus éclatante. L'évolution rétrograde d'Alexandre Ier, qui désabusa cruellement certains grands seigneurs, ne surprit qu'eux. La Pologne s'était toujours défiée des cajoleries de ce Grec du Bas-Empire. Des auteurs polonais eux-mêmes ont pris au sérieux les formules aimables que la nécessité amenait sur les lèvres des fonctionnaires les plus foncièrement hostiles à ce régime et que la violation constante du secret des lettres obligeait d'employer dans la plupart des correspondances privées. C'est perdre de vue que la Lithuanie n'ignorait pas ce qui se passait à Varsovie. Le 27 novembre 1815, Alexandre Ier avait octroyé une charte à la Pologne en chargeant le grand-duc Constantin de n'en tenir aucune espèce de compte. Le prince Adam Czartoryski dénonçait courageusement à Alexandre Ier les horreurs qui se commettaient journellement. Il lui écrivait, le 29 juillet 1815, à propos du grand-duc Constantin :

> Il paraît avoir pris en haine ce pays. L'armée, la nation, les particuliers, rien ne trouve grâce à ses yeux. La Constitution surtout est matière à sarcasmes continuels ; tout ce qui est règle, forme, lois, est hué et couvert de ridicule, et malheureusement les faits ont déjà suivi les paroles. Mgr le grand-duc veut absolument introduire les coups de bâton dans l'armée et il les a ordonnés hier.

Le prince Czartoryski ne se lassait pas de se plaindre. Le 5 avril 1816, il relatait à l'empereur Alexandre le fait suivant :

Chaque jour, quelque nouvelle scène répand ici l'effroi et la tristesse. Avant hier, Monseigneur a fait enlever dans sa maison un bourgeois accusé d'avoir donné asile à un garçon qui avait volé le général Kuruta. Le grand-duc, sans autre forme de procès, a fait donner dans son palais cinq cents coups de bâton à cet homme et lui a fait raser la tête et les sourcils.

Le 17 avril 1816, Czartoryski signalait à l'empereur Alexandre les suicides d'officiers polonais qui se tuent pour ne pas survivre aux avanies du grand-duc et il lui envoyait la lettre de Wilczek, aide-de-camp du général Krasinski :

Je vois mes frères d'armes avilis. Je laisse mon pauvre pays exposé sans ressources et livré au caprice d'un seul homme. Que de fois j'ai manqué de devenir assassin ! Je préfère m'arracher une existence qui pourrait devenir funeste à mon pays : mon seul vœu était de me dévouer à son bonheur (1).

Alexandre Ier ne répondait plus à aucune des lettres du prince Czartoryski et il laissait Constantin torturer en Pologne qui bon lui semblait. Dès lors, c'est sans la moindre illusion qu'à chaque circonstance officielle les gens en place continuaient à louer Alexandre Ier des qualités dont il avait perdu jusqu'au semblant. Mais le pays, tyrannisé et humilié, frémissait.

Beaucoup de documents de cette époque sont des

---

(1) Voir : *Mémoires du prince Adam Czartoryski et correspondance avec Alexandre Ier.* 2 vol. Paris, 1887.

tissus de calomnies. On extorquait des dépositions à coups de bâtons ; on ne se gênait pas pour écrire autre chose que ce que disaient les prévenus, et l'historien futur devra toujours avoir présents à l'esprit ces faits en cherchant un jour des perles dans le fumier des enquêtes judiciaires russes. Un Russe polonophobe, Cholkovnikoff, raconte avec indignation, dans un article de Revue, que, dès le collège, Zan fonda une société nommée : *Armée de Mars et d'Apollon* qui, la récréation terminée, distribuait à ceux qui s'étaient distingués dans ces divertissements des croix en papier doré avec l'inscription : *Croix du saint amour de la patrie*. Dans des poésies saisies par Nowosiltzof, Zan engageait ses compatriotes à faire échapper Napoléon de Sainte-Hélène.

Le 1er octobre 1817, six étudiants de l'Université, parmi lesquels Adam Mickiewicz, fondèrent l'association des Philomathes ou amants de la patrie, association secrète, puisque la vertu et le patriotisme étaient imputés alors à crime. Il s'agissait de préserver la jeunesse de la dissipation, de se tenir au courant des travaux les uns des autres et de raviver au sein des âmes l'amour de la Pologne. On aborda rarement l'hypothèse d'un soulèvement armé et d'autres éventualités analogues. Il suffisait de se rendre digne des circonstances, chacun ayant le sentiment que, de façon ou d'autre, les occasions surgiraient pourvu qu'on fût capable d'en profiter. Cholkovnikof assure que les Philomathes ouvrirent une sorte d'enquête sur les ressources matérielles et morales de la Lithuanie entière. Nous l'admettons volontiers. En tous cas, ils restaient, à la clandestinité près, dans la légalité. Les Philomathes fondèrent encore une société, celle des Rayonnants, qui ne fut point secrète. On sectionna les Rayonnants en cercles correspondants à la Faculté à laquelle l'étudiant appartenait et chaque cercle eut sa couleur. Les statuts de cette société, présentée au recteur de l'Université sous le nom de *Société des amis des divertissements utiles*, reçurent son approbation. Dans un rapport au grand-duc Constantin cité par Cholkovnikof, Novosiltzof dénonça dans ces statuts « des réminiscences de l'ancienne patrie polonaise », parce qu'il y est dit : « Quand tu sentiras en toi de l'attachement pour ta terre natale, de l'inclination pour les compagnons du même âge que toi et qui suivent la même carrière, l'amour du prochain et le souci de toi-même, tu pourras être certain d'avoir fait un premier et grand pas dans le chemin du perfectionnement de ton cœur. L'attachement à la terre natale consiste à vouloir du bien à nos compatriotes de chaque condition et à la nation entière en général, à conserver les mœurs salutaires de tes pères, à aimer et à apprendre ta langue, à remémorer les vertus et les exploits des ancêtres pour essayer de les imiter, selon tes forces et tes talents. » Si un seul ossement a suffi à Cuvier pour reconstituer un animal antédiluvien, le seul fait d'avoir élevé à la hauteur d'un délit ces saines et édifiantes maximes permet au philosophe de dresser le bilan moral du régime qui désolait et désole encore, hélas ! la Pologne.

Des promenades hors de Vilna, dont les environs sont ravissants, des débats philosophiques et littéraires, des lectures et des conférences absorbaient les loisirs de l'Université.

En 1818, pendant les vacances, Zan conduisit Mickiewicz à Tuhanowicze, campagne de la famille Wereszczaka. Une veuve y vivait avec ses fils et sa fille Marie. Cette dernière éveilla dans l'âme de Mickiewicz une passion violente.

Une amourette avait précédé ce grand amour.

Joséphine (1) était charmante : elle avait les lèvres fraîches et des dents blanches. Au logis de ses parents, chétive maisonnette, régnait la même gaîté que partout à la campagne en Lithuanie. Je me souviens que quand elle mettait ses boucles d'oreilles et s'habillait pour aller aux champs, ma cousine disait : « Oh! Pourquoi toutes les villageoises ne sont-elles point aussi jolies ! » Je la trouvai une fois dans la plaine, assise sur une gerbe et qui chantait d'une voix forte et pure :

Revenez-moi, mes chevaliers.

Auprès d'elle, un régisseur, sans doute son amoureux, pleurait à chaudes larmes. Mon amour pour Joséphine n'avait rien de passionné, je me plaisais à m'asseoir à côté d'elle, tant il s'exhalait d'elle de fraîche vitalité. Au bout de quelques années, je la perdis de vue, je savais seulement qu'elle avait épousé Félicien, un de mes parents. Me trouvant, pendant mes vacances, dans leur voisinage, j'arrive chez eux. Le cultivateur, en chemise sale, me salue bien bas : « Madame Félicien est-elle ici ? » — « Eh oui ! notre maître. » J'avance, je vois

(1) Notes inédites d'un ami d'Adam Mickiewicz.

deux marmots et elle vêtue sordidement, jaune, maigre, enlaidie ; il me fallut un effort pour me rappeler que c'était Joséphine. Elle se mit à sangloter amèrement. « Mon Dieu, que je suis devenue affreuse ! » répétait-elle. Son mari, mon parent, avait été, au Collège, réputé pour son esprit. Maintenant, je ne pus pas en tirer un mot. J'eus honte d'être vêtu de façon à gêner ces braves gens.

Idylle à peine ébauchée, palpitations d'un cœur novice qui ne s'en souviendra un jour que parce qu'elles auront été les premières.

L'oppression russe, sensible dans les villes, atteignait moins directement les campagnes. La cordialité et l'esprit hospitalier des habitants prêtait à leur existence un air de fête perpétuelle.

Nulle part au monde (1), a dit Adam Mickiewicz, on ne mène plus joyeuse vie que dans les villages et dans les gentilhommières de Lithuanie. C'est un échange ininterrompu de gaîté, d'amour et de félicité. Peut-être Dieu ne nous accordera-t-il plus de jouir de cette existence, mais il nous faut travailler à conserver ce précieux germe national et à en faire ressortir tout le prix. C'est un genre de vie dont j'ai largement bénéficié entre les années 1815 et 1820, surtout chez les Wereszczaka, à Tuhanowicze et à Pluzyny, où je passais mes vacances en compagnie de Zan et d'autres amis. Nous restions des nuits entières dans les bois et au bord des lacs. On était sans cesse en quête de divertissements. Un jour, Marie, après avoir écouté un pêcheur narrer un conte très intéressant, s'écria en se tournant vers moi : « Voilà de

---

(1) Notes inédites d'Alexandre Chodzko.

la poésie. Écrivez donc quelque chose de pareil. » Je me pénétrai profondément de ces paroles et, de ce jour, date ma direction poétique. Encore enfant, j'avais appris par cœur presque toutes les fables et les chants de nos paysans. En lisant plus tard les poètes allemands, je m'étonnais que cela perdit tant à l'impression. Déterminé par les encouragements de Marie, je commençai à écrire des ballades.

Byron frayait déjà de nouvelles voies à la poésie en Europe, mais la littérature polonaise se traînait encore servilement dans l'ornière du classicisme français. Rien, dans les premiers vers et dans la première critique publiés par Adam Mickiewicz dans une Revue, n'augurait un Byron polonais. Deux courtes légendes en prose, *Zywila* et *Karylla*, suivirent en 1819.

Zywila, c'est l'histoire d'une jeune Lithuanienne qui tue son amant plutôt que de devoir sa délivrance à un traitre à sa patrie. L'idée que l'amour de la patrie doit primer tous autres sentiments est l'une de celles que les Philomathes développaient sans doute dans leurs conférences amicales sous toutes ses faces. *Zywila* est peut-être l'une de ces compositions lues à leurs réunions et brûlées par Zan quand il y eut danger à conserver des archives, car c'est surtout en Russie qu'il est prudent de se souvenir de l'adage qu'il suffit de deux lignes d'un homme pour le faire pendre.

Karylla est la première plainte amoureuse du poète. En lisant Boccace, il sera tombé sur ce passage :

Les frères de Lisabetta avaient assassiné son amant. Lisabetta, inconsolable, après avoir enveloppé la tête du mort tant regretté dans une étoffe précieuse, la place dans un vase où elle plante un arbuste qu'elle arrose de ses larmes jusqu'à ce que la mort vienne mettre fin à ses douleurs (1).

Les frères de la bien-aimée de Mickiewicz virent de mauvais œil un pauvre professeur s'éprendre de leur sœur. Leur opposition suggéra au jeune homme ce pastiche du conte de Boccace. Il se dépeignait comme leur victime en s'apitoyant d'avance sur ce que Karylla ne pourrait lui survivre.

Il a consigné dans un de ses poèmes l'histoire de cet amour. Cette histoire, il l'a écrite en quelque sorte sous les yeux des amis confidents de sa passion, et avec la certitude d'être lu par Maryla — c'est sous ce nom qu'il chanta Marie Wereszczaka. Il souffrit trop pour se taire, mais nul des témoins de ce drame ne l'accusa d'avoir dénaturé la vérité (2).

Maryla ne dut jamais être belle. Elle avait une physionomie expressive, des manières simples et une conversation attrayante. Elle fut fidèle à ses amis dans l'adversité et patriote ardente. En subissant le choix de ses parents au lieu de suivre jusqu'au bout l'impulsion

---

(1) Le *Décaméron*, ive journée, v^e nouvelle.

(2) En rencontrant Maryla à Vilna en 1861, je lui demandai quelques explications et, en mentionnant les lettres d'elle à mon père que je possédais, je la priai de me communiquer celles qu'elle aurait gardées. « Venez chez moi à la campagne, me répondit-elle je vous raconterai tout et je vous donnerai ce que j'ai. » J'acceptai son offre avec reconnaissance et ne lui posai plus de question, croyant la revoir. Les évènements de cette époque en disposèrent autrement et l'occasion perdue ne se retrouva plus.

de son cœur, elle n'obéit à aucun mobile intéressé. Laure de Noves aussi n'a pas épousé Pétrarque. Peut-être un jour les papiers laissés par Maryla combleront-ils les lacunes de notre récit, mais il ressort déjà des documents que nous avons que l'héroïne de la IVe partie des *Ayeux* a été digne du chantre qui l'a immortalisée. Nous avons vu qu'elle devina la vocation de Mickiewicz en lui vantant les légendes populaires et en les lui offrant comme modèle. Ce conseil seul dénote un esprit peu commun.

Ils s'aimèrent d'abord sans éveiller l'attention et sans prévoir d'obstacles. Un jour, la réalité prosaïque se dressa en face de leurs rêves enchanteurs. Le père de Maryla ne vivait plus. Sa mère et ses frères lui avaient choisi pour époux un riche gentilhomme, Laurent Putkamer, qui avait fait, comme engagé volontaire dans l'armée polonaise, la terrible campagne de 1812. Laurent Putkamer vit bien que Maryla l'accueillait froidement, mais il n'attacha qu'une médiocre importance à ce qui n'était à ses yeux qu'une exaltation passagère : l'amour viendrait après le mariage.

Les mœurs patriarcales de la Lithunanie laissaient aux jeunes filles des latitudes d'autant plus grandes qu'il ne venait à l'idée de personne d'en abuser. Mickiewicz, repoussé en qualité de prétendant, continua à être bien accueilli en qualité d'ami. Dans cette situation, la délicatesse lui défendait de peser sur les décisions de la jeune fille. Il se flattait qu'elle tiendrait bon quand même. Le jour où elle battra la chamade devant ses parents, il lui faudra contresigner la capitulation et il ne leur passera par la pensée à l'un ni à l'autre de la violer. La sécurité des parents et des amis sera complète. La religion de l'honneur, volontiers taxée de vieillerie en plus d'un pays, le voulait ainsi. Elle défendait à Maryla d'aller jusqu'à la révolte.

Sa résistance fut prolongée, touchante, presque téméraire, puisqu'elle correspondit avec Mickiewicz à l'insu de sa mère. Il est vrai que ce fut sous le couvert de Thomas Zan, le moralisateur de la jeunesse de Vilna, un Caton qui ne se prêta au désir des deux amoureux que pour remplir à leur égard le rôle de censeur, les morigéner, mitiger leurs transports et éviter un éclat. Il leur ouvrit une soupape de sûreté. Quelques lettres de Maryla, où elle feint presque toujours de s'adresser à Zan et où elle recourt à des artifices épistolaires pour imprimer à des messages d'amour le caractère de lettres d'amitié, nous la découvrent montée au même diapason que Mickiewicz; elles manifestent également la solidité de principes de ces adolescents, retenus : le jeune homme par son devoir vis-à-vis de la jeune fille, la jeune fille par ses obligations vis-à-vis de ses parents.

Le poète a chanté son mal, il a attendri ses contemporains et la postérité. La blessure de Maryla a saigné en secret. Elle se cicatrisa. D'impitoyables critiques ne le lui ont point pardonné, tout en trouvant naturel qu'à Adam Mickiewicz non plus il ne soit resté de cet amour qu'un parfum qui embauma ses souvenirs des plus suaves arômes.

Les lettres de Maryla ne sont pas datées. Il est dès lors difficile de déterminer leur succession d'une manière absolument exacte. En les classant, à la mort du poète, on les numérota dans l'ordre où elles se trouvaient et que nous respecterons, nous aussi.

Samedi, de mon boudoir (1).

Recevez, cher monsieur Thomas (2), ces quelques lignes comme une faible preuve de l'amitié que je vous porte et soyez convaincu que rien ne changera les sentiments d'amitié que vous m'avez inspirés. Privée de l'unique bonheur de voir les amis que mon cœur chérit, si du moins je connaissais le moment qui doit nous rejoindre ainsi que l'espace qui va vous séparer ! Ne m'oubliez pas, cher monsieur Thomas. Rappelez-vous quelques fois qu'il existe un être malheureux qui ne vit que pour souffrir et dont les jours s'écoulent dans une continuelle nuit. Ah ! quel supplice de se voir séparée des objets avec lesquels on voudrait passer sa vie ! Mes vœux et mes pensées vous suivront partout ; mais, au nom du ciel, conservez votre santé, cher monsieur Thomas, qui, une fois perdue, ne se retrouve plus. Après ce petit conseil à la maman, il faut bien m'acheminer vers la fin de cette lettre, car je me trouve très mal, j'ai une grande fièvre, avec un terrible mal de tête. Depuis trois jours, je garde le lit sans pouvoir bouger.

Adieu donc, cher monsieur Thomas. Portez-vous bien et soyez tranquille. Le soleil renaîtra après cette éclipse, il paraîtra plus brillant. Adieu, encore une fois, n'oubliez pas une amie absente.

M.

(1) L'original est en français.
(2) Prénom de Zan.

La note dominante de cette première lettre, c'est la confiance. Maryla se flatte de ne pas céder aux objurgations des siens. La santé de Mickiewicz, bourrelé d'inquiétude, périclitait. Dans la lettre suivante, Maryla réclame sa présence ou au moins une lettre de lui.

2 février, au soir.

Le guignon ne cesse de nous persécuter, puisqu'à toutes les amertumes qui ont jusqu'ici empoisonné mon existence s'ajoute la douleur nouvelle que me cause la mort de la vertueuse Thècle Stypulkowska.

Les consolations de la religion ne me suffisent pas.

Jamais, cher monsieur Thomas, votre présence ne m'a été plus nécessaire que maintenant. Votre intelligence a toujours régné sur la mienne. Veuillez me soutenir de vos conseils, et peut-être me tranquilliserez-vous plus ou moins. Je reçois beaucoup de preuves de votre amitié, cher monsieur Thomas, et, encouragée par votre bonté habituelle, je viens d'oser vous écrire pour me rappeler à votre souvenir. Depuis mon arrivée dans le district de Nowogrodek, je n'ai eu aucune correspondance de vous et j'en conclus que vous m'avez oubliée. Vous n'ignorez pas quel plaisir vous êtes en état de me causer et, par conséquent, si vous êtes sensible aux souffrances de vos amis, consacrez-moi, fût-ce un petit moment, et écrivez-moi par la présente occasion.

Je voudrais bien vous voir, cher monsieur Thomas, mais je n'espère pas être à Vilna avant la Saint-Georges. Ce serait pour moi un délai trop long à endurer. Je n'ai maintenant d'autre joie que le souvenir des chers moments passés à Vilna. Je n'espère plus éprouver désormais pareilles douceurs. J'ai je ne sais quels tristes pressentiments, la mélancolie noire m'assaille sans cesse. Cher monsieur Thomas, vous auriez pitié de moi, si vous pouviez vous pénétrer de mes souffrances.

Veuillez, cher monsieur Thomas, ajouter à votre lettre les extraits de Châteaubriand que vous avez une fois copiés et vos propres aperçus sur *les Martyrs*. Je redoute seulement les tableaux tendres, parce qu'ils peuvent opérer une encore plus grande révolution dans ma tête.

Cela a été pour moi, monsieur Thomas, une grande surprise que de rencontrer de vos morceaux dans les *Nouvelles à la main* (1), pour lesquelles j'avais toujours de l'aversion. J'ai cessé depuis de déclamer contre les Gueux et leur organe.

Ma maman vous salue bien ; elle est restée jusqu'à présent à Mnichow, mais demain nous nous transportons avec maman à demeure à Pluzyny. Ma mère avertit Michel (2) et en même temps vous, Messieurs, d'avoir l'amabilité de venir passer vos vacances à Pluzyny (si Dieu nous donne d'atteindre heureusement jusqu'à l'été). Vous me ferez, Monsieur, une grande grâce si vous agréez ce projet. Des chevaux vous seront envoyés en temps utile.

Je retourne l'ouvrage que Mickiewicz a laissé à Tuhanowicze, je vous prie de le lui remettre. Il m'est revenu qu'il a été malade après les fêtes, sans doute pour s'être surmené ; il faut qu'on veille sur sa santé, parce qu'il se néglige beaucoup.

Je compte fort sur l'amitié du bon monsieur Thomas pour lequel je ressens une estime sans bornes. Qu'il soit certain

---

(1) Feuille satirique publiée à Vilna et dont les rédacteurs s'intitulaient eux-mêmes *les Gueux*.

(2) Frère de Maryla.

que l'amitié que j'éprouve pour lui durera tant que mon âme animera mon être.

Votre toute dévouée amie,
Marie.

P. S. — Je demande infiniment pardon à monsieur Thomas de l'ennuyer de mon griffonnage dénué de sens, mais il est difficile d'exiger qu'on ait dans ce qu'on écrit un ordre qui, depuis longtemps, a cessé d'exister dans la tête.

Ici, un doute se présente. Ces lettres à Zan s'adressent-elles exclusivement à Adam Mickiewicz auquel elles étaient transmises, ou aux deux amis à la fois? Dans ce dernier cas, il serait difficile de distinguer ce qui est à l'intention de l'un ou de l'autre. Tel détail isolé peut laisser subsister quelque perplexité à cet égard, mais l'ensemble de ces lettres prouve qu'en apostrophant Zan, c'est toujours un autre que Maryla a en vue. Les lettres écrites en français sont moins précautionneuses et interpellent plus franchement Mickiewicz. A quelques appréhensions adoucies par des réminiscences encore récentes et par des bouffées d'espoir, succèdent des instances plus vives et les premiers symptômes du découragement.

Dimanche, Brazelce.

Mon âme a besoin d'un nouveau reconfort, parce que je succombe déjà sous le poids du chagrin et des regrets. Veuillez me soutenir de vos avis, mon bon monsieur Thomas, et consolez-moi, si vous en avez le moyen ; autrement, je redoute de tristes résultats, car la force de perservérer fait défaut.

Je compte beaucoup sur l'amitié habituelle de monsieur Thomas. Ainsi j'espère qu'il ne refusera pas ma prière et qu'il voudra bien m'écrire par une occasion sûre, mais en adressant ses lettres à Tuhanowicze, car nous partons d'ici au plus tard dans trois jours. Je retardais mon départ à cause des mauvais chemins.

Votre petit chapitre catégorique m'a fait grand plaisir, je l'ai relu à plusieurs reprises en admirant le talent du bon monsieur Thomas. Je me réjouis beaucoup de la docilité de notre nouveau philosophe (mais qu'est-ce qui n'écouterait pas les conseils du bon monsieur Thomas qui sait tenir compte de l'état de l'âme des gens et dont la sévérité est souvent doublée de tolérance). Si les règles posées n'étaient pas suffisantes pour calmer son esprit, fournissez-*lui* d'autres moyens, mon respectable monsieur Thomas, mais ne permettez jamais que sa philosophie, qui vient à peine de prendre le dessus, ne chancelle. Avant tout, priez-le de ma part de respecter sa santé. Que la Providence suprême l'ait en sa garde.

Je compte (1) encore rester ici jusqu'au retour du messager; ainsi j'espère que vous voudrez bien m'honorer de quelques lignes de votre main par cette occasion, monsieur Thomas.

Cette philosophie, qu'elle se félicitait de voir prendre le dessus chez Adam Mickiewicz, lui faisait à chaque instant défaut à elle-même. Ses angoisses redoublent. Le ton lamentable du billet suivant (2) tient peut-être à ce

---

(1) Cette dernière phrase est en français dans l'original.
(2) L'original est en français.

qu'il est daté de la propriété de Laurent Putkamer où sa mère l'avait probablement conduite en visite.

Me voici à Bolceniki, à une petite distance de Vilna. Je respire le même air que vous autres, et, tandis que mon enveloppe matérielle est enchaînée ici, mon âme inquiète vole vers vous. Les souffrances morales et physiques me poursuivent sans cesse, mais l'espoir de revoir bientôt les personnes chères à mon cœur les adoucit en quelque sorte.

Si j'ai quelques moments agréables dans ma vie, je les dois à votre aimable correspondance, monsieur Thomas, car vous ne sauriez croire combien de plaisir me cause votre dernière lettre et la jolie poésie que vous avez eu l'extrême complaisance de m'envoyer. Nous l'avons lue avec admiraration.

J'ai reçu votre lettre, monsieur Thomas, à Pluzyny le jour de mon départ dans ces contrées. Toute ma famille était réunie ce jour-là à Pluzyny et m'a chargée de vous témoigner de sa part mille tendres choses. Michel m'a promis de venir ce mois-ci à Vilna.

Depuis quelques jours, je souffre un horrible mal d'yeux. A peine puis-je griffonner ces quelques lignes. Si monsieur Zan a la bonté de m'écrire quelques mots, que ce soit *con molto di precauzione*.

Je me recommande à votre précieuse amitié et à votre souvenir.

Les parents de Maryla faisaient de la diplomatie. Ses frères feignaient de ne pas soupçonner les vrais sentiments de Mickiewicz. Maryla ne pouvait s'y tromper, et cependant elle invitait son correspondant à se réjouir de ce que son frère Michel venait de la rejoindre.

Mercredi, Bolceniki.

Que monsieur Thomas, qui a si souvent partagé mes chagrins, partage maintenant ma joie. Voilà que Michel, tant attendu, est arrivé à Bolceniki. Il m'a causé une douce surprise, car je n'espérais plus qu'il pût m'arriver.

Veuillez m'aviser par quelques mots de la date de votre départ de Vilna, cher monsieur Thomas, parce que Michel veut s'y rendre pendant que vous y trouvez, afin de vous y voir.

J'attendrai votre retour, puis nous partirons aussitôt pour les environs de Nowogrodek, si vous y consentez. Avertissez-moi à quel moment vous espérez revenir.

Que monsieur Thomas ait la bonté de songer quelquefois, au milieu de ses nombreuses occupations, à sa constante amie.

Marie.

Tout en creusant un fossé infranchissable entre elle et son adorateur, Maryla se figurait que si elle eût su que lui se refroidissait à son endroit, elle eût été elle-même une victime moins récalcitrante. Par un de ces mystères inhérents à l'éternel féminin, quand, plus tard, la séparation est irrévocable, Maryla, parfaitement décidée à n'enfreindre en rien la foi jurée, accusera, non sans une pointe d'aigreur, un prétendu manque de mémoire du poète, dans des termes qui dénotent qu'après avoir voyagé dans le pays du Tendre, elle se sentait froissée de la pensée que son compagnon de route pût cotoyer le lac de l'Indifférence ou naviguer déjà sur la mer d'Oubli. Elle écrit donc :

Cher monsieur Thomas, vous ne me connaissez plus comme autrefois, ni vous ne vous rendez aussi bien compte de mes sentiments, si vous supposez que la pensée qu'il y a des créatures cent fois plus malheureuses que moi puisse me calmer (1). Je me résignerais volontiers à mon sort, j'endurerais tous ses coups, si je savais le reste du monde heureux et si je pouvais, en me sacrifiant moi-même, apporter un soulagement aux souffrances d'autrui.

Mais vains sont mes efforts et je n'ai, jusqu'à présent, contribué au bonheur de personne.

Il n'y a que Rosalie, jeune fille que j'ai prise de la campagne, qui m'ait dit hier se trouver si bien chez moi qu'elle ne désire rien au delà et m'aime plus que tout au monde. Cela m'a grandement réjouie, car cette jeune fille ne connaît pas encore la flatterie, et c'est la sincérité même qui semble parler par sa bouche.

J'abuse, monsieur Thomas, de votre patience en vous tracassant si souvent de mon ennuyeux griffonnage, mais vous avez toujours été si bon que j'espère que vous voudrez pardonner à celle dont le plus grand plaisir est de pouvoir causer par lettre avec vous.

Je vous prie de vous souvenir parfois de votre amie.

MARIE.

Le dénouement approche. Quand Maryla avait subordonné ses inclinations à la volonté de sa mère, elle s'était promis sans doute qu'en accordant sa main à Putkamer elle garderait son cœur à Mickiewicz qui répondrait à l'immolation volontaire de son amante par

---

(1) Dans les *Aycux*, le prêtre dit en guise de consolation au solitaire : « Écoute ; il y en a des milliers plus malheureux que toi. »

un renoncement mystique et que la conscience de leur grandeur d'âme réciproque leur tiendrait lieu des joies terrestres. Le poète aura laissé échapper certaines de ces imprécations qui éclateront dans son poème, lorsqu'il criera plus tard à l'infidèle : « Tu as prononcé la parole de ma perdition. Tu as allumé les indignes flammes qui alimentent entre nous un brasier infernal pour mon éternel supplice. » Maryla lui signifie alors un tendre congé. Elle l'interroge encore sur l'état de son âme, mais ce ne sont plus les amères voluptés d'un désespoir partagé qu'elle préconise. Non. Elle recommande l'oubli, elle lui prêche raison :

Le 18 (1).

Vous souffrez, mon ami. Vous êtes malheureux ; vous vous négligez. Dites-moi ce qui cause vos souffrances et quel remède il leur faut. Oubliez-moi, mon ami, s'il le faut pour votre bonheur et votre tranquillité. S'il ne fallait que mon amour pour votre bonheur vous seriez trop heureux. Mais non ; au lieu de contribuer en quelque sorte à votre bonheur, c'est moi seule qui suis la cause de tous vos malheurs. Vous ne pouvez vous imaginer combien cette idée me cause de peine.

Soyez raisonnable, mon ami ; ne négligez pas vos talents. Oubliez cet amour qui fait votre malheur. S'il faut, pour votre tranquillité que tu (sic) ne me revoies plus, j'y consens. Je vous donne mes pleins pouvoirs d'agir comme il vous plaira, pourvu que vous soyez heureux et tranquille. La seule chose

---

(1) Ce billet est en français dans l'original.

que je vous recommande, c'est de conserver votre santé. Pensez qu'elle est bien chère pour moi.

Soyez grand, mon ami.

M. Thomas part. Je dois finir mon griffonnage. Au nom de Dieu, brûlez cette lettre, et ne la montrez à personne.

Encore une fois, je vous conjure de conserver votre santé, si chère à mon cœur. Vous trouverez un grand désordre dans cette lettre, car c'est à plusieurs reprises que j'écris.

Il est à croire que ces aveux d'amour et ces expressions d'intérêt doublés de conseils réfrigérants provoquèrent les sarcasmes du poète. Maryla lui réplique.

27 mars.

Je reçois en ce moment, cher monsieur Thomas, la lettre que vous m'avez adressée à la poste. Avertie que j'étais par votre dernière lettre de cette correspondance, je l'attendais avec une extrême impatience. Vous pouvez vous imaginer le plaisir que me causent vos chapitres, mais j'ai trouvé dans vos lettres des larmes et du poivre qui n'a jamais passé pour un dessert, alors même que tous les plats en seraient saupoudrés; d'ordinaire, *pour la bonne bouche* (1), on réserve seulement les douceurs.

Puisque vous allez entreprendre, Monsieur, une nouvelle traduction du *Werther* de Gœthe, qui a gâté par un vilain dénouement le plus beau roman, prêtez-lui plus de sentimentalité, pour qu'il place sa félicité dans les sentiments du cœur et soit le plus heureux des hommes, tout en paraissant ne pas l'être aux yeux du monde.

Je suis d'accord avec vous, Monsieur, sur un point, c'est

(1) Ces mots sont en français dans l'original.

que certains malheurs sont un bonheur, mais pas pour tous, parce que chacun n'a pas notre façon de penser. Je rétracte ce que j'ai dit dans ma dernière lettre, à savoir que M. Thomas ne me connaît pas; personne ne me connaît mieux que lui. Je vous envoie une valse où se dépeignent tous les mouvements de mon âme. Je l'ai composée ce mois-ci : je la dédie au cher monsieur Thomas. J'ai aussi arrangé plusieurs variations sur le thème favori de maman et je les soumets à votre critique en tant qu'amateur de musique. Vous avez toujours été tolérant. J'espère donc que, maintenant aussi, vous dissimulerez les imperfections de ma musique.

A Tuhanowicze, tout le monde se porte bien et vous aime. Michel se prépare à aller à Vilna ce printemps, mais je ne sais s'il mettra ce projet à exécution. J'ai été hier pour la première fois à Tuhanowicze depuis la triste perte que j'ai subie. J'ai parcouru les charmilles et tous les endroits qui éveillent en moi de doux souvenirs.

J'habite toujours auprès de maman à Pluzyny, mais nous sommes pour Pâques invitées à Tuhanowicze. Je prends avec moi ma jument de selle, afin de parcourir les environs et les collines de Tuhanowicze.

Voilà déjà deux pages d'écrites, comme vous me l'avez ordonné. Je remets le reste à notre entrevue. Avec quelle impatience j'attends ce moment. S'il pouvait être proche, j'en serais plus qu'heureuse.

Votre amie dans toute la force du terme,

MARIE.

Cette lettre n'est pas trop désolée. Maryla s'imaginait avoir du temps devant elle. Les communications secrètes duraient toujours et la jeune fille faisait des projets pour le mois de juillet. La lettre qui suit dut avoir pour résultat d'attirer Mickiewicz auprès d'elle.

Dimanche, minuit (1),

Je me sers du prétexte de vous renvoyer le journal pour pouvoir vous griffonner quelques lignes. C'est une démarche trop hardie de ma part et peut-être blâmable, mais, dans la situation où je me trouve, je peux bien alléguer un passage de votre poésie :

« Pour me juger, ce n'est pas avec moi, c'est en moi qu'il faut être (2). »

Agréez un million de remercîments pour la divine poésie que vous avez eu l'extrême complaisance de m'envoyer. Elle est très jolie, je la lis et relis mille fois, admirant toujours votre génie et vos talents.

J'envie beaucoup ce griffonnage qui parviendra à vos mains. Que ne suis-je à sa place ! J'aurais le doux plaisir de vous voir, de vous parler. Combien de choses j'aurais à vous dire ! Je vous l'ai demandé plusieurs fois, mais vous m'avez répondu toujours : *nie wiem* (3) avec un air d'indifférence, ce qui prouve votre indécision. Maintenant je ne demande, pour

---

(1) Cette lettre est en français dans l'original.
(2) Ce vers est naturellement cité en polonais par Maryla. Il est tiré d'une poésie, datée du 17 avril 1821, *le Nautonnier*, qui se termine ainsi : « Si je me précipite où me pousse le désespoir, il y aura des pleurs sur ma folie et un blâme de mon ingratitude, car vous distinguez moins bien que moi ces nuées noires. De loin, vous n'entendez pas l'ouragan tordre les cordages ; ici, la foudre frappe, vous n'avez là-bas que l'éclair. A côté de moi, sous les coups de tonnerre, c'est en vain que d'autres voudraient ressentir ce que j'éprouve. Nous ne sommes justiciables de nul autre que de Dieu, Pour me juger, ce n'est pas avec moi, c'est en moi qu'il faut être. »
(3) « Je ne sais pas. »

toute réponse à ce griffonnage, qu'un *oui* dans la lettre d'Henri (1).

Adieu. Envoyez-moi votre adresse, car je ne sais pas où vous logez à présent.

Oh! que je désire vous voir avant mon départ de ces contrées! Je compte encore rester ici jusqu'au 2 juillet. Adieu, encore une fois. Portez-vous bien et soyez heureux. Je fais tous les jours des vœux pour votre bonheur. Puisse l'Être Suprême exaucer mes prières! Il fait déjà bien tard, tout le monde dort, je vous souhaite aussi un bon sommeil et des rêves agréables.

Dans toute la force du terme, votre amie. Brûlez ce chiffon. Les yeux me font mal et je ne vois presque rien.

Mickiewicz accourut pour avoir avec Maryla l'explication finale. Elle ne pouvait avoir lieu qu'en tête-à-tête. Le billet de Maryla est ainsi conçu :

A minuit, à la même place où je me suis blessée à une branche, et si quelque grave obstacle m'en empêchait, alors à la limite, vendredi, à 5 heures.

Ici se joua la scène du poème des *Ayeux*:

C'était la plus belle des nuits. Je vois une larme dans ses yeux. — Demain, dis-je, je pars. — Adieu, répondit-elle tout bas. Oublie. — Elle cueille une feuille, me la tend : — Là, dit-elle en montrant la terre, voilà ce qui nous reste. Adieu. — Et dans la longue allée elle disparaît comme un éclair.

Adam Mickiewicz garda cette feuille avec les lettres de Maryla et son portrait.

(1) Uzlowski.

Les parents de Maryla avaient compris qu'il devenait prudent de brusquer les choses et fixé la noce au 2 février 1821.

Il serait superflu, dit un vieil et intime ami de Mickiewicz, cousin de Maryla (1), d'entrer dans le détail des mystères de famille qui hâtèrent la conclusion des épousailles. Le brouhaha des apprêts d'une noce, les invités, les chasses et les divertissements, que Maryla seule ne partageait pas, étouffèrent toute réflexion et ne laissèrent pas apercevoir, même aux plus proches et aux plus intimes, ce qu'il y avait de tristesse dans cette union et ce qu'elle augurait de souffrances pour l'avenir. Maryla vivait avec son époux comme avec un ami et comme si elle n'était pas sa femme; elle se montrait soumise, mais évitait la société et vivait enfermée chez elle, sans beaucoup s'occuper de sa maison, affectionnant la lecture, la musique et la solitude. Putkamer la respectait, l'aimait, tâchait de lui être agréable et cherchait des distractions à la chasse et dans les réunions des propriétaires de sa province. Après un ou deux ans, et peut-être davantage, d'une pareille vie survint un changement. Les admonestations et remontrances de sa mère et sans doute de ses frères, le sentiment du devoir et la soumission à la Providence décidèrent Maryla à renouveler le serment d'obéissance à son mari. J'ai cependant toujours remarqué en elle une certaine mélancolie qui se trahissait quand nous étions seul à seul. Elle conserva la douceur et le charme de sa mère, mais perdit à jamais la gaieté et la sociabilité.

Chacun tenait Maryla et Mickiewicz en trop haute estime pour qu'ils ne pussent se revoir à leur aise. Ils

---

(1) Lettre d'Ignace Domeyko à B. Zaleski dans le *Przeglad Lwowski*, 1ᵉʳ juillet 1872.

débattirent sans doute plus d'une fois l'insondable problème des mécomptes de cette existence et des réparations que nous réserve l'autre vie. Adam constate dans une lettre que ces colloques amenèrent un certain apaisement. Des crises de spleen les assaillaient l'un et l'autre, et Maryla, au fond, eût regardé comme un surcroît d'infortune que Mickiewicz n'eût pas broyé autant de noir qu'elle et qu'il eût soupiré aux pieds d'une autre femme. Une lettre de Maryla à son neveu Henri Uzlowski nous dépeint l'état de l'âme de cette jeune femme dans cette seconde phase. Elle lui écrit:

Depuis votre départ, je n'ai pas encore vu un rayon de soleil. Dieu m'a envoyé un sommeil léthargique qui a duré jusqu'à aujourd'hui. Si quelqu'un me réveillait, je tombais dans une colère et une rage furieuse pire que celle dont j'ai été saisie à cette promenade où l'on a empêché ma Hourie(1) de sauter. Ce sommeil abrégeait les heures et en même temps me procurait beaucoup d'agrément, car j'avais des rêves chers et doux qu'il faudrait plus d'un feuillet pour décrire. Tout passe comme un songe, à la différence près que les uns oublient vite tout, tandis que les autres sont plus impressionnés et ne perdent pas la mémoire. Remerciez M. Adam pour sa gracieuse promesse de m'envoyer ses *Ballades* (que j'attends avec grande impatience et sans résultat, car je n'ai rien reçu). Je ne m'en offusque pas. J'ai toujours présumé qu'une fois dans le monde de Vilna, il oublierait les habitants de Bolceniki. Je renvoie le roman qui m'a été adressé de chez Morytz (2). Je n'ai pas eu la patience de

(1) Jument favorite de Maryla.
(2) Libraire de Vilna.

le lire en entier, tellement le premier volume m'a ennuyée. L'intrigue est laide et ennuyeuse, elle se déroule au milieu de comédiens. Mais, comme dit le proverbe: *chacun son goût*. Faites-moi savoir, mon cher Henri, comment vous vous trouvez du climat de Bolceniki. Êtes-vous tous en bonne santé ?... Ne manquez pas de m'écrire par la présente occasion. Comment vous amusez-vous en ville, voyez-vous souvent vos compagnons de voyage et mentionnez-vous quelquefois votre amazone ? A peine hors du lit, je monterai ma Hourie et je me promènerai. Il me sera doux de revoir les lieux où nous avons passé tant de fois. Si ces chers moments pouvaient revenir pour moi ! Il ne m'en est resté que la souvenance. Saluez de ma part l'impoli M. Adam et tâchez de m'obtenir de lui ses *Ballades* qui viennent de paraître. Vous me ferez une grande grâce.

Votre affectionnée tante,

MARIE.

Le neveu répond de Vilna à sa tante :

J'avoue, ma chère tante, que j'ai subi une grande perte, puisque je n'ai plus votre dernière lettre, et cela parce que j'ai dû, sur les instances de monsieur Adam, la lui remettre. J'ose en outre vous prier de ne pas quitter de sitôt Bolceniki, car nous pourrions de la sorte communiquer encore une fois, fût-ce par lettres. Enfin, M. Michel (1) a écrit par Wierzbowski aussi bien à M. Adam qu'à moi qu'il arrivera ces temps-ci.

Le neveu de Maryla n'aura pas défendu bien bravement le billet de sa tante qui n'aura pas été autrement fâchée de le savoir aux mains d'Adam Mickiewicz. Le

---

(1) Wereszczaka, frère de Maryla.

poète choisissait des livres à Vilna tant pour Mme Putkamer que pour son mari et c'est une adaptation d'un roman de Gœthe qui venait de déplaire à Maryla. Adam Mickiewicz lui répondit de Vilna quelques lignes ajoutées à la lettre d'Uzlowski :

La lettre adressée à M. Henri(1) m'apprend, Madame, qu'après votre départ vous avez été un peu malade. Nous avons répété à ce propos la litanie chantée si souvent à Bolceniki, à savoir qu'il importerait de respecter davantage une santé chère à tant de personnes. J'ai obtenu de M. Henri la place de ces quelques mots dans sa lettre. Je dois me justifier d'une inexactitude dont j'ai si tôt été puni, quoique je ne me sente pas coupable. Mes *Ballades* seraient depuis longtemps à Bolceniki, mais ce n'est qu'aujourd'hui que m'a été accordé le permis de la censure. J'envoie en attendant pour M. Laurent (2) l'exemplaire que j'ai sous la main. D'autres exemplaires à destination de vous, Madame, et de Tuhanowicze (3) sont encore à la reliure et ne pourront pas être expédiés avant quelques jours. J'espère, Madame, vous trouver encore à Bolceniki. Je vous renouvelle mes excuses de l'ennui que je vous ai occasionné. J'ai appris maintenant que le traducteur français de Gœthe n'a, sauf les noms, rien laissé dans sa traduction, la faute lui incombe donc. En attendant, je vous suis reconnaissant de votre aimable *Chacun son goût*, et si mon petit volume a le même sort que Gœthe, je me réserve cette même excuse. J'envoie Rulhières pour monsieur Laurent ; après l'avoir lu, il voudra bien le retourner au plus vite, car je l'ai emprunté. Comme j'ai reçu plusieurs exem-

(1) Uzlowski.
(2) Laurent Putkamer.
(3) Propriété de la famille Wereszczaka.

plaires de la brochure de Lelewel, j'en offre un à Madame votre mère. Je désirerais aussi réavoir bientôt la *Revue Encyclopédique* et le numéro du journal. Pardonnez-moi, Madame, de vous ennuyer de bagatelles de librairie, faute d'avoir rien de mieux à vous annoncer. Je vous souhaite, Madame, bonne santé et gaîté.

Adam MICKIEWICZ.

En fait de nouvelles de la ville, un ukase de Saint-Pétersbourg vient d'interdire les *Nouvelles à la main* (1).

Mme Putkamer cherchait à piquer Adam Mickiewicz qui prenait le même ton sarcastique. Tous deux dissimulaient mal, sinon à autrui au moins à eux-mêmes, leur agitation intérieure. Situation délicate, fausse à bien des égards et qui, en se prolongeant, eût pu les précipiter l'un et l'autre dans un irrémédiable marasme. Le Gouvernement russe allait guérir de leur hypocondrie et Mickiewicz et Maryla. Le poète découvre en prison que le Gustave sentimental des *Ayeux*, qui ne voit que son amante, meurt en lui pour être remplacé par un Conrad fougueux qui ne voit que sa patrie. Maryla ne survécut pas à Gustave. Il n'y eut plus que Marie Putkamer, matrone dévouée à son époux et à ses enfants. Elle qui, la veille, ne ruminait que ses déceptions, médita soudain le martyre de ses compatriotes. Une fois encore, elle prendra la plume à l'intention de Mickiewicz et revivra un moment ses émotions de jadis. Quoique frémissante du souffle de la passion évoquée par le seul fait d'écrire à son ancien amant, sa

(1) Feuille satirique qui se publiait à Vilna, et dont le dernier numéro parut le 3 juin 1822.

lettre sera le sceau mis sur ce passé. Sa réception arrache un sanglot à Mickiewicz, il pleure sa jeunesse entière. Le poète reçut à Rome cet adieu de Maryla, transmis par son cousin Zegota (Ignace Domeyko):

Zapole, 1er novembre 1830 (1),

Jamais, depuis notre séparation, je n'ai osé vous écrire. Voilà qu'enhardie par mon cousin Zegota je prends la liberté de joindre quelques lignes à sa lettre et vous remercie pour le rosaire que vous avez eu la bonté de m'envoyer. Je me suis d'autant plus réjouie en le recevant que je ne m'attendais pas au bonheur d'exister encore dans votre souvenir. Je croyais que le grand monde vous avait fait oublier votre ancienne connaissance, tandis que votre image est toujours présente à mon esprit; chaque parole que j'ai entendue de votre bouche résonne encore dans mon cœur. Souvent je crois vous voir, vous entendre, mais ce sont les rêves de l'imagination. Oh! si je pouvais vous voir encore une fois sans être vue, je n'en demande pas davantage. Peut-être qu'à votre retour vous ne me trouverez plus au nombre des vivants; gravez alors une croix sur la pierre qui couvrira mon tombeau; je me ferai enterrer avec mon rosaire que je porte toujours sur moi. Adieu, je vous ai écrit plus que je ne devais écrire. Puissent ces lignes vous trouver en parfaite santé et aussi content et heureux que je vous le souhaite!

MARIE.

Brûlez ce griffonnage. Je bénis la Providence qui vous a éloigné du pays où le choléra-morbus fait des ravages terribles.

(1) En français dans l'original.

Le poète écrivit au verso de cette missive: « Dernière lettre de M. » De Paris, il lui offrira plus tard l'*Imitation de Jésus-Christ*. Maryla n'eût point été femme, si elle n'eût pas continué à s'intéresser aux moindres rumeurs relatives au poète, et elle ne put, au bruit d'un mariage de Mickiewicz, s'empêcher de dénoncer au mentor de la jeunesse de Vilna, à Jean Czeczot, l'inconstance des hommes de génie. Le 8 novembre 1830, Czeczot lui répondit:

Quant à ce que Marie me dit du mariage de tel monsieur avec telle demoiselle, c'est la première fois que j'en entends parler et j'ai quelques raisons de croire la nouvelle fabuleuse : en somme, si c'était vrai, ce serait peut-être bien, car en ce monde il faut un certain apaisement, et puisque nous devons vivre, force nous est de le chercher. La perpétuité de la souffrance rend l'homme propre à rien et sa vie alors ne tient souvent qu'à un fil, la circonstance la plus futile suffit pour amener sa perte. Vous vous étonnez, Marie, de mon grand souci que les hommes de bien vivent longtemps; mais songez donc, Marie, que les hommes de bien sont capables de réaliser quelque bien ici bas, et alors vous ne serez plus surprise de me voir désirer que vous viviez et me surviviez. Seulement je prie Marie de ne plus se livrer à de petites plaisanteries sur l'union des hommes de génie : pour d'autres, ce peuvent être des hommes de génie, et pour nous ce sont de simples têtes qu'on saurait on ne peut mieux tourner.

Maryla fit son profit des tendres mercuriales de Czeczot. Elle vécut aimée des siens et honorée de tous jusqu'en 1863. Elle mourut au milieu de nouveaux cataclysmes du pays. Ses dernières paroles furent :

« Pour mon pays, pour ses martyrs. » Elle suppliait Dieu d'ajouter ses souffrances à la somme de celles que sa justice a fixées comme rançon de la Pologne. Cette mort est digne de la femme qu'avait tant aimée Adam Mickiewicz et ravive l'éclat de l'auréole poétique dont un chef-d'œuvre immortel lui a ceint la tête.

Nous n'avons voulu interrompre par aucune digression l'historique des amours d'Adam Mickiewicz et de Maryla. Il nous faut revenir en arrière pour reprendre le récit des débuts littéraires du poète. C'est à lui que nous laissons la parole (1).

A Szczorse (2), je composai *Grazyna*. A Vilna, je lus mes vers à Zan et à Czeczot, que je considérais comme de meilleurs poètes que moi. Le professeur Léon Borowski me connaissait de l'époque où je fréquentais ses leçons. Il loua ma prose et mes poésies, mais surtout mes traductions en vers. Je me rappelle quelle grande émotion j'éprouvai quand, à une de ces leçons, il déclama avec sentiment l'une de ces traductions en citant mon nom. Ce fut là un honneur qui n'était encore échu à aucun étudiant. Je confiai à Borowski un cahier de mes poésies soigneusement recopiées. *Grazyna* seule lui plut beaucoup. Il me conseilla d'imprimer tout par fragments dans le *Journal de Vilna*, de manière à pouvoir ainsi arriver peu à peu à tirer un volume. Le conseil ne me plut pas. Je me rendis chez le libraire Zawadzki et lui racontai la chose. Il fut surpris de ce que je me dérobais à un aussi grand honneur que celui d'être imprimé dans le *Journal de Vilna*, « car, voyez-vous, les poésies, cela s'écrit, non

(1) Notes inédites d'Alexandre Chodzko.
(2) Propriété du comte Chreptowicz, chez lequel Adam Mickiewicz était en villégiature.

pas à Vilna, mais à Varsovie ». Il me montra des rayons entiers pleins de poésies d'auteurs Lithuaniens dont les œuvres moisissaient sans trouver d'acheteurs. Léon Borowski et Jean Chodzko se trouvaient à la tête de l'aréopage littéraire de Vilna. Chodzko y avait l'autorité que Lamartine a aujourd'hui à Paris. *Les Ballades* et *les Ayeux* lui parurent ridicules. Czeczot entreprend de trouver des souscripteurs. Il en rassemble ; on tire à 500 exemplaires la première édition de 1822. Le premier individu que ces poésies charmèrent sincèrement fut un des typographes qui les imprimaient et qui s'appelait Bonczyk. En apportant les épreuves, il s'extasiait, et à cause de cela je lui composai plus tard un compliment en vers pour la fête de Zawadzki. Les premiers 500 exemplaires s'enlevèrent avec une rapidité inespérée. Les domestiques et femmes de chambre les achetaient le plus. Pendant qu'on les dévorait dans les antichambres, on en riait et on s'en indignait dans les salons. Par exemple, M. Bécu, en lisant les *Ayeux*, provoqua de tels éclats de rire que le jeune Slowacki en pleura de honte. J'écrivis l'*Ode à la jeunesse* avant la publication de mes poésies. Je l'envoyai de Kowno à Vilna à mes amis. Zan et Czeczot la trouvèrent archisotte. Ce dernier m'écrivit en me demandant si je n'étais pas devenu fou et en me conseillant de recourir aux conseils de Malewski. Le seul Jezowski ne partagea par leur opinion. Il connaissait les poètes allemands. Il écrivit un fort long commentaire en analysant séparement chaque vers de mon ode, et ce n'est qu'alors qu'on la trouva bonne. A Kowno, on m'aimait, mais on ne se souciait pas de mes poésies, on ignorait même qu'elles eussent paru à Vilna.

On l'apprit pour la première fois par un article du journal *l'Astrée*. C'est ainsi que je dus mon premier triomphe à François Grzymala, tant ces mots : *Varsovie* et *imprimé* avaient alors de prestige. L'arrivée de mademoiselle Lascaris de Varsovie à Vilna répandit ma renommée.

Les créations de Mickiewicz s'écartaient absolument des modèles admirés alors. Beaucoup plus tard, Barrett Browning formulera ainsi la poétique nouvelle : « Ne point songer à la forme, se fier à l'esprit, s'y fier comme fait la nature souveraine pour créer la forme, une forme qui ne soit point une prison, mais un corps ; toujours partir du dedans pour aller dehors, dans la vie et dans l'art qui est encore la vie. » Et Taine fera observer que « la poésie ainsi entendue n'a qu'un personnage, l'homme intérieur, et qu'un style, le cri du cœur triomphant ou souffrant. » Mais à cette époque, l'imitation et le conventionalisme stérilisaient la poésie polonaise. Mickiewicz la désensorcela, en puisant à la source abondante et pure des traditions populaires. Il fit plus ; après avoir ébranlé la tyrannie académique, il ébranla la tyrannie russe par son appel à la toute-puissance de l'esprit. « Jeunesse, s'écriait-il, tu as des ailes d'aigle et ton bras est comme la foudre. » Et en prêchant que le bonheur de tous doit être le but de tous, qu'il faut être forts par l'union et sages par l'exaltation, il prémunissait chacun contre ces éteigneurs d'enthousiasme qui se cantonnent dans la science, font abstraction des questions les plus vitales de l'humanité et détournent leur prochain du sacrifice. Il lançait à ces doctrinaires cette apostrophe :

Le sentiment et la foi m'en disent plus que le verre et l'œil du savant. Tu connais les vérités mortes ignorées du peuple; tu vois un monde dans un grain de poussière, dans un rayon d'étoile; tu ne connais pas la loi vivante; tu ne verras pas de miracles. Aie un cœur et regarde au cœur. Proportionne ta force à tes desseins et non pas tes desseins à ta force.

Ces maximes reçurent en 1830 une confirmation éclatante. Une poignée de jeunes gens démontrèrent à Varsovie, en chassant les Russes de cette capitale, que l'enthousiasme « brise ce que ne brise pas la raison ». Des personnages timorés prouvèrent ensuite que leurs doctes combinaisons n'étaient propres qu'à priver la Pologne des résultats de l'heureuse témérité des initiateurs de la Révolution du 29 novembre. Aujourd'hui, c'est à qui, parmi les commentateurs de Mickiewicz, assourdira ces souvenirs éclatants, de peur que la jeunesse actuelle ne tressaille trop violemment. Les uns insinuent que les déceptions de la Pologne sont la condamnation d'élans pareils; les autres insistent sur l'âge de Mickiewicz en écrivant ces strophes héroïques; d'autres enfin professent que notre époque a des exigences spéciales et que le meilleur moyen d'honorer le poète, c'est de ne pas prendre au pied de la lettre ses conseils, et de ne pas suivre servilement son exemple. Il s'agirait, d'après cette école, d'être non ce qu'il a été, mais ce qu'elle suppose qu'il serait, et il serait, à l'en croire, soucieux de faire fortune, de ne pas troubler la quiétude des gens haut placés, et de plaire au moins à l'une des Cours copartageantes. Ces arguments et ces hypothèses ne nous touchent guère. Napoléon Ier, en parlant, à Sainte-Hélène, de la lutte des premiers chrétiens contre le paganisme disait :

Ce n'est ni un jour ni une bataille qui en a décidé ; est-ce la vie d'un homme ? Non. C'est une guerre, un long combat de trois cents ans. Dans cette guerre, tous les rois et toutes les forces de la terre se trouvent d'un côté, et de l'autre je ne vois pas d'armées, mais une énergie mystérieuse, quelques hommes disséminés çà et là, dans toutes les parties du globe, n'ayant d'autre signe de ralliement qu'une foi commune. Pendant trois cents ans la pensée lutte contre la brutalité des sensations, la conscience contre le despotisme, l'âme contre le corps, la vertu contre tous les vices.

De futurs historiens qualifieront en termes analogues les champions de la liberté et de la nationalité, et n'auront que mépris pour les êtres pusillanimes qui auront, à certaines heures critiques, tâché avec leur sauve-qui peut d'ébranler la constance de leurs compagnons d'armes. Il n'est donc pas équitable d'arguer contre les confesseurs de la cause polonaise des calamités que leur vaut la poursuite de leur idéal, ni contre Adam Mickiewicz des hardiesses de sa propagande. Proportionner sa force à ses desseins signifie qu'il faut la proportionner à ses devoirs. Tout homme qui se précipite dans l'eau ou dans le feu pour sauver son prochain est taxé de folie par les gens incapables de l'imiter, et quiconque ne considère que ce que sa patrie exige de lui scandalise les adeptes de l'intérêt personnel. Et cependant le suprême dévouement est la suprême sagesse, et le sens pratique, dans la signification élevée de ce mot, reste un des apanages du génie. « C'est à tort, lisons-nous dans les *Dernières années de lord Byron,* par l'auteur de Robert Emmet, que l'on suppose souvent une certaine incompatibilité entre l'esprit poétique et le bon sens pratique. Chez les natures supérieures ces qualités, au contraire, s'appellent et se font contre-poids l'une à l'autre. Il n'y a pas de grand politique et de grand capitaine sans imagination, comme il n'y a pas non plus de grand poète sans ce bon sens supérieur qui fait les hommes d'État. Il y avait du poète dans l'empereur Napoléon et de l'homme politique chez lord Byron. »

Il y eut aussi de l'homme politique chez Adam Mickiewicz et nous sommes fondés à trouver essentiellement pratique sa préoccupation d'enflammer sa génération qui, sans cette étincelle, n'eût pas brûlé de la magnifique flamme de 1830.

Il est commode de proclamer chimériques les aspirations généreuses qu'Adam Mickiewicz a exprimées en vers magnifiques. Mais la théorie qu'on voudrait leur substituer est le paradoxe des paradoxes. On invite chaque Polonais à se garer des illusions et à songer à sa carrière, parce que la masse des succès individuels assurera mieux que de périlleuses tentatives patriotiques la prospérité générale. Or, la plupart des Polonais gémissent sous un régime acharné à leur ruine. Le moindre progrès économique n'est possible qu'aussi longtemps qu'il échappe à une inquisition jalouse. Nul moyen légal d'empêcher des empiétements incessants, une guerre acharnée à la langue nationale, des entraves aux études, des vexations systématiques.

Qu'il faille résister dans les conditions où l'on se trouve, si dures qu'elles soient et de quelque façon qu'elles empirent, c'est incontestable ; mais prétendre que cette part de la tâche est le but, c'est de la myopie politique, et uniquement inciter la jeunesse à ne pas dédaigner le lucre et le succès, c'est enfoncer une porte ouverte. Les vers les plus controversés d'Adam Mickiewicz demeurent donc un précieux antidote contre les défaillances d'un patriotisme décadent.

Nous avons vu à Vilna des sociétés secrètes, entées les unes sur les autres, constituer autant de foyers où s'aimantait la jeunesse. Une sorte de comité directeur des Rayonnants prit le nom de Philarète (ami de la vertu) et survécut à leur dissolution ; mais, sentant venir l'orage, ses membres brûlèrent leurs archives et décidèrent que la prudence leur enjoignait de renoncer à toute organisation publique ou clandestine. Les sociétés secrètes faisaient beaucoup parler d'elles en Allemagne. L'un des conseillers rétrogrades d'Alexandre Ier, Novosiltzof, flaira la possibilité de mieux s'ancrer dans la faveur de son maître en exploitant ses alarmes. Il lui suffisait de découvrir ou d'inventer une conspiration. Il profita du premier prétexte venu. Le 3 mai 1823, un élève de cinquième, Michel Plater, écrivit sur le tableau de sa classe : « Vive la Constitution du 3 mai ! » Cette Constitution du 3 mai 1791 supprimait les abus reprochés à la Pologne par ses voisins qui, la voyant sur le point d'en finir avec l'anarchie qu'ils fomentaient chez elle, envahirent cette République et se la partagèrent. Novosiltzof arrêta des étudiants à tort et à travers. L'un deux, Jankowski, était mal vu des Philarètes, à cause de ses mœurs dissolues, et ils furent sur le point de le chasser d'au milieu d'eux. A peine sous les verroux, il raconta ce qu'il savait, chargea ses camarades en prétendant faussement, pour se faire bien venir de Novosiltzof, que des vers licencieux de sa composition, dirigés contre Catherine II, auraient été lus dans les réunions des Philarètes. Tous les autres firent assaut d'abnégation, C'est en vain que Novosiltzof les tortura, il ne put relever aucune charge contre le prince Adam Czartoryski, son bienfaiteur, qu'il se proposait par-dessus tout de perdre. Jankowski avait beau mentir, il ignorait les arcanes secrètes dont Novosiltzof ne parvint pas à saisir la trame. Le 21 août 1851, en revenant sur le passé, Mickiewicz disait :

Des lettres privées du prince Czartoryski, respirant le patriotisme et adressées au recteur Malewski, passaient aux mains de son fils qui les communiquait à Mickiewicz et à d'autres membres d'une commission centrale, composée seulement d'une quinzaine de personnes et qui dirigeait la Société des Rayonnants. Cette commission basait ses calculs futurs sur l'avenir du prince. On traita même la question dynastique (1).

Le 20 décembre 1823, François Malewski, que l'Université de Vilna avait envoyé à ses frais, à Berlin, compléter ses études, fut arrêté dans cette ville, extradé, interrogé à Varsovie par le grand-duc Constantin lui-même, puis expédié à Vilna et livré à Novosiltzof. Il ne

---

(1) Journal inédit de Charles Sienkiewicz.

servit de rien aux Philomathes de s'être spontanément dissous; ils furent, sept mois durant, la proie de Novosiltzof et de ses satellites. Dès le début, Malewski s'avouait le principal coupable, quand on le confronta avec Zan qui revendiquait hautement toute la responsabilité des agissements incriminés et qui s'offrait en holocauste pour sauver ses compagnons. Chokolvnikoff cite, sans en soupçonner la beauté, la réponse suivante de Zan qu'on peut rapprocher d'une sublime répartie de la Pucelle d'Orléans. En effet, quand les juges de Jeanne d'Arc lui posèrent la captieuse question : « Jehanne, croyez-vous être en état de grâce ? » pour l'accuser d'orgueil impie si elle disait oui, et d'indignité patente si elle disait non, la sainte fille échappa à ces pharisiens en répliquant simplement : « Si je n'y suis, Dieu veuille m'y mettre ; si j'y suis, Dieu veuille m'y tenir. »

A Zan, le juge d'instruction demanda où il avait appris l'amour de la patrie ? Quelle aubaine pour la commission d'enquête si l'étudiant nommait ses parents, un ami, un professeur ! Désigner qui que ce soit, c'était le perdre ; se taire, c'eût été laisser planer le soupçon sur ceux que Novosiltzof eût fait empoigner comme suspects d'avoir inoculé à Zan cette vertu aujourd'hui encore réputée crime en Russie chez les Polonais. Zan évita le piège en répondant: « Dans la grammaire de Kopczynski, dont le cours de première classe cite cet exemple : « Nous ne sommes pas nés pour nous-mêmes. Une partie de nous appartient à la patrie, l'autre à nos amis »; et dont le cours de troisième classe cite cet autre exemple : « Saint amour de la patrie, tu n'es ressenti que par les cœurs honnêtes. » Kopczynski était mort le 14 février 1816, après avoir reçu des mains de Stanislas Potocki, ministre de l'Instruction publique du royaume de Pologne, une médaille d'or comme gage de la reconnaissance publique que lui valait précisément sa grammaire. Ne pouvant atteindre l'auteur, Alexandre Ier se vengea sur l'œuvre, et par l'ukase du 14 août 1824 il ordonna que « les livres pernicieux, comme, par exemple, la grammaire polonaise de Kopczynski, non seulement ne pourraient être remis en usage, mais qu'encore les exemplaires qu'on trouverait dans les écoles seraient saisis et détruits ».

Pour les détails de cet abominable procès, je renvoie le lecteur à la troisième partie du poème des *Ayeux* et à un opuscule de l'historien Joachim Lelewel, témoin de tous ces événements. La commission d'enquête constituée à Vilna fut composée du conseiller d'État Lawrinowicz, « Polonais, dit Lelewel, dévoué entièrement au service russe ; du chef de police Schlykof, qui vexait et pillait les habitants de la ville ; du procureur impérial Botwinko, un des plus grands scélérats qu'on ait jamais vus et de quelques personnes de la suite de Novosiltzof, qu'il lui plut d'y appeler (1) ».

La terreur plana sur toute la Lithuanie. L'instruction fut conduite à coups de bâton ; des étudiants, presque des enfants, devaient se voir chargés de chaînes et condamnés à perpétuité aux mines de Nertchinsk, en Sibérie. Des critiques, devant les infamies reprochées aux

---

(1) *Novosiltzov à Vilna, ou guerre impériale avec les enfants et l'instruction. Episode historique de 1821.* Br. in-8, Bruxelles, 1844.

Novosiltzof, aux Bécu, aux Baïkof, aux Pelikan, et aux Botwinko, se sont demandé si le poète n'avait point trop flétri certains d'entre eux. On a été surtout disposé à quelque indulgence vis-à-vis de Bécu en raison de ce qu'il a eu pour beau-fils un grand poète polonais, Jules Slowacki. Lelewel accuse Bécu d'avoir pratiqué le funeste système de sacrifier des victimes sous prétexte de sauver ainsi l'Université. Ce qui condamne Bécu, ce sont les apologies de ses amis. Ils essaient de le justifier en exposant que s'il passait son temps en société de Novosiltzof, à l'amuser par ses lazzis, c'est pour obtenir par son appui la liquidation de sa retraite qu'il sollicitait à Saint-Pétersbourg. Un professeur, capable de s'avilir au rôle de courtisan du bourreau de l'élite des étudiants de l'Université et de flatter ce monstre pendant qu'il délibérait devant lui sur les meilleurs procédés à employer pour perdre des innocents, mérite l'affront du pilori. Le général Baïkof, compagnon des orgies de Novosiltzof, était une pourriture ambulante. « Deux ans avant sa mort, il subit une opération douloureuse pratiquée par Pelikan, qui le fit eunuque (1). » Adam Mickiewicz avait un tel scrupule de justice qu'il eût été le premier à rectifier ses assertions, s'il se fût convaincu d'avoir péché par trop de sévérité. Ce que les Russes ont publié depuis sa mort confirme le passage de sa préface des *Ayeux* où il dit qu'il n'a rien chargé ni exagéré. En 1871, dans la revue russe *Rouski Archiv*, M. Gretch, qui publia des détails

---

(1) Lelewel.

circonstanciés sur la famille, l'éducation et la carrière de Novosiltzof et qui l'appelle «l'homme le plus important de la première moitié du XIXe siècle », divise la vie publique et privée de son héros en deux phases, l'une brillante, l'autre datant de l'époque où il s'adonna à l'ivrognerie. Dans cette même revue Cyprinus (pseudonyme de Przeclawski) explique (N° 9, 1872) que Novosiltzof à Vilna était le Novosiltzof de la seconde période, entouré d'êtres tels qu'il passa en proverbe, lorsqu'on voulait désigner un coquin, de dire : « Il est digne du chenil de Novosiltzof. » Dînait-il en ville, il fallait que deux laquais le prissent chacun sous un bras pour le porter dans sa voiture. C'est à la discrétion de ce personnage crapuleux qu'Alexandre Ier abandonnait neuf gouvernements de la Pologne ! Cyprinus, qui publie ses souvenirs sous les ciseaux de la censure de Saint-Pétersbourg, ne se gêne pas pour laisser entendre que la devise de Novosiltzof: *Honeste et publice*, fut une anti phrase. Un passage d'une lettre de François Malewski, du 13 avril 1838, nous apprend que ce concussionnaire, subissant la loi du talion, fut, pendant sa dernière maladie, effrontément dépouillé par ses familiers: « Il y a six jours que Novosiltzof, après une courte maladie, est mort d'un refroidissement compliqué d'un cancer. Il a encore eu le temps de se convaincre, avant de mourir, avec quelle impudence et quelle audace on le volait. »

En 1828, l'un des instruments les plus odieux de Novosiltzof, Botwinko, quémandait une place à Saint-Pétersbourg. « Institué tuteur de la fille mineure d'une bonne famille polonaise, il s'empara de la fortune de sa pupille, la priva de tout ce que son âge et son sexe demandaient et finit par la faire disparaître. Elle était presque oubliée, lorsqu'en 1826 elle se retrouva par un accident extraordinaire à Smolensk, dans un convoi de gens partant pour la colonisation de la Sibérie. Plusieurs bourgeois de Smolensk lui donnèrent leur généreuse protection et poursuivirent Botwinko qui, par suite de cette découverte, fut destitué de sa charge de procureur (1). » Et ce fut tout! A Saint-Pétersbourg, il se démenait pour être admis à la deuxième section de la chancellerie impériale qui remplit en Russie le rôle du conseil d'État en France. Deux des victimes de Botwinko, Danilowicz et Malewski, astreints au service, y avaient trouvé des emplois. Malewski écrivit à ce propos à son père, le 24 février 1828 :

Botwinko cherche une place sous la direction de Speranski dans notre département. Il serait mon collègue sous Danilowicz et nous serions assis à la même table, mais il me semble que ce n'est plus à craindre. Il est le second que j'ai entendu gémir sur ses malheurs et à aucun des deux je n'ai reproché d'avoir causé des malheurs. Cela seul me console.

Ainsi ce tuteur, convaincu d'avoir essayé de supprimer la pupille dont il avait préalablement croqué la fortune, ne voyait rien dans ce petit accident qui lui fermât l'accès des fonctions publiques! Moins chanceux

(1) Lelewel.

que son chef Novosiltzof, qui acheva de vieillir dans les honneurs, Botwinko, trois ans après, laissé sur le pavé par ceux qui eurent recours à ses ténébreux offices, déblatérait contre les anciens Philarètes auxquels il attribuait sa persistante disgrâce :

Aujourd'hui, rapporte à sa sœur François Malewski le 18 mars 1831, Botwinko se plaint partout de ce que je l'aie empêché de se faufiler au service dans notre chancellerie. Danilowicz et moi, nous aurions le droit de lui susciter des entraves, car il nous a iniquement privés, moi du bonheur et Danilowicz de la paix domestique. Mais ni lui ni moi nous n'avons soufflé mot. J'avais seulement la résolution inébranlable de solliciter ma démission plutôt que de servir avec lui. Je m'en rapportais pleinement à la Providence, archi-sûr qu'elle trouverait ses voies pour châtier justement ceux qui en avaient puni d'autres injustement. Mais je n'ai fait ni ne ferai une seule démarche contre eux.

Le peuple insurgé de Varsovie pouvait écraser sous son talon de pareils reptiles; mais il ne siéyait pas à d'anciens Philarètes de demander protection contre eux à un régime tel que celui de l'empereur Nicolas.

La révolution de novembre 1830 saisit, dans les papiers du grand-duc Constantin, un rapport du professeur Onacewicz, du 11 décembre 1829, où il qualifiait Novosiltzof de « célibataire usé par la débauche et avide de plaisirs »; où il signalait que les mêmes personnes remplissaient l'office de dénonciateurs, de membres de commission d'enquête et de juges et arrachaient des aveux aux enfants pendant que monsieur le sénateur s'amusait avec la princesse Zoubof (1). Les étudiants subirent d'affreux tourments.

Combien, disait Onacewicz au grand-duc, de scènes tragiques se passèrent alors! Marian Piasecki, en se jetant par la fenêtre, se cassa la jambe ; Teraïewicz se coupa la gorge ; madame Glazer fut atteinte d'aliénation mentale en apprenant le malheur de son fils. »

L'Université de Vilna succomba sous ces coups et le recteur Pelikan put chanter victoire dans un rapport du 13 mai 1828 :

Enfin je puis dire que je suis parvenu par mes soins continuels à transformer tout à fait la jeunesse étudiante; si, parmi les élèves, il se trouve quelqu'un mal pensant, il est aussitôt dénoncé et convaincu par ses propres collègues. Je cherche à remplir strictement les instructions que Votre Excellence m'a données à ce sujet.

Un ukase du 14 août 1824 destitua quatre professeurs de l'Université de Vilna et condamna vingt étudiants à la déportation. Zan, Czeczot et Suzin furent enfermés, le premier un an, les autres six mois, dans une forteresse, puis la Sibérie leur échut, tandis que Malewski, Jezowski, Mickiewicz, etc., furent condamnés à prendre du service dans des provinces éloignées de la Pologne. Le 1er mai 1832, un ukase de l'empereur Nicolas supprimera entièrement cette Université de Vilna, sur laquelle son prédécesseur s'était, à la fin de son règne, si cruellement acharné.

(1) Voir le document dans Lelewel.

Le 5 janvier 1827, en remémorant le passé, Adam Mickiewicz écrira : « J'ai commencé à être gai au couvent des Basiliens (1), tranquille et presque sage à Moscou. » Son âme venait de recevoir, dans les cachots de Vilna, la trempe nécessaire pour affronter l'exil et le faire même tourner à la confusion des ennemis de sa patrie.

(1) Transformé en prison par les Russes et où Mickiewicz avait été enfermé depuis le 23 octobre 1823 jusqu'au commencement d'avril 1824.

II

Exil a Saint-Pétersbourg, a Odessa et a Moscou. — Françoise Zaleska et Caroline Sobanska. — Voyage en Crimée. — Amitiés russes. — Apparition des sonnets et de Conrad Wallenrod. — Embarquement pour l'Allemagne.

La prison eut sur Adam Mickiewicz une influence décisive. Maryla ne posséda plus désormais qu'un petit coin de cette âme sur laquelle, jusque-là, elle régnait sans partage ; non pas que le poète ne fût déjà pas pieusement attaché à sa patrie, mais c'est alors qu'il sentit tout ce que cette divinité jalouse exigeait de lui. Le jeune homme, absorbé naguère par le regret de la perte de son amante, cesse de se pleurer et n'a plus de larmes que pour ces millions de compatriotes gémissant sous le joug étranger. Lorsqu'il agonisait, enfant, sa mère le voua à la sainte Vierge ; au fond d'un cachot, il se voua à la Pologne. Qu'est-ce qui pouvait le mieux préparer à cette tâche que d'étudier de près le plus redoutable des trois oppresseurs de son pays ?

Après lui avoir ouvert les portes de sa prison, le Gouvernement russe le laissa quelque temps à Vilna. Ses amis supposaient que leur mise en liberté augurait peut-être la fin de leurs maux. Il ne partagea par leur optimisme. Le 22 octobre 1824, un an presque jour pour jour après son arrestation, il recevait l'ordre de se mettre en route, le surlendemain, pour Saint-Pétersbourg. La veille du départ, comme les Girondins l'avaient fait la veille de leur exécution, les Philarètes se réunirent en un dernier banquet. Adam Mickiewicz ne devait plus jamais revoir ni la plupart d'entre eux ni la Lithuanie. Il improvisa, don qu'il eut à un degré extraordinaire et qui, à Moscou et à Saint-Pétersbourg, plongera ses auditeurs dans le ravissement. Seulement, il défendait qu'on tînt la plume pendant qu'il parlait, car cela paralysait son inspiration. Cette fois un ami, placé derrière lui, réussit à noter quelques strophes. Cette poésie est intitulée : le *Rénégat*. Un rénégat, devenu pacha, se prélasse au milieu de son harem. Le kislar-aga lui amène une nouvelle captive « originaire, dit-il, de cette froide contrée que le pacha mentionnait si tendrement ». Ce serviteur ôte le voile de la captive. Le rénégat la dévisage une seule fois, le tchibouk s'échappe de ses lèvres blémissantes, son visage pâlit affreusement, il est mort.

Au moment de la dispersion en pleine Russie, le poète rappelait à ses compagnons le péril nouveau qui les attendait. Honneurs et richesses seraient prodigués au rénégat polonais ; mais le jour où l'amante trahie lui découvrirait ses traits, il n'en pourrait supporter la vue sans mourir. Cette expression d'amante symbolisera la Pologne dans la correspondance de ces exilés condamnés à ne causer par lettre qu'à mots couverts. Les Russes prendront aisément le change et, dans des allusions à la patrie, ils ne verront que des réminiscences d'amourettes.

La première étape des voyageurs fut à Kowno, d'où Stanislas Dobrowolski, ami du recteur Malewski, lui signala, dans une lettre datée du 30 octobre 1824, le passage de son fils :

Le dimanche, 26 de ce mois, lui écrivit-il, vers 8 heures du matin, monsieur François, votre fils, en compagnie de messieurs Jezowski et Pietraszkiewicz, est arrivé à Kowno. Dimanche et lundi étant jours de courrier, la difficulté de se procurer des chevaux de poste les a retenus jusqu'au mardi. Ils ont passé ce temps tranquillement et sans émoi ; et le lundi, après-midi, ils sont, ainsi que monsieur Constantin Zaleski, qui les avait rejoints lundi matin et que suivait le reste de leurs collègues dans deux voitures, partis en bonne santé pour coucher à Kejdany ; ils devaient être la nuit de mercredi à Szawle et ils s'y reposent probablement la nuit d'aujourd'hui. Le bivouac général avait été installé chez l'abbé Korycki, provincial ; on y a pourvu à tous les autres besoins des voyageurs.

Mickiewicz et ses compagnons se trouvèrent là en pays de connaissance et on s'explique que Malewski ait écrit de cette ville à son père que, si tout le trajet jusqu'à Saint-Pétersbourg était semé de Kowno, il n'aurait eu autre chose à faire qu'à jouer des mâchoires.

Deux lettres de François Malewski donnent encore

quelques détails sur la dernière partie de la route. Le 1ᵉʳ novembre 1824, il écrit de Riga :

> C'est la dernière lettre que je vous adresse avant Saint-Pétersbourg, où je serai infailliblement dans cinq jours.

Il semblerait donc qu'Adam Mickiewicz ait dû arriver dans la capitale russe la veille d'une terrible inondation qui menaça de renverser Saint-Pétersbourg et qui sert de thème à un épisode des *Ayeux*, soit le 6 novembre, mais, dans une autre lettre de François Malewski à ses parents, datée de *mercredi, Saint-Pétersbourg*, sans mention du quantième du mois, il dit formellement :

> Je vous ai écrit de Riga, je m'empresse de vous adresser cette lettre de Saint-Pétersbourg pour vous rassurer sur ma santé. J'ai trouvé le beau temps à Saint-Pétersbourg, tout frémissant encore de l'inondation qui a précédé de quelques jours mon arrivée.

Jusqu'à preuve du contraire, il est difficile d'admettre qu'Adam Mickiewicz, prenant le devant, ait gagné plusieurs jours d'avance sur son compagnon de route. S'il ne s'est pas promené le long de la Néva le 6 novembre, et s'il n'a pas entendu annoncer le cataclysme du lendemain, il a trouvé la capitale encore affolée du péril qu'elle venait de courir et un mystique polonais, Oleszkiewicz, prédisant que le déchaînement des éléments n'était qu'une image de la punition finale de cette Babylone du Nord. Oleszkiewicz avait de quoi impressionner fortement l'âme du poète. Ce peintre que de grandes dames se disputaient l'honneur de soigner à son lit de mort, et dont une légion d'indigents suivit le convoi, joignait aux saintes indignations d'un prophète hébreux une charité vraiment évangélique et une mansuétude qui ne lui permettait même pas d'écraser un insecte. L'ex-prisonnier des cachots de Vilna n'était certes pas enclin à s'éprendre du tsarisme; mais, grâce à Oleszkiewicz, il comprit mieux et plus vite la structure interne d'un Empire qu'on dirait modelé sur cette Assyrie dont d'innombrables bas-reliefs nous montrent les potentats chassant les bêtes fauves, saccageant les cités, réduisant des populations entières en servitude et leur imposant les travaux les plus durs, quand ils ne les soumettent pas aux supplices les plus raffinés.

Adam Mickiewicz ne se borna pas à n'examiner que les curiosités de Saint-Pétersbourg ; il se rapprocha du groupe héroïque qui conspirait contre l'autocratie. « Vous souvenez-vous de moi ? » s'écriera-t-il plus tard. « Vos figures étrangères ont droit de citoyenneté dans mes rêves. Où êtes-vous maintenant? Le noble cou de Ryleïef, que je serrais fraternellement dans mes bras, a été, sur un ordre du tsar, suspendu à l'infâme gibet. Malédiction sur les peuples qui lapident leurs prophètes ! Cette main que Bestoujef, poète et soldat, me tendait, plume et arme lui ont été arrachées ; le tzar l'a attelée à une brouette; aujourd'hui, elle pioche dans une mine, rivée à côté d'une main polonaise (1). » Un

(1) Voir la traduction de la pièce entière à la page 288 de la 1re série des *Mélanges posthumes*, d'Adam Mickiewicz.

des biographes d'Adam Mickiewicz, Pierre Chmielowski, émet l'hypothèse que le poète a pu rencontrer Bestoujef à Kief. Mickiewicz, pour prouver combien les conjurés prenaient peu de précautions, a raconté un jour qu'en passant devant le logis de l'un d'eux il entendit de telles vociférations contre le tzar qu'il se hâta de lancer un énergique rappel à la prudence, et que la compagnie était montée au point de se méprendre sur le mobile de son intervention, de sorte qu'il fallût qu'un des assistants, de plus de sang-froid que les autres, leur fit entendre raison (1). Ils s'excusèrent alors et portèrent la santé de Mickiewicz non moins bruyamment qu'ils avaient anathématisé le tzar. La police, qui surveillait de très près Adam Mickiewicz et ses amis, ne tarda pas à trouver dangereux leur séjour à Saint-Pétersbourg, et Alexandre Ier décréta que leur présence ne serait pas tolérée plus longtemps dans sa capitale. Cette nouvelle vexation les empêcha probablement d'être impliqués, un an après, dans le terrible procès des Décembristes russes (2).

(1) Quelqu'un s'appropria, en 1836, un album que Mickiewicz avait laissé traîner sur la table de son salon et qui, outre une description d'une prairie Américaine par Fénimore Cooper, contenait encore les témoignages d'amitié de plusieurs Décembristes. Il est possible que cet album n'ait pas été détruit, qu'il réapparaisse un jour et comble de fâcheuses lacunes.

(2) Alexandre Ier mourut à Taganrog, le 19 novembre 1825. Le 13 décembre, Ryleïef, en apprenant que Rostovkof venait de dénoncer le complot, précipita la prise d'armes du lendemain (14/26 décembre 1825). Les auteurs de cette généreuse tentative ont été appelés Décembristes du mois où ils se sont sacrifiés pour la liberté de leur pays. La répression fut féroce. Nicolas Ier se ravala au niveau

Les lettres de François Malewski continuent à être une précieuse source d'informations, puisqu'en avisant ses parents de ce qui lui advient, il nous initie par là même aux vicissitudes que subissait l'ami classé dans la même catégorie que lui et objet de décisions identiques. Il écrit, le 6 décembre 1824, donc un mois environ après son arrivée :

> Le choix de notre résidence nous est abandonné par la faveur du monarque sans aucune autre exception que Saint-Pétersbourg et les gouvernements polonais. Informé de cela, j'ai sollicité un emploi auprès du général-gouverneur Woronzof. Invité à préciser l'endroit de mon choix, j'ai désigné Kherson.

Malewski dut bientôt renoncer à Kherson et se contenter du poste d'attaché à la chancellerie du général-gouverneur Woronzof, à Odessa. Adam Mickiewicz et Jezowski, usant de la latitude à eux laissée, optèrent pour le lycée Richelieu, à Odessa, où ils demandèrent à professer.

En 1824 et en plein hiver, ce n'était pas une petite affaire que de se rendre de Saint-Pétersbourg à Odessa. Malewski ne prit que le 17 janvier 1825 la feuille de route qui donnait droit aux chevaux de poste et après la délivrance de laquelle il devait quitter la ville sous trois jours. En l'annonçant à son père, il ajoute plaisamment :

des pires Césars romains en se vantant, dans un manifeste du 13/25 juillet 1826, « d'avoir vu avec plaisir leurs plus proches parents renier et livrer à la justice les malheureux sur lesquels planait le soupçon de complicité. »

4.

Je serai d'abord tout toile, puis mouton, enfin loup et ours. Je gagnerai Odessa par Witebsk, Mohilef, Tchernikof, Kief, Elisabetgrad.

Il est avec la police des accommodements et nos voyageurs différèrent en réalité leur départ jusqu'au 24 janvier. Le 23 janvier à 11 heures du soir, Malewski fut enfin prêt et en avertit sa sœur en ces termes :

A cause des emplettes, j'ai visité le *goscinnyi dvor* (1). C'est là que j'ai mis à contribution tous les gouvernements pour pouvoir faire face à monsieur Février. Mon bonnet est d'Arkhangel, mes bas sont de Iaroslaf, mes bottes sont de Nizgorodek, etc. Adam (2) et Joseph (3) iront avec moi jusqu'à Elisabetgrad où ils doivent attendre la décision du général Witt. Je pars demain à 7 heures en traîneau qu'il nous faudra peut-être jeter à la moitié du chemin.

Il ressort d'un billet d'Adam Mickiewicz qu'il atteignit Witebsk le 29 janvier. Il s'arrêta, le 5 février, à Kief, où se trouvait Bestoujef, qu'il y vit probablement, et fit encore une halte à Steblof, chez des amis. Il ne fut rendu à Odessa que le 21 février.

Cette ville cosmopolite et où abondaient les fruits du Midi plût, par son cachet original, à nos voyageurs qui craignirent au début d'avoir à la quitter presque aussitôt. Partout ils éveillaient les appréhensions d'un autocrate soupçonneux et, dès le 28 février 1825, François Malewski écrit à son père :

(1) Marché.
(2) Mickiewicz.
(3) Jezowski.

J'ai reçu aujourd'hui la notification que les gouvernements de Kherson, de Kief et autres lieux limitrophes de la Pologne nous sont interdits par un nouvel ordre de l'Empereur. Une nouvelle faveur très haute nous permet le choix de l'endroit de notre résidence et du service que nous préférerons. Je ne pense pas renoncer au climat du midi et le premier instinct me conseille de me transporter en Crimée.

Les tergiversations du gouvernement permirent à Mickiewicz de jouir de la belle saison à Odessa. Il s'était décidé, puisqu'on le chassait d'Odessa, à s'en aller à Moscou; mais c'est l'Empereur lui-même qui statuait sur chaque demande de ce genre; ce monarque se déplaçait souvent, et cette fois ces retards furent profitables. La colonie polonaise, nombreuse à Odessa, permit au poète de s'y créer de charmantes relations.

Le premier amour du poète, avant-goût du paradis et de l'enfer, lui avait paru grand comme le monde. Ne voyant que cet amour et s'acharnant à en scruter les joies et les tortures, c'est avec une déception profonde qu'il aperçut, dans le cristal de son âme, celle à laquelle il prêtait une perfection idéale, revêtir les proportions de la simple humanité. Ainsi réduite, Maryla pouvait avoir et elle eut des rivales. A l'idylle lithuanienne, brusquement interrompue, succède, à Odessa, un roman en partie double. Autant qu'il est possible d'en juger à distance et d'après des données fort incomplètes, Platon et Épicure semblent cette fois avoir été aux prises et s'être jusqu'à certain point neutralisés.

Odessa regorgeait de familles polonaises des provinces adjacentes, et la maison de madame Françoise Zaleska fut l'une de celles qu'Adam Mickiewicz fréquenta de préférence. Le mari, homme pratique, s'occupait d'affaires. La femme, délicate, maladive même, ambitionna d'être la Béatrice du Dante polonais, la dépositaire de ses pensées et la conseillère de ses actes. Son âme affectueuse lui gagna vite l'entière confiance d'Adam Mickiewicz. Elle rêvait de favoriser l'essor de son génie et de le préserver de tentations trop terrestres. Souvent celles qui se vouent à une pareille tâche réussissent aussi mal que l'ange qui, d'après la légende, s'incarna dans le corps d'une femme pour fixer enfin l'inconstance de don Juan et se perdit sans le sauver. Peut-être madame Zaleska, elle aussi, fût-elle, par excès de charité, descendue de l'Empyrée. Ce qui contribua à l'y maintenir, ce fut la passion moins éthérée qu'inspira à Adam Mickiewicz la beauté éclatante et l'esprit séduisant de la comtesse Sobanska. Madame Zaleska passa au rôle de confidente; elle en voulait à madame Sobanska de ce qu'elle considérait comme une profanation, mais elle se résigna à cette sorte de partage et, quand le poète eut secoué le joug de la coquette, l'amie lui demeura.

La comtesse Sobanska, née Rzewuska, et dont le frère ne tarda pas à se lier avec Adam Mickiewicz et devint lui-même une illustration de notre littérature, accepta volontiers des hommages qui flattaient son amour-propre. Ce ne fut d'ailleurs à ses yeux qu'un intermède agréable. Alceste tomba de son haut lorsqu'il se convainquit que si Célimène feuilletait volontiers un cœur, elle était toutefois très décidée à varier ses lectures. Le poète indigné exprima dans de mordantes poésies le désenchantement méprisant d'un vainqueur. Il y aurait, ce nous semble, à prendre au figuré ce que des critiques ont pris au propre. J'ai connu madame Sobanska, devenue la femme de M. Jules Lacroix. On lui eût donné trente ans de moins que son âge. Dans son extrême vieillesse, elle savait attirer les gens à elle par une grâce mondaine incomparable. Être coquette était chez elle une fonction aussi naturelle que celle de respirer. Elle paraissait vous ménager dans son cœur une place exceptionnelle, et si un doute vous venait, une fois dans l'escalier, on ne lui gardait pas rancune, car l'art de plaire, tel qu'elle le pratiquait, imposait l'admiration. Madame Lacroix vous transportait en plein salon aristocratique du xviiie siècle. En l'écoutant, on apprenait à causer. L'une des dernières fois que j'eus l'honneur de la voir, je l'interrogeai sur la valeur des détails recueillis par un biographe de mon père qui les publia sous son pseudonyme d'Aër. « Ce Monsieur, me répondit-elle, m'est venu voir avec une lettre de recommandation du prince Ladislas Czartoryski. Je l'ai reçu en conséquence, mais avec lui je n'ai parlé que pour ne rien dire. Avec vous, c'est différent. » J'ignore si la différence fut aussi considérable que son amabilité voulut le prétendre. J'ai cependant quelques raisons de croire que, s'il lui fallait des adorateurs, elle excella à éconduire les soupirants, attisant le feu parfois, mais toujours attentive à ne pas s'y brûler les doigts. Elle avait trop encouragé les espérances du poète pour se fâcher de ses colères. Elle lui conserva ses sympathies, déplora qu'il eût pris les choses au tragique, laissa à madame Zaleska le soin de lui prodiguer de sages remontrances, en se félicitant elle-même de la mesure qu'elle gardait en toutes choses. Un miroir à alouettes ne saurait s'apitoyer sur les oiseaux qu'il fascine et qui, étourdiment, s'en vont cogner leur tête contre sa surface polie. Me basant sur une lettre dont je citerai tout à l'heure des fragments, je m'informai auprès d'elle du sort de sa correspondance avec mon père. « Je n'ai jamais aimé, me dit-elle, me dépouiller inutilement d'autographes de prix ni, à plus forte raison, les détruire. Mes papiers sont restés chez mon frère. Écrivez-lui en mon nom que je l'autorise à vous renvoyer tout ce qu'il a et faites en tel usage que bon vous semblera. » Le général Rzewuski, frère de madame Lacroix, m'expliqua que l'état de ses yeux lui rendait cette sorte de recherches très difficile et qu'il n'avait découvert qu'une page de l'écriture de mon père. Cette poésie qui commence en haut d'un feuillet d'album semble une suite. Le commencement se retrouvera-t-il et les lettres de mon père à madame Sobanska existent-elles? C'est au moins douteux. Ce qui est certain, c'est qu'en 1828 le poète eût préféré ravoir sa correspondance. Madame Françoise Zaleska, chargée de cette négociation, lui rendit compte ainsi de sa démarche.

Odessa, 21 avril 1828.

J'ai vu madame Sobanska, mais elle n'a pas de lettres, du moins elle me l'a dit. Elle m'a priée de permettre que Gattorno lui copie votre portrait et la vue de Nowogrodek. Vous pouvez concevoir combien cela m'a coûté de ne pas lui refuser, mais il était trop pénible de passer pour envieuse, mais est-ce une présomption de ma part de croire que j'ai profané par-là ces images si sacrées? Je vis plus seule que jamais, et cela me fait un peu de bien, mais j'ai du noir, tant de noir dans mon âme qu'il n'y a qu'une solitude comme celle du tombeau qui puisse y remédier. Par charité, dites-moi quel est votre projet de voyage et si je vous verrai et quand je vous verrai cet été, car ce n'est que cet espoir qui me retient ici. Adieu, adieu. Il est des sentiments qui appartiennent plus au ciel qu'à la terre, c'est de cette nature que je vous en porte.

Les compagnons d'exil d'Adam professaient le plus respectueux attachement pour madame Zaleska qui leur témoignait de son côté beaucoup de sensibilité.

Cette lettre, dit-elle plus loin à Adam Mickiewicz, vous trouvera certainement à Saint-Pétersbourg; dans ce cas, je vous charge de dire à M. Malewski, malgré qu'il paraisse mépriser mon amitié, qu'elle lui sera vouée tant que j'existerai. Une seule journée ne se passe pas sans mille vœux pour son bonheur.

On ne méprisait pas son amitié; seulement on lui écrivait moins. Adam Mickiewicz lui dédiera *Conrad Wallenrod*, mais nous verrons qu'à Saint-Pétersbourg et à Moscou il fut de nouveau ébloui, et évidemment il ne s'en ouvrit plus à Françoise Zaleska. Elle ne s'habituait pas à son mutisme et s'excusait presque de lui écrire.

Je n'ai pas, lui dit-elle, le courage de jeter la plume quand un surcroît de peines me conduit à mon secrétaire pour chercher des consolations auprès de vous. Il est des moments où la mélancolie surpasse mes forces et où il me serait plus facile de renoncer à un heureux avenir que de renoncer à vous écrire. Aussi il y a tant de lettres que j'écris pour tromper cette inquiétude et que je brûle à l'instant même. Celle-ci aurait eu le même sort, si je ne vous devais pas une réponse à votre demande.

Adam Mickiewicz quitta la Russie et ne rencontra plus madame Zaleska. Mais il retrouva à Paris madame Lacroix. Il ne la vit qu'à de très rares intervalles. Elle l'invita un jour à dîner avec Balzac et Frédéric Soulié qui lui demandèrent son opinion d'étranger sur la littérature française contemporaine. Madame Lacroix se délectait d'avance du plaisir de présider à un assaut de compliments entre pareils champions, mais elle n'eut pas à décerner de couronne au vainqueur. Adam Mickiewicz répondit que, si un nouvel Omar brûlait un jour les trois quarts des livres qui se publient, il n'y aurait guère de regrets à avoir. Les convives écarquillèrent les yeux et défendirent aigrement les mérites des productions courantes. Madame Lacroix ne rappelait pas sans humeur l'embarras où l'avait mise la boutade de Mickiewicz.

Le poète ne rapporta pas d'Odessa que des stances amoureuses. Il eut l'occasion de faire, sur le littoral de la mer Noire, une excursion à laquelle on est redevable des *Sonnets de Crimée*. D'août à octobre 1825, il parcourut la plus belle partie de cette presqu'île, en compagnie de madame Sobanska, de son mari, d'Henri Rzewuski et de Kalusowski, gentilhomme compagnard d'Ukraine.

L'enthousiasme provoqué par cette échappée sur l'Orient s'épancha en beaux vers. Mais la splendeur de ce paysage asiatique raviva encore son culte de la terre natale et, à côté de madame Sobanska, c'est à Maryla qu'il songea. Il exhale dans le XIV sonnet ces plaintes touchantes :

Lithuanie ! tes forêts bruissantes me chantaient plus harmonieusement que les rossignols de Baïdar, que les vierges du Salghir, et je foulais plus gaîment tes fondrières que les mûriers de rubis et les ananas d'or. Si loin et au milieu de tentations si diverses, pourquoi, tout distrait, soupiré-je sans cesse après celle que j'ai aimée au matin de mes jours ? Elle est dans le cher pays qui m'est ravi ; en foulant mes traces encore fraîches, se souvient-elle de moi ?

Mon père, au moment où la guerre d'Orient concentrait sur la Crimée l'attention générale, raconta quelques incidents de son voyage de 1825. Voici des détails extraits d'un cahier de notes que j'avais alors commencé à prendre :

Un jour, une vingtaine de Russes et moi, nous traversions un étroit défilé dans les montagnes. Un énorme rocher surplombait d'un côté une route, de l'autre, d'affreux précipices. Nous étions tous à cheval. Le peu de largeur du sentier ne permettait pas d'y passer deux de front. J'étais le second. Le cheval qui me précédait glissa et roula avec son cavalier jusqu'au fond d'un précipice d'au moins quinze pieds de profondeur. Je m'arrêtai ; mais mes compagnons, qui ne comprenaient rien à ce retard et s'impatientaient fort, me crièrent d'avancer. Rester plus longtemps en un pareil endroit, c'eût été s'exposer inutilement. Le guide tartare me promit de revenir chercher ce malheureux, et en quelques minutes j'eus dépassé la gorge fatale.

Nous descendîmes au fond d'une vallée, galopâmes encore quelques heures en plaine et arrivâmes à un village tartare. Aussitôt, quatre ou cinq de ses habitants partirent avec de longues perches et des cordes à la recherche de notre compagnon. Ils furent de retour avant le coucher du soleil, rapportant sur un brancard cet infortuné. Son cheval s'était tué sur le coup, et lui dans quel état il se trouvait! Son corps déchiré et enflé n'offrait plus apparence humaine. Je lui donnais deux heures à vivre.

Au milieu de la nuit, je me levai pour l'aller voir. Je n'espérais presque plus le trouver en vie. Je traversai une rue sale et boueuse comme toutes les rues des villages tartares et j'atteignis la hutte où on l'avait déposé. Il se tenait assis sur son lit, enveloppé dans sa robe de chambre, la figure encore meurtrie, tuméfiée, noire ou bleue. Devant lui se dressait une table de jeu : il faisait une partie de cartes avec un ami. Les Russes ont la vie dure.

Quelle terrible chose qu'un voyage en Crimée à cette époque! Les voitures qui transportaient les voyageurs semblaient avoir été inventées pour leur supplice. Le conducteur jouissait encore d'une place passable, mais les voyageurs ayant les pieds plus hauts que la tête ne pouvaient s'endormir, sous peine de recevoir un mauvais coup ou de tomber de ce véhicule. Qu'on joigne à cela de détestables chemins. S'agissait-il, par exemple, de traverser un marais, on formait la route au moyen d'arbres abattus et couchés les uns à la suite des autres. Aussi que de cahots! A la seconde station, un officier russe, primitivement en pantalon blanc, se trouvait n'avoir plus de pantalon et sa peau ne formait qu'une plaie.

Les chevaux étaient toujours bons et les cochers les menaient grand train. Nous avancions donc très rapidement à travers des steppes immenses et par un soleil brûlant.

Voici en quoi consiste une station de poste en Crimée. Au milieu du steppe s'élève un hangar. Dessous, un Tartare est accroupi auprès d'un trou rempli d'eau et où il se rafraîchit de temps en temps. Ses yeux sont toujours fixés sur le steppe. Dès qu'il aperçoit un attelage, il devine le nombre des chevaux et le crie à son fils couché dans l'herbe du hangar. Son fils choisit et attrape, parmi la troupe qui paît tranquillement, autant de chevaux qu'il est nécessaire ; la voiture arrive, on met en liberté les chevaux fatigués, on en attèle d'autres, et l'on repart. On gagne de fortes courbatures à voyager de cette façon plusieurs jours de suite.

Le climat en Crimée est froid, les pluies sont fréquentes. Dans la saison des pluies, l'eau tombe en telle abondance qu'il est impossible de voyager, les routes sont impraticables. Il faut excepter pourtant la bande de territoire resserré entre les montagnes et la mer. Cette partie de la Crimée est un des plus beaux endroits de la terre. Le ciel y est aussi limpide et le climat aussi doux qu'en Italie. Mais la verdure y est plus belle. On y rencontre des bois et de l'ombre, ce qu'on trouve si rarement en Italie.

J'allais une fois avec deux amis visiter l'ancienne résidence des Khans. Je fus émerveillé à la vue de ce palais, de la belle nature qui l'entourait, des souvenirs qui s'y rattachaient.

Tout à coup mon compagnon, un gros gentilhomme campagnard de l'Ukraine, poussa un profond soupir. « Qu'avez-vous ? » lui demandais-je avec intérêt. — « Je pense combien de balles on pourrait fondre avec les gouttières et tous les ornements en plomb du palais », me répondit-il. Ce fut comme de l'eau froide jetée sur mon enthousiasme poétique.

C'est qu'en effet le plomb est cher en Ukraine. Tous les gentilshommes y sont en revanche grands chasseurs et cassent quelquefois leurs cuillères pour charger leurs fusils.

Une autre fois, je me perdis dans le steppe et tombai au milieu d'une tribu de Tartares nomades. Je priai leur chef de m'accorder l'hospitalité; il y consentit et je passai quelques jours sous leur tente. En partant j'offris au chef, pour ma nourriture et l'embarras que je lui avais causé, quelques pièces de monnaie. Il en fut si reconnaissant qu'il me gratifia aussitôt d'une coupe en argent couverte de caractères tartares et d'une assez grande valeur. Je la gardai longtemps, puis je la donnai à un ami.

Je les ai vu faire des chandelles. Ils égorgeaient des moutons, leur enlevaient la peau, puis les jetaient bouillir dans des chaudières et recueillaient la graisse qui flottait sur l'eau. Ils en confectionnaient des chandelles que le Francais le plus delicat aurait pu manger. Quant aux moutons, ils en possédaient de telles quantités qu'ils n'en utilisaient que la peau et la graisse.

Pendant qu'Adam Mickiewicz se préparait à visiter la Crimée, son ami Malewski, qui venait de quitter Odessa et de le précéder à Moscou, adressait autrement que par la poste à son père une lettre datée du 12 août 1825 où il est plus explicite que d'ordinaire:

Turczynski, que vous connaissez sans doute, me fournit, très-cher père, la première occasion de vous écrire à mon aise. Je suis dans une situation telle qu'il me faut cacher jusqu'à ma reconnaissance. J'en dois à madame Sobanska, née Rzewuska, aux Zaleski. J'ai trouvé chez eux cordial accueil et une sympathie qui m'a une fois permis d'oublier mes souffrances. A la fin de mon séjour, le cercle de mes relations s'était notablement étendu, et si je retournais dans ces parages, j'y trouverais des personnes bienveillantes. Mais cette petite echappée involontaire sur le monde n'a pas passé inaperçue de mes anges gardiens. On a, paraît-il, su que le général Witt me recevait chez lui, et on a écrit, j'ignore si c'est à lui ou au général Woronzof, et si c'est de Varsovie ou de Vilna. Le résultat a été qu'on s'est mis à me questionner sur la date de mon départ. A Odessa, j'ai rencontré G., une connaissance faite à Szczorse et que l'opinion ici considérait universellement comme un espion. Bien que je ne le tienne pas pour tel, je ne désirerais pas qu'il fréquentât votre logis. Ces derniers incidents ont dérangé un peu mes combinaisons. J'aurais pu avoir des recommandations pour Moscou, mais il ne me convenait pas de les accepter, puisqu'on m'a de nouveau rappelé ce que je suis.

D'après des renseignements que nous ne sommes pas aujourd'hui en état de contrôler, ce serait Pelikan, l'âme damnée de Nowosiltzof, qui aurait dénoncé le péril de la présence de quelques Philarètes à Odessa, où affluaient les propriétaires des provinces polonaises d'Ukraine, de Wolhynie et de Podolie. Nicolas Malinowski affirme que, sans l'intervention des amis russes qu'Adam Mickiewicz ne tarda pas à compter à Moscou, il eût été expédié aux confins de cette province et placé dans l'école d'une petite ville, sous la dépendance du curateur Pisaref, connu par sa servilité (1). Le prince Galitzine, général-gouverneur de Moscou, demanda et

---

(1) Voir, dans le IVe volume de la Correspondance d'Adam Mickiewicz, le récit de M. Malinowski.

obtint qu'Adam Mickiewicz et François Malewski fussent attachés à sa chancellerie. Ce fut pour Mickiewicz une sinécure. Il existe un dessin qui représente le prince Galitzine en train de jouer aux échecs avec le poète. Le prince, élevé à l'étranger, excellent homme et zélé fondateur d'établissements de philantrophie, autorisa le poète à se préparer par un long stage aux fonctions bureaucratiques qu'il ne devait jamais remplir. Adam Mickiewicz lui en sut un gré infini. Jamais action généreuse ne le laissa indifférent. Quelques-uns de ses amis jugèrent sa gratitude excessive. Adam Mickiewicz leur répliqua par ces vers des *Ayeux* : « Maudits ceux qui ne paient pas! Il faut tout payer ou par un travail réciproque, ou par un sentiment reconnaissant, ou par le don d'une larme. » Il y eut de sa part plus qu'un simple échange de bons procédés. Il fraternisa avec ses amis russes et leur découvrit de sublimes horizons. L'admiration acheva la conquête qu'avait commencée sa chaleur d'âme. Ils lui furent acquis, et, il faut le dire à leur honneur, il ne se produisit aucune défection parmi eux. Le seul qui ait lancé plus tard une note un peu discordante, Pouchkine, respecte même alors le caractère de son émule, et Mickiewicz, en parlant du poète russe, n'aura qu'indulgente sympathie à son endroit et ne relèvera même pas ses défaillances. La Pologne serait ingrate, si elle n'inscrivait dans son Livre d'or les noms de ce groupe de Russes qui protégèrent Adam Mickiewicz contre leur propre Gouvernement, s'interposèrent entre le tsarisme et lui, le dérobèrent à une relégation dangereuse pour son génie et facilitèrent son hégyre. Adam Mickiewicz n'eut aucune de ces petitesses qui sont les chinoiseries du patriotisme. L'autocratie, les vices qu'elle engendre chez ses subordonnés et les horreurs qu'elle perpètre lui paraissaient un mal transitoire. Il pensait même que si la Providence permet que des milliers de ses compatriotes soient dispersés à travers l'immensité de cet Empire, c'est peut-être pour en élever le niveau moral au prix de leur félicité personnelle.

Czeczot qui, en Sibérie, fièrement, ne voulait rien avoir de commun avec les ennemis de sa patrie, s'offusqua de voir Mickiewicz adopter une autre ligne de conduite que la sienne. Il lui rappela que la Bible défendait aux Juifs tout contact avec des Idolâtres. Mickiewicz lui répondit, le 5 janvier 1827, qu'il était prêt à manger non seulement le beeftek des Moabites, mais même, lorsqu'il aurait faim, la viande de l'autel de Dagon et de Baal, qu'il n'en demeurerait pas moins bon chrétien. Thomas Zan, en Sibérie, n'agira pas autrement. La propagande lui semblera plus méritoire que l'abstention. Il estimera servir son pays en inoculant, par exemple, la vertu dans le cœur d'enfants russes auxquels il donnait des leçons. Tout Russe profondément honnête ne serait-il pas un ennemi de moins qu'aurait la Pologne? Si Adam Mickiewicz mangeait la viande de l'autel de Dagon et de Baal, il n'acceptait aucune compromission avec le culte de ces idoles, minait leur prestige, démontrait leur fausseté, chapitrait leurs adorateurs. C'est en cela qu'il différait essentiellement de ces Polonais qui, par crainte de manquer de la viande succulente des autels de Dagon et de Baal, acceptent allègrement, par-dessus le marché, le joug de ces divinités et humilient leur esprit devant elles.

Nous ne saurions même nommer ici tous les amis russes de Mickiewicz. Des relations de la plus vive cordialité s'établirent entre lui et le poète Joukovski, qui devint dans la suite précepteur de l'héritier de l'empereur Nicolas. Un autre poète russe, J. Kozlof, qui traduisit les *Sonnets de Crimée*, dira à Odyniec, au moment où Mickiewicz s'apprêtait à quitter la Russie : « Vous nous l'avez donné fort, nous vous le rendons puissant. » Au départ de Moscou, les amis russes de Mickiewicz lui offrirent une coupe d'argent sur laquelle leurs noms sont gravés (1). Parmi les plus fervents figurèrent, à Moscou, la princesse Zénéide Wolkonska et le prince Pierre Wiazemski. La princesse Wolkonska, usant noblement d'une fortune très considérable, réunissait autour d'elle l'élite intellectuelle de la société de Moscou. Mickiewicz devint l'hôte assidu de son salon. Il la retrouvera plus tard, en Italie, invariablement la même, lui écrivant, au lendemain de l'écrasement de la révolution polonaise, « qu'au ciel il n'y a ni divisions ni frontières », et ajoutant : « Vos frères ne sont-ils pas aussi partout où vous trouverez de l'âme et des pensées ? » Le prince Pierre Wiazemski traduira en russe les *Sonnets de Crimée*. Je l'ai vu en 1853 (mon père demeurait alors

---

(1) Voir, pour de plus amples détails : *Mélanges posthumes d'Adam Mickiewicz*, 1ʳᵉ série, p. 286.

rue de l'Ouest) se jeter dans ses bras avec effusion. En 1861, à Saint-Pétersbourg, il me dit qu'il considérait cette amitié comme un des plus grands bonheurs de sa vie et, au dîner auquel il m'invita, un autre ami russe de la même époque récita par cœur, au dessert, des pages entières de la partie des *Ayeux* interdite dans l'Empire. Pierre Wiazemski fut jusqu'à sa mort fidèle « à la mémoire, m'écrivait-il le 2/14 mars 1873, de celui qui, malgré les divergences d'opinions politiques, nous reste cher, parce que le génie et le caractère moral sont au-dessus des questions du jour et des préventions de parti ». Quant à Pouchkine, Mickiewicz ne le connaîtra qu'à Saint-Pétersbourg. Le 27 septembre 1826, François Malewski écrit de Moscou à ses sœurs :

Je dois vous parler de ce qui occupe maintenant beaucoup Moscou, surtout les dames de Moscou. Pouchkine, le jeune et renommé poète, est ici. Voilà albums et lorgnettes en mouvement, Il a d'abord pour ses vers été confiné à sa campagne. L'Empereur lui a permis actuellement de revenir à Moscou. Il a eu, dit-on, un long entretien avec lui, lui a promis d'être en personne le censeur de ses poésies et il l'a, en pleine salle, appelé le premier poète de la Russie. Le public ne peut trouver assez d'éloges pour cette faveur impériale. Deux tragédies de Pouchkine auraient mérité les suffrages suprêmes et verraient bientôt le jour.

Ivan Golovine m'a écrit qu'à une époque où il ne prévoyait même pas qu'il deviendrait homme de lettres, son frère Nicolas lui raconta avoir été par hasard témoin de la première entrevue d'Adam Mickiewicz et de Pouchkine. Leur connaissance aurait débuté par une partie de cartes. Pouchkine aimait les émotions que procurent les gains et les pertes, tandis qu'Adam Mickiewicz n'avait aucun goût pour les jeux de hasard. D'après Nicolas Golovine, « on était en train de jouer au Pharaon chez Pouchkine, quand Mickiewicz entra et prit place à la table. On se trouvait en été. Pouchkine, en manches de chemise retroussées, puisait avec ses ongles longs dans une caisse remplie d'or et se trompait rarement sur les quantités qu'il fallait en retirer chaque fois. Il suivait en même temps le jeu avec ses grands yeux remplis de passion. Mickiewicz prit une carte, y déposa un billet de cinq roubles assignats, renouvela plusieurs fois et prit congé de la société sans aucune conversation sérieuse. »

Les deux poètes se revirent cependant et s'apprécièrent. Il y eut de réciproques épanchements et leurs âmes s'unirent dans le vœu commun de voir le soleil de la liberté fondre ces glaces de la tyrannie dont l'amas formidable fait de l'Empire de Russie un pôle nord intellectuel. La trace de cette alliance ébauchée entre les deux plus illustres représentants des deux pays a été conservée par Mickiewicz dans l'épisode des *Ayeux*, intitulé : *le Monument de Pierre le Grand*. Le génie de Pouchkine se laissa comprimer par la pression écrasante de l'atmosphère pétersbourgeoise. Quand Varsovie se leva, l'auteur de l'*Ode au poignard* se joignit à la meute impériale qui aboyait contre les Polonais. S'ensuit-il que le poète russe, s'il eût vécu, fût demeuré un banal thuriféraire de l'autocratie? Sa cause est une de celles où le doute doit profiter à l'accusé. L'affaissement moral de Pouchkine n'était sans doute que passager. Un homme tel que lui peut s'égarer, il ne saurait se résigner à toujours piétiner sur place. Il eût donc tenté de nouveaux efforts et repris son élan. Mickiewicz, en exprimant cette conviction dans l'article qu'il écrivit à propos de la mort de Pouchkine, s'appuyait sur les dires d'amis communs qui avaient vu le poète russe dans la dernière période de sa vie et auxquels il confia ses secrètes angoisses. La balle d'un aventurier interrompit brusquement cette grande existence. La Russie de Nicolas Ier ne méritait guère de conserver plus longtemps cet homme si extraordinairement doué et dont le régime absolu empoisonnait et stérilisait les facultés. Pouchkine s'était senti touché de ce que Nicolas daignât devenir son censeur. Nicolas le censura aussi après sa mort. L'exécuteur des hautes œuvres policières de Nicolas, le comte Benkendorf, qui entrait chaque matin dans le cabinet de son maître et avouait n'en avoir jamais franchi le seuil sans frissonner, lui porta les papiers du poète, et l'Empereur brûla ce que bon lui semblait. Peut-être incinéra-t-il plus d'une page qui eût commandé l'indulgence pour les erreurs de ce poète en révélant chez lui les symptômes d'une évolution nouvelle et heureuse. L'autodafé impérial permet d'appliquer à Pouchkine ce mot de Siéyès sur Robespierre, mot que Napoléon cita à Sainte-Hélène : « C'est un procès qui a été jugé et non plaidé. » Dès lors, la mémoire de Pouchkine nous semble avoir droit sinon à un acquittement pur et simple, du moins à des circonstances très atténuantes.

Il y a des terrains où il suffit de gratter le sol pour qu'une source jaillisse aussitôt. Chez Adam Mickiewicz, il suffisait des sons de quelque mélodie favorite pour qu'un flot de poésie lui montât aux lèvres. Il électrisait son auditoire en improvisant dans sa langue natale devant ses amis polonais, et en prose française devant ses amis russes. L'une de ces improvisations arracha à Pouchkine cet hommage : « Quel génie! Quel feu sacré! Que suis-je auprès de lui! » Une autre exposa son auteur à rejoindre en Sibérie Czeczot et Zan. Par un hasard heureux, le sujet se trouva emprunté au règne d'Étienne Batory. Un ami du poète, Nicolas Malinowski, décrivit à un correspondant de Varsovie le nombreux auditoire de compatriotes devant lesquels Mickiewicz avait parlé et s'extasia sur sa puissance créatrice. La lettre fut confiée à un jeune homme nommé Kontkowski qui n'eut rien de plus pressé que de la montrer, et un extrait en parut dans un journal de Varsovie. Soupçonneux de son naturel et d'ailleurs poussé par le sénateur Novosiltzof, le grand-duc Constantin prit la mouche. Eh quoi! Un Philarète assistait, dans la capitale russe, à un banquet et recevait des ovations! Kontkowski fut empoigné, interrogé et sommé de livrer l'original de la lettre dont les quelques lignes imprimées excitaient de telles appréhensions. Conscient de ce qu'une enquête en Russie peut faire de victimes et du parti que des sbires savent tirer du document le plus innocent, Kontkowski résolut de dépister la police en prétendant que le récit imprimé était de pure fantaisie. En entendant, disait-il, révoquer en doute la faculté d'improviser de Mickiewicz, il avait imaginé une lettre remplie des détails fictifs les plus propres à lui donner raison. Mais la police de Saint-Pétersbourg, mise en éveil, elle aussi, n'eut pas de peine à constater la réalité du fait. Mickiewicz étant né un 24 décembre, sa fête coïncidait avec la veille de Noël que les Polonais célèbrent par un repas traditionnel. Le Gouvernement voulut bien trouver excusable qu'en pareil jour quarante Polonais aient dîné ensemble. La tragédie de *Zborowski*, improvisée par Mickiewicz, ne parut non plus pas se prêter à des allusions d'actualité. Il n'y eut de puni que Koutkowski qui, convaincu d'avoir berné le grand-duc Constantin, fut banni de Varsovie et interné chez ses parents qui habitaient une campagne fort éloignée.

Le poète, tiraillé à Odessa entre une tendresse éthérée, mais énervante et monotone, et le mirage enchanteur, décevant et insaisissable des délices du paradis de Mahomet, eut, à Moscou d'abord, et à Saint-Pétersbourg ensuite, quelques velléités de goûter les joies paisibles du foyer domestique.

Caroline Jænisch, fille d'un professeur, l'enchanta par la variété de ses connaissances. Adorée de ses parents, très appréciée dans le monde, elle y récitait de ses propres compositions qui dénotaient un talent peu commun. Elle fut l'une des premières à faire connaître les poésies de Mickiewicz au public allemand et français. Voici, par exemple, sa traduction d'un fragment de *Conrad Wallenrod:*

O chant national ! sainte arche d'alliance
Entre les temps anciens et les temps d'aujourd'hui,
Le peuple en toi dépose avec persévérance
Les armes des guerriers qui furent son appui,
Le précieux tissu de toutes ses pensées
Et de ses sentiments les fleurs entrelacées.
Arche ! tant que ton peuple encore te défend,
Nul ne peut te briser ; — ancien chant populaire,
Comme un archange pur tu restes triomphant ;
De nos vieux souvenirs gardant le sanctuaire
Tu possèdes la voix de l'ange du Seigneur,
Et ses ailes de flamme, et son glaive vengeur.
Le feu détruit les faits écrits dans les chroniques ;
Les trésors sont ravis par des guerriers iniques,
Le chant seul, échappant intact à tout pouvoir,
Parcourt la multitude et va de ville en ville ;
Et si l'on ne sait point, parmi la foule vile,
Le nourrir de douleur et l'abreuver d'espoir,
Il fuit dans les rochers, aux débris il se glisse,
Et du fond du désert dit les temps d'autrefois.
Tel, lorsque l'incendie embrase l'édifice,
Le rossignol s'enfuit, se pose sur les toits ;
Et quand le toit s'écroule, il vole aux forêts sombres,
Et répétant encor, d'une sonore voix,
Sa plaintive chanson, au milieu des décombres (1).

Mais Caroline Jænisch, pythonisse trop souvent sur le trépied, avait de plus l'inconvénient d'être Allemande. De part et d'autre, il n'y eut là qu'un engouement passager, un amour de tête que la séparation fit évanouir.

(1) *Les Préludes*. Paris, 1839.

Mademoiselle Jænisch devint par la suite madame Pavlof. Elle se fixa à Dresde. Je m'adressai à elle par l'entremise de J. I. Kraszewski, qui me rendit compte en ces termes de sa visite à cette dame :

Dresde, ce 17 octobre 1874.

Cher Monsieur Vladislas,

Madame de Pavlof, après avoir reçu votre lettre, m'a fait venir pour lui parler, et je vous dois l'avantage d'avoir fait sa connaissance. Elle a été fort touchée de votre bon souvenir et, avant qu'elle ne réponde elle-même, ce qui lui est un peu difficile, à cause de ses yeux, elle vous remercie beaucoup par moi. Il n'y a point de lettres, pas une ligne, huit vers seulement dans son album. Elle vous en enverra la copie, et elle me dit qu'elle tâchera de vous faire une note sur les relations et souvenirs de votre père. Elle est, malgré son âge, très animée, très aimable et elle garde un souvenir bien vif du passé.

A Saint-Pétersbourg, Adam Mickiewicz subira un moment le charme d'une Russe, Eudoxie Bakounine. Point jolie, elle le captivait cependant par son naturel exquis, sa mobilité charmante et une intensité de vie extraordinaire. Il y eut un échange de lettres qui tournaient au tendre. L'ami de Mickiewicz, François Malewski, coupa court à cet entraînement naissant par un seul mot : « Elle est Russe. » La Russie est le plus intolérant des Empires. Elle base des impôts sur la religion du contribuable. La loi veut que, dans les mariages entre catholique et orthodoxe, les enfants soient tous orthodoxes. Enfin si, en théorie, il est admissible qu'une femme abdique entièrement sa nationalité pour adopter sans réserve celle de son mari, en pratique, ce grand sacrifice réussit rarement. Refoulé par l'amour, le naturel, à la longue, finit par reprendre le dessus. Une Russe mariée à un Polonais digne de ce nom ne ressentirait-elle pas comme autant de coups d'épingle les sorties contre la Russie qui seraient le thème le plus habituel des conversations qu'elle aurait à entendre, puisqu'on parle le plus de ce dont on souffre davantage? Il faut une Pologne indépendante pour que de pareilles unions prospèrent. Mademoiselle Bakounine, mariée à Mickiewicz, eût été probablement une entrave à la mission du poète. Elle mourut vieille fille. Elle m'écrivait, le 15 décembre 1875 :

> Si, parmi les amis de votre père en Russie, vous désirez placer mon nom, faites-le ; je ne renierai jamais une amitié à laquelle j'ai toujours attaché tant de prix. Quant à ses lettres, elles sont des années 1828 et 1829, où votre père a passé tout l'hiver avec M. Malewski ; donc c'est une époque sur laquelle vous devez avoir tous les renseignements possibles. Une lettre postérieure ne se trouve pas en ma possession, et probablement n'existe plus.

Eudoxie Bakounine a ordonné par testament de brûler sa correspondance, qui était considérable, et les quelques billets de mon père à elle adressés ont péri dans cet autodafé. Un jour que sa fille aînée accourait lui montrer sa toilette, Mickiewicz lui dit que les femmes se trompaient souvent en s'imaginant que les hommes attachaient tant de prix au minois et aux colifichets, et qu'il se souvenait d'avoir soupiré, en Russie, pour une personne plutôt laide et sans la moindre prétention.

A Moscou, Adam Mickiewicz eut la chance de rencontrer un censeur sachant le polonais. Il put donc y publier un volume de sonnets. Il y disait ne connaître que trois génuflexions non avilissantes : devant Dieu, ses parents et une amante. « Et devant le tsar ? » s'écria le censeur indigné. Ce fut la seule mutilation qu'il imposa à l'auteur. La presse de Varsovie entremêla ses éloges de critiques acerbes. Elle blâma des hardiesses de style et l'abus d'expressions étrangères. Mickiewicz, dans la préface de l'édition pétersbourgeoise de ses œuvres, persifflera le pédantisme des classiques de Varsovie. Le public, meilleur juge que les journaux, s'arracha les sonnets et, le 16 avril 1829, Malewski écrira à ses sœurs « qu'à Varsovie les sonnets d'Adam Mickiewicz sont l'accessoire de tout guéridon à la mode ».

A Moscou comme à Saint-Pétersbourg, Adam Mickiewicz fut particulièrement assidu chez Marie Szymanowska. Pianiste d'une renommée alors européenne, possédant plusieurs langues, elle se lia, au cours de ses voyages, avec des illustrations de tous les pays ; c'est avec une lettre d'introduction d'elle qu'Adam Mickiewicz se présentera chez Gœthe qui avait écrit à cette grande artiste, le 19 août 1823, qu'elle était « le plus beau talent et la plus belle société qu'on puisse imaginer ». Elle ne charmait pas Mickiewicz uniquement par son jeu magistral ; ses récits l'initiaient aux divers milieux où il allait se trouver en Allemagne et en Italie.

Plus âgée de huit ans que le poète, belle, mais sans ombre de coquetterie, elle s'efforçait, par la cordialité de son accueil et par ses prévenances, d'adoucir aux Philarètes l'amertume de leur exil. Elle y réussit si bien que son salon devint pour ainsi dire le leur. Quoiqu'elle reçût beaucoup de grands personnages, elle épargnait à ses hôtes la contrainte et le froid des réceptions mondaines habituelles. Elle mit en musique plusieurs des compositions d'Adam Mickiewicz. Née le 14 décembre 1790, elle fut emportée par une attaque foudroyante de choléra le 25 juillet 1831. Quelques années plus tard, Adam Mickiewicz épousera sa fille cadette.

Le poète acheva à Moscou et lança à Saint-Pétersbourg son poème : *Conrad Wallenrod*. Audace étonnante ! Il dépeignait un Lithuanien qui, voyant les chevaliers teutoniques écraser sa patrie, s'engage dans leurs rangs, devient leur grand maître, les trahit et meurt vengé, puisque l'Ordre est perdu. L'allusion était manifeste. Les anathèmes de Conrad Wallenrod contre l'ordre teutonique atteignaient en plein le tsarisme qui pressure la Lithuanie avec une cruauté au moins égale à celle que déployèrent les anciens envahisseurs allemands. La censure russe se laissa prendre à un passage de la préface où l'auteur, précisément pour endormir la vigilance de ses argus, explique que les intérêts et les passions évoqués par son poème sont désormais éteints, et où il s'abrite derrière l'autorité de Schiller qui a dit que « ce qui doit revivre dans le chant doit périr dans la réalité ». Il n'en est pas moins prodigieux que dans cet Empire, dont un souverain,

Paul I**ᵉʳ**, défendit aux Universités d'employer le mot *Révolution* en parlant du cours des astres, *Conrad Wallenrod* eût pû paraître en ne subissant que le retranchement de ce seul vers: « La dernière arme de l'esclave, c'est la trahison.» *Habent sua fata libelli!* Ce défi devait être jeté au tsarisme à Saint-Pétersbourg même. *Conrad Wallenrod*, c'est l'ouverture de la symphonie que d'autres virtuoses allaient exécuter à Varsovie, le 9 novembre 1830. On a beaucoup discuté la moralité du poème. Mickiewicz, en le composant, écrivait à ses amis de Silésie: «Je lis le *Fiesque* de Schiller et Machiavel.» Il songeait en effet à la genèse fatale des conspirations ténébreuses et des calculs machiavéliques qu'engendre le despotisme. On a voulu voir un traité didactique dans ce qui n'était qu'une étude psychologique. Le poème constate d'abord qu'un conquérant a beau dévaster un pays, il restera un ennemi insaisissable et chargé de la revanche:

L'âme de la chanson erre sur les tombeaux,
Et, quand vient le moment, réveille les héros (1).

En outre, l'oppression étrangère dégrade les caractères et cette dégradation la perd. Après l'insurrection de 1863, le Gouvernement russe lâcha sur les provinces polonaises une tourbe de fonctionnaires chargés d'ameuter les paysans contre les propriétaires et d'annihiler le polonisme. Besogne lucrative et qui exigeait un

---

(1) Pierre Dupont.

détachement absolu du Décalogue et de tous principes de moralité. Cette tourbe prit goût à la curée ; le polonisme ne suffisant pas à son appétit, elle tourna ses crocs contre l'autocratie, et les Romanoff, pour avoir mis le plus pendeur des Mouravief aux trousses des Polonais, sont traqués eux-mêmes par une légion de petits Mouraviefs. Jules Slowack dira plus tard : « Je jurerais souvent que *Conrad Wallenrod*, au lieu d'un traître, en a fait des milliers. » C'est inexact, puisqu'en 1830 les Russes n'eurent à pâtir d'aucune trahison polonaise. Les serments extorqués par la violence ne sont pas valables. Qui donc considérera comme traître l'Alsacien assermenté par la Prusse et foulant demain à ses pieds l'uniforme allemand pour rentrer dans les rangs français ? Le traître ne sera-t-il pas l'Alsacien qui poussera l'obéissance passive jusqu'à travailler à l'asservissement du reste de la France ?

Odyniec raconte qu'une dame, à la lecture de *Conrad Wallenrod*, exprima sa surprise de ce que ce Lithuanien, converti à l'Évangile et, au début du poème, enthousiaste des splendeurs de sa nouvelle religion, finisse par se conduire en payen. Mickiewicz, à qui il communiqua cette observation, la trouva profonde. Elle vise ce que ce poème a de troublant. La domination russe n'évoque que mépris, colère, soif de vengeance. Elle annihile la douceur slave et la pitié chrétienne. *Conrad Wallenrod* traduisait le sentiment qui dominait en Pologne et qui déterminera bientôt les conjurés de Varsovie à charger deux d'entre eux de poignarder en pleine rue le grand-duc Constantin, projet ensuite remplacé par celui de l'attaquer dans son palais. Mais la Révolution du 29 novembre 1830, à peine triomphante, inscrira sur ses étendards : « Pour votre liberté et pour la nôtre », tendant ainsi une main fraternelle à ses égorgeurs et manifestant qu'elle désirait la délivrance et non la destruction du peuple russe. Mickiewicz, lui aussi, souhaitait la conversion et non la mort de ce grand pécheur, appelant de ses vœux le moment où la Russie rentrerait non pas dans le néant, mais dans la justice et le respect des droits du prochain.

Les Russes devinèrent après coup l'incandescence du poème dont ils venaient d'autoriser la publication, en le prenant pour une production archéologique et un essai de reconstruction d'un passé lointain. Défense fut faite aux journaux polonais de souffler mot de *Conrad Wallenrod*. De là à frapper l'auteur, il n'y avait qu'un pas. Mickiewicz, conscient du péril, sollicita, en le motivant par des raisons de santé, un passeport pour l'étranger. Il l'obtint, grâce à la protection de ses amis russes et grâce aussi à ces faveurs de la fortune qui, à point nommé, dirait-on, écartent les obstacles du chemin des hommes destinés à une carrière extraordinaire.

Le 27 avril 1829, François Malewski écrivait joyeusement à ses sœurs :

Mon poëte, car c'est le titre qui lui est donné dans l'autorisation du monarque, attend le bateau à vapeur qui l'emmène à Lubeck.

Le tsar intervenait dans les moindres détails relatifs aux condamnés politiques, généralement pour empirer leur situation, cette fois pour ouvrir sa cage à un oiseau qu'il regrettera vite d'avoir laissé envoler. Et sur le passeport d'Adam Mickiewicz on n'inscrira pas l'emploi dont il était affublé, mais sa qualité de poète. Le 29 mars 1829, un ami de Mickiewicz, C. Daszkiewicz, écrit à J. Lelewel : « Avec l'agrément du Prince (1) et l'autorisation de l'Empereur, on a permis au « poète polonais connu (2) » de partir pour rétablir sa santé à l'étranger. Adam veut profiter au plus vite de la bienveillance du monarque. » Un biographe de Mickiewicz, Aloïse Niewiarowicz, qui, très vieux, a publié des souvenirs où il y a presque autant d'inexactitudes que de mots, et qui eut souvent le tort de placer dans la bouche du poète les erreurs imputables à son propre manque de mémoire, avance gravement qu'Adam Mickiewicz quitta Saint-Pétersbourg en qualité d'attaché d'ambassade à Rome ! Précisément en raison d'étrangetés de ce genre, ce travail a été souvent cité et a contribué à répandre de grosses erreurs qu'une critique plus attentive n'aura pas de peine à refuter.

Mickiewicz, raconte un ami de l'auteur qui, celui-là, mérite créance et se trouvait d'ailleurs à Saint-Pétersbourg, s'embarqua le 15 mai 1829, sans adieux à personne et en grande hâte, parce qu'il avait été averti qu'ordre allait être donné à la police de lui retirer le passe-port qu'on venait à peine de lui délivrer. Cet ordre, des amis, ainsi que cela se passe souvent en Russie, le

(1) Galitzine.
(2) Izwiestnomu Polskomu Poetu.

retinrent deux jours dans les cartons de la chancellerie du ministre des affaires étrangères. Je fus le seul à accompagner Adam à Cronstadt, et l'excellent Olénine, un ami russe, l'aida à remplir au galop les formalités voulues sur le vapeur anglais le *Georges*, capitaine Gordon. Je m'en souviens, car ce fut le premier vapeur que j'aie vu. Nous eûmes, plusieurs jours après, copie de l'injonction de retenir Adam à Saint-Pétersbourg jusqu'à nouvel ordre (1).

(1) Voir : Lettre d'Alexandre Chodzko à Bronislas Zaleski, dans l'Annuaire de la Société historique et littéraire polonaise. Paris, 1869.

III

Prague et Wenceslas Hanka. — Weimar et Goethe. — Pérégrinations en Italie. — Anastasie de Klustine et Henriette Ankwicz. — Excursion en Suisse et retour a Rome. — Strophes a la mère polonaise. — Acheminement vers la Pologne. — Attente en Posnanie. — Séjour a Dresde et départ pour Paris.

Une tradition veut qu'une fois en pleine mer, Adam Mickiewicz, en voyant disparaître le rivage de cet Empire qui n'avait été pour lui qu'une immense prison, se mit à jeter à l'eau de menues pièces de monnaie, en prenant un plaisir d'enfant à noyer, fût-ce en effigie, l'Aigle à deux têtes dont les serres déchiraient sa patrie. Son second sentiment fut le regret des amis qu'il quittait. Le 2 juin 1829, il écrivit de Hambourg à madame Szymanowska :

Il n'y a pas encore une semaine que nous étions assis tous ensemble à votre table, et voilà que je me trouve à je ne sais combien de lieues et, qui pis est, aventuré je ne sais pour combien de temps. Je vous avouerai, sous le sceau du plus grand secret, que, n'était la honte, je renoncerais aux paysages verdoyants et aux rossignols d'ici, aux tours gothiques et même au Vatican, pour débarquer sans bruit au quai anglais (1) et ensuite, une cuillère en poche et sans être invité, sonner à votre porte. Ce projet, tout bizarre qu'il soit, m'a tellement amusé que j'en ai rêvé en mer et sur terre. J'ai moi-même voulu ce voyage, je ne me plains pas de la destinée... Et pourtant il est triste de voyager avec la pensée que n'importe où j'arrive personne ne se réjouit de mon arrivée.

Berlin l'impressionna défavorablement. Ses compatriotes lui offrirent un banquet, mais il leur trouva des façons tant soit peu germaniques et un engouement qu'il jugea exagéré pour la philosophie allemande. Hegel faisait alors fureur. Or Adam Mickiewicz eût assez volontiers souscrit à cette définition que Schopenhauer a donnée de la recette de Hegel, Fichte, etc. : « Diluez un minimum de pensée dans cinq cents pages de phraséologie nauséabonde et fiez-vous pour le reste à la patience vraiment allemande du lecteur. » Dresde lui plut bien davantage. Il y rencontra aussi une société plus de son goût. De Dresde, il se rendit à Carlsbad. Quelques compatriotes estimèrent qu'Adam Mickiewicz n'avait pas suffisamment répondu à leurs avances et se plaignirent aigrement à Lelewel qui s'empressa de transmettre leurs doléances à François Malewski, ce qui provoqua une éloquente réponse de ce dernier datée du 11 septembre 1829. Il y expose qu'il arrive à la jeunesse polonaise, en s'enthousiasmant à la légère pour des systèmes étrangers, de se livrer aux mains d'ennemis de son pays. Il défend ensuite son ami contre le reproche d'orgueil.

(1) A Saint-Pétersbourg.

Que ceux, dit Malewski, qui l'accusent de se griser de la fumée des flatteries et de traiter de haut ceux qui lui veulent du bien écoutent comment Adam s'exprime sur le compte de Byron, de Moore, de Gœthe, de Walter Scott, quel respect il professe pour leurs œuvres, en s'appréciant, par rapport à eux, trop modestement selon moi. Jamais les critiques de ses ouvrages ne l'émeuvent, il se rend même volontiers aux observations. Mais il y a des sentences, des opinions, des réputations auxquelles Adam a déclaré une guerre ouverte non par des mobiles personnels, mais en vue de l'avantage du pays. Des personnes bienveillantes se sont subitement refroidies, parce qu'Adam ne voulait pas improviser au dessert, ne recherchait nullement l'occasion d'être présenté à un comte polonais, n'écrivait rien dans un album, n'offrait pas d'exemplaires de ses poésies, laissait voir qu'il n'avait besoin d'aucune protection, souriait des conseils qu'on lui prodiguait et des sujets qu'on lui proposait. Mais c'est précisément à cette indépendance que nous sommes **redevables de** *Wallenrod.*

Mickiewicz visita Prague et emporta le meilleur souvenir de cette ville et de la chaleureuse réception du grand érudit tchèque Wenceslas Hanka. A Carlsbad, où il prit les eaux, le poète froissa encore quelques amours-propres. Malewski l'en avisa aussitôt. Le 30 novembre 1829, Mickiewicz lui répondit, sans s'émouvoir outre mesure de cette tempête dans un verre d'eau :

Chacun semble avoir été satisfait de moi à Berlin, car les étudiants m'ont reconduit la nuit à ma voiture, et j'ai dans cette ville conçu de l'estime pour les Posnaniens qui m'ont de leur côté pris en affection et accueilli d'une façon charmante. J'ai, à Berlin, toujours vécu en leur société. Il est vrai qu'à Carlsbad j'ai fui certains poètes, car, en buvant les eaux, il n'est pas possible d'être d'humeur à écouter de méchants vers; mais je suis resté en excellents termes avec la prose. Ces sornettes doivent être une punition divine pour je ne sais quels de mes péchés.

Un ami d'Adam Mickiewicz, le poète Antoine Odyniec, le rejoignit à Carlsbad. Il l'accompagna en Suisse et en Italie, et ses lettres de cette époque à ses correspondants de Pologne, qu'en 1875 il a réunies en volumes, abondent en renseignements précieux. Malheureusement, au lieu de publier ces pages telles qu'elles furent écrites, sauf à les faire suivre des réminiscences que chacune provoquait chez lui, mais en distinguant toujours des amplifications subséquentes les détails notés sur l'heure, Odyniec a tout refondu à loisir. Ses lettres y ont beaucoup gagné au point de vue de l'art, et beaucoup perdu au point de vue documentaire. Plus jeune que Mickiewicz, très empressé auprès des dames, prudent et pratique, Odyniec devint un poète plein de grâce et de sentiment, un traducteur remarquable et un épistolier hors ligne ; mais il n'exerça en Pologne qu'une faible influence et exclusivement littéraire. Mickiewicz ne cessa de chercher, en s'ensanglantant aux ronces du chemin et à travers tous les obstacles, une voie de salut pour la Pologne. Odyniec attendait patiemment qu'il en trouvât une et souhaitait tout bas qu'il réussît. Mickiewicz ne tarda pas à s'apercevoir que son compagnon était d'une autre trempe d'esprit que la sienne, et tout en appréciant l'agrément et la sûreté de son commerce, il s'abstint de le prendre comme confident et éprouva quelque soulagement de sa séparation d'avec lui.

La critique polonaise a trouvé, en général, plus commode de s'attacher aux pérégrinations et aux peines de cœur d'Adam Mickiewicz qu'à ses tentatives religieuses et politiques. Les amis les plus chers de ce poète, les seuls dépositaires de ses plus secrètes pensées, ceux auxquels leur affinité avec lui et leur coopération active et prolongée semblaient assurer la première place dans son cortège, ont été relégués au deuxième rang par Odyniec, ami du second degré. C'est qu'aussi Odyniec, moins bien loti que les autres, ne laissa guère perdre ni de lettres ni de détails. Ses contemporains lui surent gré de ce qu'il dérobait à l'oubli. Il est l'historiographe d'une courte période, il est vrai, de la vie d'Adam Mickiewicz, mais de celle qui éveille le moins de susceptibilités. Ses récits, en soulevant un retentissant concert d'éloges, provoquèrent bientôt contre lui une opposition passionnée jusqu'à l'injustice et qui, au lieu de s'en remettre à la postérité du soin de le classer à son rang, voulut lui dénier même la place honorable à laquelle il a incontestablement droit.

L'un des chapitres les plus attrayants d'Odyniec est celui qu'il consacre aux visites de Mickiewicz chez Gœthe. Nos voyageurs arrivèrent à Weimar, le 18 août 1829, et descendirent à l'auberge de l'*Éléphant*. Le premier soin d'Adam Mickiewicz fut de se rendre chez la belle-fille de Gœthe, madame Ottilie. Il fut non seulement très aimablement accueilli, mais invité, ainsi que son compagnon, à venir prendre le thé le soir même. Gœthe s'était établi dans une maison de campagne aux portes de la ville. Pendant qu'Adam Mickiewicz et Odyniec s'entretenaient avec madame Ottilie, un domestique apporta un billet de Gœthe annonçant qu'il recevrait les deux Polonais dès le lendemain. Le nom de madame Szymanowska fut le talisman qui leur valut une solution si prompte et si favorable. Très hospitalier, mais continuellement assailli par une nuée de curieux, le poète allemand se précautionnait forcément contre les importuns. Par hasard, Gœthe n'avait à ce moment aucun visiteur. Mickiewicz et Odyniec n'en jouirent que mieux de sa société.

Le 20 août, comme il pleuvait, madame Ottilie envoya sa voiture les chercher. Voici comment Odyniec portraiture Gœthe :

Il a, sans exagération, quelque chose d'olympien, la taille haute, des formes amples, le visage grave, imposant et le front... c'est précisément le front qui est olympien. Sans diadème, il brille de majesté. Les cheveux pas trop blancs se font rares au-dessus du front. Les yeux couleur de bière, clairs et vifs, se distinguent encore par une particularité, c'est une bordure qu'on dirait émaillée et qui entoure chaque prunelle. Adam l'a comparée à l'anneau de Saturne. Nous n'avons rien vu de pareil chez personne.

Gœthe salua légèrement, tendit la main aux visiteurs et leur dit :

« Pardon, Messieurs, que je vous ai fait attendre. Il m'est très agréable de voir des amis de Mme Szymanowska, qui m'honore également de son amitié. Elle est charmante comme elle est belle, et gracieuse comme elle est charmante. »

Il déclara ensuite à Mickiewicz ne pas ignorer qu'il était à la tête de la nouvelle direction que la littérature tendait à adopter en son pays.

« Je sais par expérience, ajouta-t-il, que c'est aussi malaisé que d'aller contre le vent. »

Mickiewicz lui répondit:

« Nous savons par votre exemple que les grands génies, en passant, entraînent ce vent à leur suite. »

Gœthe exprima le regret de ne connaître aucune langue slave :

« Mais l'homme a tant à faire dans cette vie! » observa-t-il. Il avait toutefois lu les fragments de *Conrad Wallenrod* traduits en allemand par Mme Caroline Jænisch. Mickiewicz lui esquissa à grands traits l'histoire de la littérature polonaise. La conversation tomba ensuite sur les chansons populaires. En reconduisant ses hôtes, Gœthe leur annonça qu'il aurait le plaisir de jouir encore de leur société à dîner chez sa belle-fille et, se tournant avec un sourire vers Odyniec, il ajouta:

« Et nous aurons quelques jolies dames et demoiselles. J'espère que ça vous fera plaisir. »

Le dîner fut de seize couverts. Gœthe, en montrant du doigt une demoiselle, dit :

« C'est la petite-fille de notre Schiller. »

Il fut de très belle humeur, plaisantant parfois, mais revenant vite à de hautes questions philosophiques. Un convive, par exemple, ayant soutenu que dans chaque science la théorie doit précéder la pratique, Gœthe répliqua qu'elles doivent toujours aller de pair, « car il n'est pas donné aux hommes de créer d'âmes sans corps. »

Accablés d'invitations par la société de Weimar et chaque soir chez Gœthe, Mickiewicz et Odyniec dînèrent cependant, le 24 août, à l'auberge de l'*Éléphant*. Odyniec, en débouchant en retard dans la salle à manger, vit deux nouveaux venus : l'un de quarante ans environ, de taille moyenne, la barbe à l'espagnole, l'autre, grand, brun et les cheveux longs. Ce dernier disait : « Non ! non ! ce n'est pas cela, Mick... Mis... Eh ! qui est donc votre grand poète ? » Mickiewicz lança un coup d'œil à Odyniec. Ce Français parlait d'une nouvelle édition parisienne des œuvres d'un grand poète polonais dont il avait oublié le nom, faite à Paris par M. Chodzko (1). Mickiewicz lui répliquait qu'il s'agissait sans doute du volume de Krasicki, qui venait de paraître également à Paris. Son interlocuteur s'impatientait et s'indignait de ce qu'un Polonais ignorât le nom de son poète national. Mickiewicz ayant bu son café dit en polonais à Odyniec qu'il allait l'attendre dans sa chambre et sortit. Le Français interpella aussitôt ce dernier : — « Ah ! vous êtes Polonais, vous aussi ? Et ne connaissez-vous pas davantage le nom de votre poète ? — Vous voulez sans doute parler d'Adam Mickiewicz ? — Oui, oui ! c'est juste, c'est juste. C'est de lui que je voulais parler. — Et c'est précisément lui-même qui vient de

---

(1) Léonard Chodzko.

sortir, répartit tranquillement Odyniec. » Le Français, tout ébaubi, s'écria : — « Ah ! mon Dieu ! c'est drôle ! mais c'est ça ! J'ai son portrait, il y est en manteau comme ça »; et il décrivait du geste la lithographie exécutée à Paris d'après le portrait du peintre Wankowicz. Alors l'autre Français s'approcha de ce Monsieur. C'était David d'Angers, venu à Weimar pour exécuter le buste de Goethe. Son ami s'appelait Victor Pavie. Tous deux prièrent Odyniec de les présenter à Mickiewicz. Mickiewicz, en discutant avec David d'Angers, s'anima et enthousiasma le sculpteur qui demanda à faire son effigie.

Le soir, chez Goethe, à une réception en l'honneur d'un architecte, M. Coudray, il fut surtout question de monuments. Goethe assura que, si la tour de Babel eût jamais été achevée, les lois de l'art auraient exigé qu'elle se terminât en pointe. Il développa l'idée que les matériaux employés entravent souvent les artistes et que c'est à la dureté du granit qu'il faut peut-être attribuer que les statues égyptiennes ont toujours les bras collés le long du corps.

A un autre dîner, Goethe prétendit que tous les grands événements, les grandes découvertes et les grands hommes surgissent à la fin d'un siècle, faisant observer qu'il était né l'année même de la découverte du paratonnerre.

Goethe insista pour que Mickiewicz et Odyniec restassent à Weimar jusqu'à son jour de naissance. En attendant, David d'Angers entreprit de modeler le médaillon de Mickiewicz et il le pria de lui réciter, tout en posant, l'une de ses poésies. Mickiewicz, déférant à ce vœu, improvisa la traduction de son *Faris*, qu'Odyniec et Pavie notèrent. Victor Pavie raconte ainsi cette séance (1) :

Cédant à cette impulsion chaleureuse, l'exilé de Vilna avait pris place au fond de la chambre où les jeux de la pénombre se concentraient sur son front. Sur une plaque de schiste, large comme la moitié de la main, reposait une boulette de cire de la couleur et de la grosseur d'une azérole. David l'y répartit par plans hardiment accusés, et, en quelques coups d'ébauchoir, lui conféra les premiers linéaments de la forme humaine. — « Que cette ardoise, maître, extraite des carrières de notre Anjou, porte bonheur à l'entreprise ! » — « Tais-toi ! C'est bien ! Ne bougez plus ; je vous regarde et vous écoute. » — Et là-dessus, avec une délicatesse d'expression à désespérer un puriste, celui qui, de sa vie, n'avait foulé le sol de la France, entonna les premières strophes du *Faris* en ces termes : — « Qu'il est heureux l'Arabe, lorsqu'il
« lance son coursier du haut d'un rocher dans le désert, lors-
« que les pieds de son cheval s'enfoncent dans le sable avec
« un bruit sourd, comme l'acier rouge qu'on trempe dans
« l'eau ! Le voilà qui nage dans l'Océan aride et coupe les
« ondes sèches de sa poitrine de dauphin. Plus vite et plus
« vite, déjà il effleure à peine la surface des sables ; plus
« avant, plus avant encore, déjà, il s'élance dans un tour-
« billon de poussière. Il est noir, mon coursier, comme un
« nuage orageux. Il étale au vent sa crinière d'autruche et
« ses pieds blancs jettent des éclairs. Vole, vole, mon brave,
« aux pieds blancs. Forêts, montagnes, place, place ! » —

(1) *Gœthe et David. Souvenirs d'un voyage à Weimar*. Angers, 1874. Pavie est moins exact qu'Odyniec ; il le complète toutefois sur quelques points.

« Sublime ! » s'écria David s'emparant avec impétuosité d'un instant de halte, réclamé par les secrétaires. Et à part lui : — « Va, je te tiens ! Désormais tu peux mourir ou disparaître ; en dépit de la tombe et du tzar, tu vivras. » Le poète reprit ses strophes, brûlantes comme la flamme, chastes comme la neige et tout empreintes de la virginité sauvage du désert, et termina de la sorte : — « Oh ! comme il est doux
« de respirer ici de toute la largeur de sa poitrine ! Je respire
« librement, pleinement, largement. Tout l'air de l'Arabistan
« suffit à peine à mes poumons. Oh ! comme il est doux de
« regarder de toute l'étendue de sa vue ! Mes yeux s'élargis-
« sent, se renforcent, ils percent au delà des bornes de l'ho-
« rizon. Oh ! comme il est doux d'étendre ici les bras fran-
« chement, librement, de toute leur longueur ! Il me semble
« que j'embrasserais de mes bras tout l'univers, de l'Orient
« à l'Occident. Ma pensée s'élance comme une flèche ; plus
« haut, et plus haut, et plus haut encore, jusque dans l'abîme
« du ciel. Et comme l'abeille ensevelit sa vie avec l'aiguillon
« qu'elle enfonce, ainsi moi, avec ma pensée, je plonge mon
« âme dans les cieux. » — Voilà qu'au même instant, par un mouvement involontaire de la main qui l'exécutait, le médaillon, jusqu'alors invisible, se tourne de notre côté. C'est bien lui, ses tempes, jeunes encore, déjà sillonnées par l'orage, la fierté de sa lèvre, son œil bleu qui nous semblait noir, cette expression rêveuse où l'inspiration du poète et la foi du croyant confinaient à l'enthousiasme de la patrie. Rencontre mémorable que celle de deux gloires, l'une à l'autre inconnues et qui, du premier coup, s'éclairent et se reflètent mutuellement. La soirée s'écoula dans une intimité croissante où le barde, silencieux par nature, mais stimulé par nos questions, entr'ouvrait de temps à autre le voile de sa vie. De la renommée de ses œuvres et de leur influence, la plus grande qui, de nos jours, ait agi sur un peuple, *motus*. Aux

plus criantes lacunes, son intarissable disciple intervenait et suppléait.

Le lendemain, encore incertain si Gœthe consentirait à poser devant lui, David d'Angers disait à Pavie en regardant le médaillon de Mickiewicz : « Après tout, qu'importe ! L'honneur est sauf, et je retourne tête haute à Paris, où le buste en marbre du grand homme que voici justifiera mon excursion. » Ce buste en marbre, il ne devait l'exécuter que cinq ans après.

Le 28 août, Gœthe reçut les félicitations de nombreux admirateurs accourus de toutes parts. Mais, ce jour de sa naissance, il dîna en compagnie uniquement de dames. Toute la société masculine festoya à l'auberge de l'*Éléphant*. Adam Mickiewicz et David d'Angers répondirent en français aux amabilités qui leur furent témoignées. Le lendemain, il y eut une représentation de *Faust* et une soirée chez Gœthe. Mickiewicz vit ensuite un matin un peintre se présenter à lui avec le mot suivant de Gœthe :

Weimar, le 30 août 1829.

M. Mickiewicz est instamment prié d'accorder à M. Schmeller, porteur de ce billet, quelques instants pour exécuter le portrait d'un visiteur aussi intéressant et convenir de l'heure qu'il voudra bien lui fixer. Avec beaucoup d'estime,

Gœthe.

Mickiewicz se prêta à cette exigence flatteuse.

Le 31 août, il visita le champ de bataille d'Iéna en

compagnie de David d'Augers et de Victor Pavie. Le soir, Gœthe offrit à Mickiewicz et à Odyniec une plume qui lui avait servi et un autographe en souvenir de leur visite, et il leur donna à chacun un baiser au front, marque exceptionnelle de ses bonnes grâces, dont madame Ottilie ne se rappelait pas qu'il eût honoré aucun étranger (1).

(1) Plusieurs mois après, Mickiewicz se plaint en ces termes, dans une lettre à Malewski du 2 février 1830, de la légèreté de certaines appréciations de la presse à son égard : « Vous aurez lu, lui dit-il, dans le *Journal des Débats*, un article absurde sur Gœthe, avec de ridicules radotages relativement à ma personne et à mes voyages en Sibérie. Je pardonne au sot étranger qui se trouvait alors à Weimar et qui, au bout d'un mois de séjour, prenait la belle-fille de Gœthe pour sa femme et, dans son article, débite quantité de sornettes sur l'Allemagne. » L'article est signé J. J. C'est la critique publiée, dans le n° du 2 janvier 1830, d'une traduction du *Wilhelm Meister* de Gœthe que venait de faire M. Théodore Toussenel. Le chef-d'œuvre de Gœthe y est bien cavalièrement traité. « A dire vrai, écrit J. J., le *Wilhelm Meister* est un insipide ouvrage, un confus assemblage d'aventures triviales, de personnages ignobles, de mysticisme sans intelligence et sans frein. » On s'explique l'irritation de Mickiewicz en voyant son éloge associé à de semblables âneries qui ne pouvaient pas ne pas être lues à Weimar. Voici le passage auquel Mickiewicz fait allusion : « J'aime mieux parler de Gœthe que de son livre ; j'aime mieux raconter une partie de ce que m'a conté sur ce grand poète notre statuaire David qui est allé à Weimar exprès pour le voir. M. David est resté quinze jours à Weimar auprès de Gœthe. Le noble vieillard habite une maison de simple apparence au dehors, toute remplie au dedans de livres et de chefs-d'œuvre. Gœthe sait trouver de belles choses ; chacun de ces tableaux, chacune de ces gravures, le moindre papillon de sa collection, la plus chétive plante de son herbier est un texte pour lui à de beaux mouvements, à de grandes pensées, qui commencent très simplement d'abord et qui bientôt se perdent dans les cieux. Dans cette retraite de l'auteur de *Faust*, tout respire la paix et le

Quelques jours auparavant, Gœthe avait exposé à table, devant Adam Mickiewicz, que les différences naturelles des idées et des sentiments, ou plutôt des manières de concevoir et de sentir, exploitées par l'intérêt et l'orgueil d'intelligences perverses, se changent, à la longue, dans l'esprit des masses ignorantes, en barrières infranchissables qui scindent l'humanité comme les frontières ou les mers séparent les pays. Le devoir de tout individu honnête devrait donc être d'adoucir et d'harmoniser les relations entre les peuples, aussi bien que de faciliter la navigation maritime ou de percer des routes à travers des montagnes. Le libre-échange des idées et des sentiments augmente, non moins que celui des denrées et des produits manufacturés, la richesse et le bien-

travail. Ses deux petits-enfants, pleins de mouvement et de grâce, et sa femme, sa spirituelle compagne, toujours préparée à l'hospitalité, composent toute cette famille. C'est là que se réunissent tous les étrangers. De cette belle réunion littéraire qui faisait de Weimar une Académie de grands hommes, il n'y a plus aujourd'hui que quelques débris : le savant antiquaire Mayer, émule de Winckelmann ; le célèbre compositeur et improvisateur Hummel, toujours si naïvement inspiré; Adam Mickiewicz, le premier poète de la Pologne, exilé sept ans en Sibérie pour avoir chanté, avec la passion et les larmes d'un Italien, la liberté perdue de sa patrie. Il y avait encore là M. Quetelet, un astronome belge, professeur à Bruxelles, qui faisait de la poésie avec Gœthe, car avec Gœthe tout est poésie. »

Mickiewicz, en se moquant du « sot étranger », n'a pu viser David d'Angers pour lequel il avait conçu la plus vive amitié. Il aura donc attribué ces niaiseries et la paternité même de l'article à un autre Français, alors également de passage à Weimar, quoique l'article en question puisse fort bien être de Jules Janin, qui débutait alors au *Journal des Débats* et ne se sera pas plus donné la peine de bien écouter le récit de David que de lire avec réflexion le *Wilhelm Meister* de Gœthe.

être de l'humanité. Si de pareilles opinions ne prévalent encore pas, cela tient uniquement à ce que les sociétés n'ont pas, au point de vue international, cette fixité de principes et de règles morales qui, dans les sociétés privées, adoucissent les divergences infinies des individus et les fondent en un tout harmonique (1).

Tels étaient les enseignements du génie large et tolérant qu'Adam Mickiewicz salua à son couchant. Si l'Allemagne les avait mieux médités et compris, au lieu de s'abandonner à des haines féroces et à des convoitises insatiables, elle ne serait pas aujourd'hui un des fléaux de l'humanité.

Adam Mickiewicz visita Francfort-sur-le-Mein, Coblentz, Bonn. Dans cette dernière ville, nos voyageurs allèrent présenter leurs hommages au célèbre Auguste-Guillaume Schlegel, auquel le délégué de l'Université de Bonn à la fête de Gœthe avait déjà parlé d'eux. Schlegel les intéressa vivement par ses réminiscences de ses rapports avec Schiller et Bürger, mais ils furent désagréablement surpris de la vanité de ce vieillard qui, en leur racontant son voyage en Russie, l'année 1805, en compagnie de madame de Staël, ne se possédait pas au souvenir des honneurs que, par ordre du cabinet russe, on leur rendit à toutes les stations de poste où les employés venaient les saluer en uniforme de gala, chapeau bas et l'épée au côté.

Adam Mickiewicz tenait un journal de voyage à l'insu de son compagnon. Quand ce dernier insista pour lire

---

(1) Voir les *Lettres de voyage* d'Odyniec, t. Ier.

les notes qu'il pouvait avoir prises, le poète lui montra, le 9 septembre 1829, une page avec les mots : « Hambourg, beefteak ; Weimar, Gœthe ; Bonn, pommes de terre. » Or, dès le 2 juin 1829, il avait écrit à Malewski : « Sachez que je suis devenu légèrement sentimental et que j'écris même un journal de voyage, mais pour cette fois je ne vous en communiquerai pas d'extraits, car je ne suis pas sûr que ma lettre vous parvienne. » Le 20 novembre 1830, il ajoutait : « J'attends une occasion favorable pour vous envoyer *tibi soli* mon journal de voyage, et vous pourrez en insérer anonymement dans votre publication hebdomadaire les fragments que vous jugerez utiles, ou bien vous en remettre du choix à Jezowski, car le *tibi soli* s'applique à lui également. » Quelques jours après, Varsovie se soulevait ; le moment n'était plus aux descriptions des beautés de l'Italie, et Mickiewicz brûla vraisemblablement le cahier précieux où il consignait ses impressions.

Le 12 septembre, aux environs d'Heidelberg, nos voyageurs rencontrèrent David d'Angers et Pavie. Pavie leur transmit les compliments de Victor Hugo auquel il avait écrit encore de Weimar, mais dont la réponse ne lui parvint qu'après le départ de Mickiewicz et d'Odyniec. David d'Angers cita ce jugement de Gœthe sur Mickiewicz : « On voit que c'est un homme de génie. »

A Strasbourg, Mickiewicz se sépara de David d'Angers, puis, par la Suisse, gagna l'Italie. Odyniec, qui narre avec infiniment de verve et d'humour les incidents de la route, s'élève à Venise jusqu'à l'éloquence. Mickiewicz séjourne un peu plus longtemps dans cette ville, il s'y recueille et y scrute avec ferveur le secret de la destinée de Byron et de celle de Napoléon. Odyniec, qui l'écoute, garde une impression si durable que le récit que voici, écrit par lui au retour d'une promenade au Lido, a, cette fois, le reflet lumineux des pensées de Mickiewicz :

Le crépuscule tombait tout à fait quand nous débarquâmes sur la rive. Nous étions partis exprès si tard pour contempler au clair de lune ce lieu aux poétiques réminiscences d'outre-tombe. La lune, en effet, ne nous faussa pas compagnie. Elle était dans son plein. Au coucher du soleil, elle se dessinait déjà sur le firmament, mais timide et pâle comme une jeune fille à la porte d'une salle de bal ; à peine le soleil couché, elle fut aussi rayonnante qu'une jeune fille qui danse, et lorsque nous mîmes pied à terre elle illuminait successivement devant nous d'abord la rive sablonneuse et plate, puis des champs verdoyants et des arbres, ensuite une série de légers monticules et une nouvelle étendue de sables ; enfin par delà non plus la lagune, mais la pleine mer. L'Adriatique paraissait tranquille et unie comme un miroir, et cependant le sourd grondement des vagues, sans doute en raison de la marée montante, se répercutait le long du rivage, au milieu du calme de la nuit que nul autre bruit et pas même un souffle de vent ne troublait. Tout à coup, du côté de la ville, commença à nous arriver le tintement des cloches sonnant l'angélus. Nous étions sur un monticule dominant la plaine où sans doute caracola souvent Byron. Je restais assis à terre. Adam se tenait debout, appuyé contre un arbre. Je voyais à son visage le sérieux de ses pensées ; je ne le troublai donc point en m'abandonnant au cours de mes propres idées. Ce ne fut qu'en commençant un peu à m'apercevoir de la fraîcheur que je me levai et lui demandai s'il n'avait pas froid. Sans rien me répondre, il appuya sa main sur mon épaule et, me regardant dans les yeux, il me demanda : « Sens-tu qui est avec nous ? » Persuadé qu'il plaisantait, je ne puis cependant nier que sa question et le ton sur lequel il me la fit ne m'aient causé quelque émotion. Sans ôter sa main de dessus mon épaule, il continua à parler. Ce qu'il a dit, je ne l'oublierai jamais, mais je regrette sincèrement de n'être pas en état de tout répéter. Il s'agissait de Byron et de Napoléon, « les deux noms de notre siècle. » Tous deux avaient conscience de leur grande mission au milieu d'une société souillée par le dix-huitième siècle. Tous deux détestaient le mal qu'ils voyaient autour d'eux et pressentaient le bien vers lequel ils auraient dû guider les hommes. Ayant, chacun dans sa sphère, la force nécessaire, ils ne remplirent ni l'un ni l'autre leur mission, précisément parce que le sentiment de leur force, comparée à celle d'autrui, enfanta en eux un orgueil qui tua l'amour, seul capable de vaincre le mal. Byron, impressionnable et passionné, étendit le mépris du mal parmi les hommes à tous les hommes, oublieux que les vertus existent en eux également, et pas ailleurs. Ce mépris le fit douter de la possibilité et tourner en ridicule jusqu'au désir de corriger son prochain, et il a fini, en croyant n'insulter que l'hypocrisie, par insulter les convictions morales de la société. Son voyage à Missolonghi est venu trop tard et aura seulement permis à son âme généreuse de quitter ce monde et la vie dans des conditions plus dignes d'elle. Napoléon, intelligent et froid, ne se fia pas assez à l'intelligence des autres pour les appeler à collaborer à la conception et à l'exécution de ses plans. Il ne cherchait en eux que des instruments et voulait tout faire par lui-même et sans doute pour le plus grand bien de tous. Il l'a compris trop tard, à Sainte-Hélène, et ce n'est qu'au seuil du tombeau que son esprit a été à la hauteur de ce génie dont il n'avait pas su réaliser les inspirations. Byron ne fit qu'irriter et Napoléon que piétiner le mal que tous deux devinaient au sein de l'humanité et voulaient extirper. Mais tôt ou tard d'autres envoyés viendront qui, avec autant de lumière et de force qu'eux, mais dans un autre esprit, esprit d'amour et d'humilité, pousseront plus loin leur œuvre, car si cette œuvre sera jamais achevée avant la fin du monde, c'est ce qu'est seul à savoir Celui qui est Lui-même cet Esprit et qui en a donné l'exemple au monde. Cet entretien à pareil moment, en pareil lieu et sur un pareil ton, m'impressionna presque comme si j'eusse vu l'esprit de Byron lui-même faisant pénitence en cet endroit où il avait rêvé d'être enterré et murmurant tout cela à l'oreille de son continuateur. En revenant vers notre gondole et en voguant vers la ville, Adam poursuivit la comparaison entre ces deux géants contemporains. Il soutint qu'à son insu Byron, dans ses poèmes, observait la même tactique que Napoléon dans ses batailles, c'est-à-dire qu'il avait toujours en vue le point principal qu'à la fin il attaquait soudain avec toutes ses forces, et dont la prise lui assurait la victoire. Il affirmait que tous deux, au fond de leur âme, étaient profondément croyants et religieux, parce qu'ils se sentaient toujours en contact avec le monde invisible. Le temps seul leur manqua au milieu d'un labeur constant et du tourbillon de leurs pensées et de leurs sentiments pour se recueillir en esprit et s'éclaircir à eux-même ce mystère. Tous deux ne voulurent et ne purent peut-être pas admettre l'autorité de la parole d'autrui. Le lion et l'aigle, chacun dans son royaume, sont comme les génies au milieu de l'humanité ; chacun d'eux doit tout conquérir par lui-même et isolément : l'exemple et les règles du troupeau ne sont pas faites pour eux. Seulement l'oiseau et l'animal ont cette supériorité sur les hommes qu'obéissant aux seules lois de la nature, ils ne sont pas acessibles aux tentations : car il n'existe pas de tentations dans la nature, elles gisent dans le mauvais esprit contre lequel l'homme doit toujours lutter pour devenir à la fin le bon esprit. — Il était déjà près de dix heures, quand nous débarquâmes à l'escalier de la Piazzetta.

Il est facile d'imaginer avec quelle émotion Mickiewicz approcha de Rome. Bien des années après, il écrira à sa fille aînée, alors dans la Ville Éternelle :

Être à Rome, c'est le lot du petit nombre. Dans ma jeunesse, j'osais à peine y rêver. De mon temps, c'était, de Nowogrodek, aussi difficile qu'aujourd'hui de la terre à la lune, Tu ne te figures pas combien nous soupirions après cela, en lisant Tite-Live, Suétone et Tacite. On nous élevait conformément aux prescriptions de l'ancienne république de Pologne. Nous vivions en elle et à Rome.

Quelle surprise c'eût été pour ce précoce amoureux de la Rome antique si, l'avenir se découvrant à ses yeux, il eût aperçu son propre buste au Capitole et, sur la façade d'une maison de la Ville Éternelle, une plaque de marbre murée en son honneur au nom du Sénat et du peuple romain !

Plus les antiquités chrétiennes et payennes vous sont familières, plus on a de compétence artistique et plus Rome vous impose. Il n'y a pas de cité qu'Adam Mickiewicz ait étudiée avec autant d'amour. « Rome, écrira-t-il en 1851, est l'unique ville, après Nowogrodek et Vilna, que je connaisse beaucoup mieux que Paris. »

Sa productivité littéraire y fut cependant presque

nulle. Les notes qu'il y a prises, les articles sur l'art qu'il y a ébauchés se sont perdus. A l'Université de Lausanne, en 1839, au Collége de France, de 1840 à 1844, il puisera souvent dans le trésor d'observations amassées à Rome et que plus d'un de ses amis s'était étonné de ne pas lui voir monnayer immédiatement. Mais dès son arrivée dans la Ville Éternelle, il expliqua à son ami François Malewski son saisissement :

> Rome m'a abasourdi et la coupole de Saint-Pierre a recouvert tous mes autres souvenirs italiens. Je n'ai fait encore que traverser à grands pas les musées en jetant les yeux çà et là et en m'arrêtant devant l'*Apollon*, le *Laocoon* et le *Gladiateur*. Ç'a été une marche de deux heures. Si vous réunissiez toutes les statues et les plâtres de Dresde, de Venise, même de Florence, vous pourriez les cacher dans un coin du Vatican. Ici le musée est une vraie cité de statues, encombrée de sarcophages et plaquée d'inscriptions. Rome ôte à jamais l'envie de visiter des collections de statues et de tableaux, et ce qu'on a jadis vu avec enthousiasme, on s'en souvient avec une sorte de confusion. Tite-Live ici, sur place, a un charme singulier, car le soir on peut aller contempler le théâtre des événements lus le matin. Il est difficile d'écrire sur Rome. Byron, comme Horatius Coclès, a occupé à grands pas le pont du Tibre : *ingenti gradu occupavit pontem*.

La société réunie alors dans la Ville Éternelle était exceptionnellement brillante. Les fêtes succédaient aux fêtes. Mickiewicz et Odyniec se laissèrent entraîner par le tourbillon du monde. Ils rencontraient dans les salons et visitèrent dans leurs ateliers Thorwaldsen, Horace Vernet, Owerbeck, Cammucini. La reine Hortense les invita à ses soirées. La princesse Zénéide Wolkonska hivernait à Rome. C'est chez elle que Mickiewicz fut présenté à madame Vera de Klustine et à sa fille Anastasie. Madame de Klustine excitait la vénération. La bonté rayonnait d'elle. Sa fille Anastasie était aussi intelligente que sa mère était bonne. L'une s'attachait l'élite qui prise par-dessus tout la chaleur d'âme, l'autre attirait ceux, plus nombreux, qui apprécient particulièrement les séductions de l'esprit. La mère eut un petit cercle d'amis qu'édifiait et que reconfortait sa sainteté ; la fille, devenue comtesse de Circourt, sut se créer l'un des premiers salons de Paris. En 1829, madame Vera de Klustine jouissait des succès de sa fille, accablée des hommages de toutes les illustrations de la Ville Éternelle. Et mademoiselle Anastasie consignait en ces termes sa première rencontre avec Mickiewicz :

Rome, 14 décembre 1829 (1).

Quelle journée agitée... Dîner chez le prince Gagarine en petit comité. Il était si froid ! Toutes les dames dans un salon et tous les hommes dans un autre. A dîner, séparation totale des deux sexes. Par extraordinaire, j'avais à côté de moi le général Winspeare, qui est tout à fait aimable. Le soir, nous nous sommes tous transportés en bande chez la princesse Zénéide Wolkonski, femme d'esprit, remplie de talents. On y fait de la très bonne musique, mais toujours vocale. Tous les grands personnages de Rome s'y trouvaient réunis, à commencer par le secrétaire d'État, le cardinal Al-

(1) *Journal pittoresque, burlesque, sentimental de tous les faits et gestes de M*^{lle} *Anastasie de Klustine. Ne se vend nulle part, pas même chez l'auteur.*

bani, qui se mêle aussi de composer des chansonnettes ; mais je crois qu'il faudrait un édit pour les faire exécuter. J'ai beaucoup causé avec Thorwaldsen que Bonstetten a connu. Il est tout rond, tout simple, comme s'il ne se doutait pas de sa célébrité. J'ai fait la connaissance d'un poète polonais que Simon (1) a vu, c'est le Byron de la Pologne. Nous avons parlé littérature et j'avoue que ma soirée s'est fort bien passée, partagée entre les arts et les lettres. Décidément j'ai horreur de lieux communs dans tous pays ; à Rome, où les sujets de conversation abondent pour tous les genres d'esprit, ils sont impardonnables.

Le 18 décembre, Mlle de Klustine inscrit sur son journal : « Hier matin le poète Mickiewicz m'a enchantée par son esprit. » Le 28 décembre, elle va se montrer en costume de la cour d'Henri III chez la comtesse Ankwicz. « Les yeux de Mickiewicz, écrit-elle, se sont allumés et j'attends au moins une ode en mon honneur. » Le 21 avril 1830, elle écrira : « Mickiewicz me plait infiniment. Je ne puis démêler ce qu'il pense de moi. »

Le poète ne risquait pas de se brûler les ailes à la froide clarté de cette étoile du grand monde. Il eût cependant contresigné, mais en songeant surtout à la mère, cette tirade que l'aimable Bonstetten écrivait surtout à l'adresse de la fille :

« L'amitié d'homme à femme, c'est le véritable amour céleste, sans jalousie et sans remords, c'est la paix du cœur avec tout le mouvement de l'esprit, c'est l'harmonie du sentiment avec les pensées, c'est la musique des dieux, c'est une soirée avec Anastasie et sa mère. »

(1) De Klustine, frère de Mlle Anastasie.

Un compatriote de Mickiewicz, le comte Ankwicz, habitait l'Italie depuis plusieurs années à cause de la frêle constitution de sa fille Henriette. Mlle Ankwicz mit à profit son séjour à Rome. Elle avait présentes à l'esprit les explications que le fameux Visconti prodiguait avec un zèle admirable aux étrangers et surtout aux étrangères de distinction. Mickiewicz trouva en Mlle Henriette un cicérone admirable; l'archéologie elle-même devient une science aimable, lorsqu'elle est professée par de jolies lèvres. De l'art antique, on descend par une pente insensible à l'art moderne et de l'amour sacré à l'amour profane. Nos deux jeunes gens rêvèrent mariage. Mais Mickiewicz, en face d'une riche héritière, était tenu à beaucoup de circonspection. Les parents de la demoiselle, flattés d'avoir le poète pour ami, ne le désiraient pas pour gendre. Mademoiselle Ankwicz n'eût pas mieux demandé que d'accorder son cœur et sa main à un homme déjà célèbre. Des deux côtés, il y eut plus d'illusion que de réalité. Un jour, Mickiewicz expliquait à son ami Odyniec que l'amour ordinaire, qui tend à la conquête de l'objet, expose au ridicule si l'on n'est pas en situation de réussir, tandis que l'amour poétique se borne à « refléter l'idéal en soi, comme la mer reflète les astres ». La pastorale romaine fut un amour poétique. Mickiewicz aimait une mademoiselle Ankwicz imaginaire, elle lui laissa le souvenir d'une vision romanesque. Elle-même se consola d'autant mieux que ce n'avait été chez elle qu'un simple accès de sentimentalisme. Quelques beaux vers du poète à son cicérone en jupons et à une cousine de mademoiselle

Ankwicz, jeune fille d'une rare élévation d'âme et qui devait mourir sœur de charité, sont les seuls vestiges que ce charmant intermède ait laissé dans les œuvres du poète (1).

L'année de la mort du poète, madame Kuczkowska se rappela à lui. Cette évocation d'un passé déjà si lointain fut douce à Mickiewicz, puisqu'il répondit, le jour de Pâques 1855 :

Je suis heureux, Henriette, de commencer agréablement en votre nom ce premier jour de la résurrection et du printemps. Depuis l'année où j'ai fait votre connaissance à Rome, j'ai passé presque toute ma vie à ensevelir quelqu'un

(1) Odyniec a grandi, selon nous, les proportions de cet épisode. Quoi qu'il dise, Mickiewicz à Rome ne s'en ouvrait guère à lui. Lorsque Odyniec amplifia ses lettres de voyage, il pria l'ex-mademoiselle Ankwicz, devenue Mme Kuczkowska, de lui rafraichir la mémoire, et il lui promit de la représenter sous l'aspect qui lui conviendrait. Il terminait par l'instante recommandation de brûler son épitre. Mais madame Kuczkowska n'en fit rien. Plus tard, madame Duchinska recueillit de sa bouche des réminiscences qui manquent et de précision et d'exactitude. C'est à madame Kuczkowska qu'on peut justement reprocher cette vanité rétrospective dont la critique accuse à tort Marie Putkamer. Mademoiselle Ankwicz resta, il est vrai, en correspondance avec Lamennais, Montalembert et d'autres illustrations européennes. Les grâces de la jeunesse et un certain talent d'assimilation dissimulent souvent à l'observateur le plus clairvoyant le peu de fond de certaines natures qui promettent infiniment plus qu'elles ne tiennent. Madame Kuczkowska eut, à un degré éminent, les travers de la caste à laquelle elle appartenait. Elle gaspilla une grande fortune en réceptions fastueuses, fut réduite à vivre d'expédients et à vendre son château. La tolérance du nouveau propriétaire lui permit d'y mourir. Elle s'éteignit dans un grand abandon et une extrême détresse. Elle se connaissait mal, lorsqu'elle rêvait de partager le sort d'un homme de combat; tâche qui eût exigé autre chose qu'un patriotisme mondain et qu'une religiosité de salon.

ou quelque chose. De la génération avec laquelle je me suis accoutumé à vivre et à trainer la misère, les uns m'ont quitté à jamais, les autres mènent une existences posthume, qui ne vaut pas mieux que la mort. Quand, au cours d'années pareilles, il m'arrivait de songer à vous, je me consolais par la pensée que n'appartenant pas à cette triste génération et venue au monde notablement plus tard que nous, vous viviez peut-être sous une autre et meilleure étoile. Cependant, connaissant votre âme sensible et votre intelligence élevée, je me disais que bien des fois vous deviez avoir été éprouvée sinon personnellement, au moins dans vos proches et votre famille.

Madame Kuczkowska reprit la plume et entra dans le détail des afflictions qui avaient fondu sur elle. Le 14 septembre 1855, le poète, sur le point de s'embarquer à Marseille pour Constantinople, accusa réception de cette lettre en exprimant la pensée que jadis, en songeant à cette ancienne connaissance, il la croyait une personne heureuse et que c'est une illusion qu'il lui était pénible de perdre.

Beaucoup plus tard, madame Kuczkowska fut prodigue de confidences sur ses relations avec Mickiewicz. Ce qu'elle a passé sous silence, c'est qu'à mesure que la renommée du poète grandissait, le comte Ankwicz et sa femme se repentaient de leur opposition, et un jour vint où ils offrirent eux-mêmes à Adam Mickiewicz la main de leur fille. Mickiewicz, en montrant la lettre à son ami intime, Bohdan Zaleski, lui dit qu'il n'était plus libre, mais que s'il l'eût été, il eût également répondu par un refus. Madame Véra de Klustine, qui fut plus avant que personne dans la confiance de Mickiewicz, m'a raconté que mademoiselle Anckwicz lui parut toujours une jeune muse plus éprise des hommages du poète que de sa personne. Cependant ses regrets dûrent contribuer à vaincre la persistance de ses parents dont la capitulation, toute tardive qu'elle fût, milite en sa faveur et prouve qu'elle ne renonça pas sans un long combat à l'espoir qu'elle avait caressé d'unir sa destinée à celle de Mickiewicz.

A Rome, la reine Hortense manifesta le désir de faire la connaissance d'Adam Mickiewicz. Létitia, la mère de Napoléon Ier, venait de se casser la jambe. L'entretien roula naturellement sur l'Empereur. « Il est difficile de s'imaginer combien il était bon enfant! » disait de lui la reine Hortense. Elle montra les portraits et souvenirs qu'elle possédait et invita Mickiewicz et Odyniec à ses réceptions du soir. A l'un de ces bals, le roi Jérôme demanda à Odyniec si les dames de Varsovie étaient toujours aussi belles qu'autrefois. « Pardon, Sire, les dames d'aujourd'hui me paraissent plus belles que celles d'autrefois », répliqua Odyniec. Les deux fils de la reine Hortense, fort jeunes du reste, ne se distinguaient alors que par leur amour de l'équitation.

De Rome, Mickiewicz se rendit à Naples d'où il fit une excursion en Sicile. A Naples, il fit la connaissance de l'archevêque de Tarente, Capece Latro, qui avait été ministre de l'intérieur sous Joseph Napoléon et sous Murat, et qui n'aimait pas les Bourbons. Mickiewicz l'enchanta en lui exprimant sa conviction que les Bourbons de la branche aînée ne tarderaient pas à être chassés de

France et que de meilleurs jours luiraient pour l'Italie. Il rencontra chez l'archevêque de Tarente Filangieri, prince de Satriano, plus tard instrument complaisant de la tyrannie de Ferdinand II. Adam Mickiewicz en 1848 croisa le bâtiment qui portait en exil, honni de tous les bons Italiens, ce même Filangieri qu'il avait connu à Naples, entouré encore de l'auréole de ses campagnes sous Napoléon.

D'Italie, Mickiewicz passa à Genève. C'est là que Mlle de Klustine lui annonça la révolution de 1830 en lui tendant un journal et en criant : « Gloire au prophète ! » Mlle de Klustine, qui manifestait jusque là des velléités libérales, passa bientôt dans le camp de l'ancien régime. Un secrétaire du prince de Polignac, le comte Adolphe de Circourt, qui fuyait la révolution de juillet, lui en imposa par ses connaissances encyclopédiques et elle l'agréa pour fiancé. M. de Circourt avait une mémoire extraordinaire. S'entretenir avec lui, c'était feuilleter au hasard un dictionnaire de la conversation. Il lui fut toujours indifférent de vous parler des dynasties de l'ancienne Égypte, des mœurs des Chinois ou de la grammaire des Hottentots. Il savait tout, sauf se taire. Causeur intarissable, il parut à M. de Lamartine avoir un esprit européen et il devint, en 1848, ambassadeur de la République française à Berlin. Il y favorisa de toutes ses forces le raffermissement de la monarchie chancelante des Hohenzollern et emporta les regrets les plus vifs de la cour de Prusse. Du jour où Mlle de Klustine eut accordé sa main à ce diplomate qui logeait dans sa tête toute une bibliothèque, mais était lui-même aussi froid qu'un protocole, les relations de Mickiewicz avec elle de cordiales devinrent officielles. Mais Mickiewicz fut très goûté de la société de Genève, alors vraiment brillante. Il fréquenta de Candolle et Bonstetten. Ce dernier paraissait ravi de sa compétence en matière d'érudition latine. Mickiewicz s'y lia d'amitié avec Sigismond Krasinski, tout jeune homme encore, et qui devint l'un des plus beaux génies poétiques de la Pologne. Dans une lettre à son père, Krasinski dépeignit ainsi l'impression qu'il reçut :

La véritable poésie est en lui parce qu'il cherche la vérité et uniquement la vérité. Il mourra de faim plutôt que de simuler de faux sentiments. Il a reçu du ciel l'inspiration qui caractérise les voyants, unie à une grande force d'intelligence et de raisonnement. En outre, il règne beaucoup d'harmonie entre son intelligence et son cœur. L'imagination sans le cœur conduit souvent les femmes au crime et les hommes toujours à la sottise.

En octobre 1830, Mickiewicz se sépara à Genève d'Odyniec et reprit le chemin de Rome. Je ne saurais préciser auquel de ses passages à Pise se rattache l'anecdote suivante que je tiens de son ami John Léonard :

M. Mickiewicz, un soir, chez moi, nous raconta de la façon la plus plaisante une histoire qui nous fit bien rire. A Weimar, Mme Gœthe me confia, dit-il, une lettre pour M. Roberston en Italie. Je remarquai que l'adresse manquait, mais elle me rassura : tout le monde le connaît. Je le cherchai toutefois vainement. Puis j'oubliai ma lettre dans mon portefeuille. Un jour, à Pise, je me trouvai dans le dôme quand on célébrait une messe de bout de l'an. Un catafalque se dressait au milieu de l'église. On m'apprit que dans le cénotaphe il y avait quelqu'un. J'interrogeai le sacristain qui me répliqua : — « Vous ne l'ignorez pas ! — Comment ? — Oui, c'est l'Anglais Roberston qui nous a priés de le laisser s'étendre dans le cénotaphe pour voir l'impression que cela lui procurerait. » — En effet, la cérémonie finie, Mickiewicz courut à lui, sa lettre à la main, en lui disant : « Je ne savais pas que j'aurais à la remettre à un mort. » — Il fallait voir avec quel charme Mickiewicz contait cette anecdote.

Mickiewicz rentra à Rome très assombri et agité de sombres pressentiments. Il trouva dans la Ville Éternelle le comte Henri Rzewuski, conteur inimitable, vivante chronique de la Pologne du dernier siècle, et le comte Ladislas Zamoyski. Zamoyski raconte dans ses *Mémoires*, dont des fragments seuls ont été publiés, qu'il fut frappé de la foi profonde de Mickiewicz et de la maturité de son jugement politique :

Mickiewicz blâmait, dit-il, les entrainements irréfléchis de l'opposition de Varsovie, qui cherchait évidemment des exemples dans le parlementarisme bavard de la France d'alors ; il déplorait une lutte inégale, impossible, devant fatalement aboutir à un désastre. Son expérience politique découlait d'un profond, réel et consciencieux amour de la patrie qui le rendait, à l'égard et de soi et des autres, impartial et presque doué du don de seconde vue (1).

Les mémoires sont toujours une apologie personnelle, et le comte Zamoyski, en parlant de Mickiewicz, cher-

(1) Voir la nécrologie du général Zamoyski par Bronislas Zaleski.

che instinctivement à couvrir des opinions du poète sa propre désespérance de 1830. Mickiewiez n'a pu déplorer l'inégalité de la lutte, parce qu'il n'ignorait pas que si la Pologne doit attendre pour s'insurger qu'elle ait autant de millions et de canons que ses trois ennemis réunis, elle ne bougera jamais. Il ne croyait donc pas la victoire impossible en raison de la prépondérance énorme des armées russes. Il trouvait seulement la préparation morale des Polonais insuffisante. Personne n'admit plus franchement que lui le miracle, mais ne fait pas de miracles qui veut. Sa prescience lui disait que la Pologne n'avait pas monté son âme au diapason nécessaire pour la longue suite d'efforts prodigieux qu'exigeait sa libération. La Pologne prouva qu'il ne dépendait que d'elle d'abattre le tsarisme, si puissant qu'il fût, puis elle douta d'elle-même, elle hésita. Entre l'anxiété prophétique de Mickiewicz et le froid calcul du comte Zamoyski, il y avait un abîme qui se creusera toujours entre ces deux hommes chaque fois qu'ils se trouveront sur le même champ d'action, l'âme du premier débordant dans l'avenir, celle de l'autre rivée au passé.

De Rome, Mickiewicz invitera la mère polonaise à mettre des chaînes aux mains de son fils, à l'atteler à la brouette, afin qu'il ne pâlisse pas devant la hache du bourreau ni qu'il ne rougisse devant la corde :

Car il n'ira pas, comme les anciens chevaliers, planter la croix triomphante sur Jérusalem, ou, comme les soldats du monde moderne, labourer le champ de la liberté et, de son sang, arroser la terre ; c'est d'un espion inconnu que lui viendra le défi ; c'est un tribunal parjure qu'il devra combattre ; pour champ de bataille, il aura un cachot sous terre, et sa sentence, un ennemi puissant la prononcera. Vaincu, pour monument funéraire il lui restera le bois desséché de la potence ; pour toute gloire, quelques pleurs de femmes et les longs entretiens nocturnes de ses compatriotes.

Le 2 novembre 1847, dans un discours noté sur l'heure même, Mickiewicz, certain de l'imminence d'une révolution, débutait ainsi :

A Rome, en 1830, le 27 novembre, en écrivant les vers *à la mère Polonaise*, je pressentis l'insurrection qui allait, deux jours après, éclater à Varsovie (1).

Bien des causes attardèrent Adam Mickiewicz à Rome, son état pyschique d'abord et sa position financière ensuite. La Révolution de juillet 1830 détermina une banqueroute qui lui enleva 6.000 francs. Son ami Étienne Garczynski, en lui représentant qu'originaire de Posnanie il y trouverait des fonds dès son arrivée et lui renverrait sa dette, lui emporta son dernier argent. Quand Garczynski se fut exécuté, ce qui prit du temps, la Romagne en révolution interceptait presque les com-

(1) Mme Ankwicz possédait l'autographe de cette poésie dans un album dont la première page porte la date de décembre 1830, mais au bas de ses vers l'auteur a ajouté la mention : *En route pour Gênes*, 1830. Mickiewicz n'aurait pas précisé à la légère, en 1847, la date du 27 novembre. Je suppose qu'en octobre, sur la route de Gênes, il conçut cette poésie. Il ne notait, il l'a dit lui-même, que ce qu'il savait par cœur et, se fiant à sa mémoire, ne se hâtait pas. Il a donc pu n'écrire cette poésie que le 27 novembre et éprouver alors ce saisissement douloureux dont il se souvint en 1847.

munications. Par suite de ce concours de circonstances, le poète ne quitta Rome que le 19 avril 1831. En Posnanie, les Prussiens gardaient jalousement la frontière, et bientôt survint la nouvelle que l'armée polonaise émigrait...

Les émigrés ne prévoyaient pas les longues misères qui les attendaient. De même qu'immédiatement après une blessure reçue ou une opération subie on ne souffre quasi pas, sauf à endurer un peu plus tard mort et martyre, l'immensité du désastre avait abasourdi chacun. Ils se sentaient si jeunes, si forts, si vaillants, si nombreux! La sainteté de leur cause, l'accueil enthousiaste des peuples et de l'Allemagne elle-même semblaient leur garantir une revanche prochaine. N'avaient-ils pas déployé un beau courage, remporté d'éclatantes victoires ? Ils se fussent volontiers amusés, pendant cette suspension d'armes forcée, comme les officiers de Napoléon Ier qui couraient la pretentaine au moindre armistice. Un moraliste prétend que Dieu nous voile l'avenir, parce que, s'il nous le montrait, personne n'aurait plus la force de supporter la vie. Certes, si cette énorme émigration se fût vue vouée à une vie errante au milieu d'étrangers indifférents et à une agonie solitaire loin de la patrie, quel n'eût pas été son désespoir ? De plus, au premier moment, on ne prévit pas toute l'atrocité de la répression. Le tsarisme se surpassa. D'héroïques soldats moururent par milliers sous le bâton, comme de vulgaires malfaiteurs, ou furent éparpillés en Sibérie pour n'en jamais revenir.

Mais ces réalités épouvantables s'affirmèrent peu à

peu. A peine désarmés et internés, les soldats polonais furent accueillis à bras ouverts par leurs frères de Posnanie et de Galicie. Leur exode fut jusqu'en France une marche triomphale ; l'admiration populaire maîtrisait provisoirement le mauvais vouloir des gouvernements. Mickiewicz retrouva en Posnanie et son ami Etienne Garczynski et son frère François qui venait de faire toute la campagne et avait été blessé et décoré. Il restait triste cependant de n'avoir pu participer activement au grand drame qui venait de se jouer en Pologne. Ce fut à qui le consolerait. Une personne primesautière et écrivain à ses moments perdus, la comtesse Lubienska, ambitionna, comme jadis Françoise Zaleska, de planer dans les nues, de conserve avec le poète, sans toucher terre un seul instant. Mais Françoise Zaleska, discrète et résignée, n'osait s'avouer à elle-même son inclination. La comtesse Lubienska entendait que nul ne trouvât à redire à cette aérostation sentimentale. Tant d'exubérance alarmait le mari de la dame et les amis du poète, qui craignaient que le comte ne prît la mouche et que ce marivaudage galant ne tournât au mélodrame. Mickiewicz pensa que son départ brusquerait une situation qui offre mille avantages en théorie et dix fois plus d'inconvénients en pratique, lorsqu'elle rapproche, sur ce terrain si glissant des affinités morales, une femme jeune et belle et un homme à la fleur de l'âge et du talent. La comtesse Lubienska le relança à Paris. Mickiewicz cessa de répondre à ses lettres ; elle se plaignit à ses amis, et le comte, ennuyé du bruit, eut des velléités de provoquer Mickiewicz en duel. Heureusement les deux adversaires étaient loin, et la comtesse Lubienska ne tarda pas à convenir elle-même de ce que ses procédés avaient d'excessif. Quand le temps eut adouci l'exagération originelle de son amitié, Mickiewicz et la comtesse Lubienska se revirent, reprirent leur correspondance, et les lettres que lui adressa Adam Mickiewicz sont des plus remarquables qu'il ait écrites.

La Prusse, lorsqu'elle ne livrait pas les émigrés polonais à la Russie, les expulsait de son territoire. Adam Mickiewicz dut se réfugier à Dresde. Outre Garczynski et d'autres amis qui lui rendirent agréable le séjour de cette ville, il y rencontra Claudine Potocka. Cette grande dame, en léguant aux femmes polonaises l'exemple de sa vie, a fait plus de bien à sa nation que ne lui ont fait de mal tous les ukases promulgués depuis sa mort. En 1831, une jeune fille, Emilie Plater, sut combattre et mourir pour sa patrie. A cette sainte de l'insurrection succéda la sainte de l'émigration. Claudine Potocka n'aida pas seulement de son temps, de ses veilles, de sa fortune, ses compatriotes malheureux. Elle soutint leur moral autant qu'elle soulagea leur misère. Mariée et sans renoncer au monde, elle unissait à l'abnégation de la sœur de charité la pratique du plus ardent patriotisme. Ce fut une de ces créatures extraordinaires dont on peut dire qu'on devient meilleur rien qu'en les regardant; leur présence dilate les cœurs et cause à l'âme les mêmes jouissances que causent à l'esprit les grands spectacles de la nature et les merveilles de l'art.

Mickiewicz sentit l'inspiration lui revenir aussi abondante qu'aux plus fécondes années de sa jeunesse. Sous l'impression d'un récit de Garczynski, il écrivit sa *redoute d'Ordon* et la lut toute fraîche éclose à son ami Ignace Domeyko. Après avoir dépeint les horreurs d'une canonnade, le poète s'écrie :

Où est le monarque qui envoie ces martyrs à la boucherie? Expose-t-il sa poitrine? Non. Il siège à cinq cents lieues, dans sa capitale, grand autocrate d'une moitié du monde. Il a froncé le sourcil, et aussitôt volent des milliers de kibitkas ; il a signé, et des milliers de mères pleurent leurs enfants ; il a fait un geste, et les knouts pleuvent du Niémen à Khiva. Monarque puissant comme Dieu et pervers comme Satan ! Pendant que, derrière les Balcans, ses canons épouvantent les Turcs, pendant que l'ambassade de France te lèche les talons, Varsovie seule brave ta puissance, lève la main sur toi et arrache de ton front la couronne des Casimirs et des Boleslas, car tu l'as volée et ensanglantée, fils des Vasili !

Mais Varsovie a succombé, et Ordon a mis le feu aux poudres plutôt que de se rendre. Le poète conclut ainsi :

Pour une bonne cause, l'œuvre de destruction est sacrée comme l'œuvre de création. Dieu a prononcé le mot : *Sois!* Dieu prononcera aussi le mot : *Péris!* Lorsque la foi et la liberté auront disparu de chez les hommes, lorsque le despotisme et l'orgueil insensé auront inondé la terre, comme les Russes la redoute d'Ordon, Dieu, châtiant la race des vainqueurs, souillée de crimes, fera sauter la terre comme Ordon fit sauter sa redoute.

Tout ce qu'avaient déposé en germe dans son âme les douloureuses méditations de son long emprisonnement à Vilna s'épanouit à Dresde. La 3e partie des *Ayeux* n'est qu'un chapitre du martyrologe polonais, mais on ne retrouverait un jour que celui-là qu'en le lisant on reconstituerait par la pensée les mystères des cachots de Saint-Pétersbourg et des mines de Sibérie. C'est là qu'exaspéré, le poète prend à partie Dieu lui-même. Il lui crie :

Réponds... car je tire contre ta nature ; si je ne la réduis pas en poudre, j'ébranlerai l'immensité de tes domaines, je lancerai ma voix jusqu'aux dernières limites de la création. D'une voix qui retentira de génération en génération, je m'écrierai que tu n'es pas le père du monde ... mais que tu en es...

Une autre voix que celle du poète achève la phrase en murmurant :

Le Tsar !

Ce mot, qui lui est soufflé, le poète ne le prononcera pas ; il s'arrêtera au seuil du blasphème, parce que ses imprécations partent non de l'orgueil individuel, mais de la douleur nationale. Le monologue de Conrad, des milliers de Polonais le répétèrent en demandant au Créateur la raison des prospérités d'un Alexandre III ou d'un Bismarck, mais quiconque d'entre eux « a beaucoup aimé, aimé toute une nation » entrevoit « le vengeur qui la ressuscitera » et cesse bientôt de maudire ses souffrances, puisqu'elles doivent hâter l'heure où la Pologne sera détachée de cette croix « aux bras longs comme l'Europe entière, et qui est formée de trois peuples desséchés comme de trois arbres morts ».

La Saxe à son tour chassa ses hôtes polonais. La princesse Zénéide Wolkonska pressait Mickiewicz de revenir à Rome. « Paris et la France ne sont pas faits pour vous, lui écrivait-elle en juillet 1832 ; il vous faut des cœurs, du calme et un beau ciel. La rêverie, au milieu des débats et des fureurs politiques, est comme une âme aimante au milieu des courtisans (1). »

Mais Mickiewicz entendait non pas rêver, mais agir, agir par la plume et la parole, tant qu'il ne lui serait pas donné de le faire autrement. De Dresde, il avait, le 29 avril 1832, écrit à son frère : « Moi, jamais je ne retournerai sous l'autorité du gouvernement russe, jamais, jamais... » Dès lors, il ne lui restait plus qu'à partager le sort des autres émigrés. Il prit donc, en compagnie de plusieurs d'entre eux, le chemin de la France. Sa connaissance approfondie de l'antiquité qui lui permit, quelques années plus tard, de professer de but en blanc la littérature latine à Lausanne, amena un *quiproquo* assez plaisant. En route, il se croisa, à Heidelberg, avec une colonne de ces émigrés que les princes allemands ne toléraient plus dans leurs États, mais que leurs sujets

---

(1) La princesse Zénéide Wolkonska revit encore Mickiewicz à Paris. puis à Rome en 1848. Convertie au catholicisme, elle acheva ses jours dans un couvent de Rome, livrée aux pratiques de la plus austère piété. Elle s'était préparée un tombeau pour elle et les siens dans l'église SS. Vincenzo et Anastasio de Rome, dans la première chapelle à main droite.

fêtaient partout et qui, à pied, par petites étapes, s'acheminaient lentement vers le Rhin. Mickiewicz fut invité à participer à un des banquets offerts à ses compatriotes, et il s'assit à l'extrémité de la table, à côté d'un professeur de l'Université, avec lequel il ne tarda pas à engager une discussion sur la versification latine. Dès qu'on se fut levé, le professeur se hâta de demander à un sergent, son autre voisin, quel était l'interlocuteur qu'il venait d'avoir. Le sergent, qui ne connaissait pas Mickiewicz, mais qui le voyait l'un des derniers à table, les officiers supérieurs occupant les places d'honneur, répondit au hasard : « C'est un caporal. » Le professeur courut alors à Mickiewicz et lui dit : « Ah ! Monsieur, j'apprends que vous êtes simplement caporal. J'avais entendu dire que l'étude du latin est très répandue en Pologne, mais sans votre rencontre, je n'eusse jamais admis une connaissance si solide de l'antiquité chez des militaires d'un rang tout à fait inférieur. » Mickiewicz lui confessa sa qualité d'ancien professeur des littératures grecque et latine à Kowno, et ils rirent ensemble de cette méprise.

IV

L'ÉMIGRATION. — LE LIVRE DES PÈLERINS POLONAIS ET LE POÈME : LE SIEUR THADÉE. — MICKIEWICZ AU LIT DE MORT DE SON AMI ÉTIENNE GARCZYNSKI. — SON INTIMITÉ AVEC LAMENNAIS ET MONTALEMBERT. — SA FERVEUR RELIGIEUSE ET SON MARIAGE. — SA LIAISON AVEC MICHELET ET QUINET. — SES ESSAIS EN LANGUE FRANÇAISE. — APPRÉCIATION DE GEORGE SAND. — DIFFICULTÉS DE SA SITUATION. — PROJET D'ÉTABLISSEMENT EN SUISSE.

Xavier de Maistre a dit :

> Je sais ce qu'il en coûte à ceux que leur génie
> Destine aux grands travaux,
> De voir couler leurs jours, perdus pour la patrie,
> Dans un obscur repos.

Cet obscur repos devait être un supplice particulièrement cruel pour ces généraux, ces hommes d'État, ces poètes, précipités du haut d'espérances radieuses dans un abîme d'amertumes, passant de l'activité la plus fébrile à l'atonie la plus morne; déracinés du sol natal; éparpillés parmi les nations étrangères et se demandant chaque matin si cette réalité lugubre n'était pas un horrible cauchemar. Beaucoup d'émigrés polonais eussent volontiers, selon l'expression de Lacordaire, « menacé, comme Ajax, du tronçon de leurs épées, la majesté des dieux. » Il y eut forcément de virulentes récriminations, de maladives impatiences et des accusations passionnées. Déséquilibrés par l'infortune, les émigrés devenaient plus sensibles aux influences ambiantes. Les Polonais, immobilisés en majeure partie en France, allaient-ils s'inféoder aux systèmes qui s'y disputaient la prépondérance ? S'éprendraient-ils de cette Royauté soi-disant citoyenne et au fond peureuse et félonne, de ce parlementarisme bavard et vénal, de cette opposition bruyante, mais vide ?

Simple témoin des péripéties de 1831, Mickiewicz fut plus bouleversé du spectacle de ce drame que s'il en eût été un des acteurs, parce que les périls auxquels on voit exposé un être qui vous est cher vous remuent plus profondément que ceux qu'on affronte soi-même. Il rêva de sanctifier l'exil, d'épurer les âmes, de métamorphoser les régiments polonais rejetés loin de leur patrie en une sorte de légion thébaine qu'aucun martyre ne saurait plus épouvanter. Le poète exhala dans le *Livre des Pèlerins polonais* les sentiments éveillés en lui par l'héroïsme de la lutte, son dénouement fatal, et les conséquences néfastes de la dispersion.

La traduction française du *Livre des Pèlerins polonais* par M. de Montalembert donna à cet ouvrage, à l'étranger même, un grand retentissement. Lamennais a dit : « J'ai pris l'idée des *Paroles d'un croyant* des *Pèlerins polonais* de Mickiewicz. » Il en annonça ainsi la publication dans une lettre de 1834 au marquis de Coriolis :

Il va paraître incessamment un petit volume par Mickiewicz, sans contredit le premier poète de notre époque. Il y a là des choses ravissantes. Sans oublier toute la distance qui sépare la parole de l'homme de la parole de Dieu, j'oserais presque dire quelquefois : cela est beau comme l'Évangile. Une si pure expression de la Foi et de la Liberté tout ensemble est une merveille en notre siècle de servitude et d'incroyance.

La *Revue des Deux-Mondes* (juin 1833), aussitôt l'apparition du *Livre des Pèlerins polonais*, en disait :

Combien est digne de respect et de sympathie ce fils de la Pologne, cet Adam Mickiewicz, qui console et soutient ses compatriotes dans l'exil, en leur montrant dans l'avenir leur patrie ressuscitée et la vraie liberté triomphante dans l'Europe entière ! On ne peut lire sans émotion le *Livre des Pèlerins polonais*.

Dans une autre Revue française on lisait :

Deux poèmes nous sont venus cette année : le premier de Pologne, cette Palestine du Nord, le second d'Italie, cette Grèce d'Occident. L'un sublime de simplicité, gros d'une sainte colère, palpitant d'une haine céleste, tel qu'un psaume de David ; l'autre sublime de douceur, divin de résignation, plein de prière et d'amour, tel qu'une épître de saint Jean ; deux chefs-d'œuvre jumeaux, comme l'ancien et le nouveau Testament ; appelés, celui-ci, *Livre des Pèlerins polonais*, par Adam Mickiewicz, celui-là, *Mes prisons*, par Silvio Pellico.

8.

A Paris, Mickiewicz fréquenta simultanément les républicains militants et les catholiques de l'école de Lamennais. Ainsi, il fut l'hôte de Lafayette à Lagrange et l'ami de Chateaubriand et de Béranger. On verra dans une lettre que nous citerons plus bas avec quelle admiration Montalembert s'exprimait sur le compte de Lafayette, et Chateaubriand ne ménageait pas l'expression de ses sympathies à Armand Carrel. Les hommes supérieurs n'exigent pas que chacun suive la même voix qu'eux, parce qu'ils savent n'être pas infaillibles ; il leur suffit qu'on tende au même but, à savoir : à l'amélioration des conditions que l'égoïsme des gouvernants et les travers des gouvernés imposent à la pauvre espèce humaine. La tentative hardie de Lamennais de réagir sur la papauté au moyen du bas clergé et de la soustraire, par une sorte de *pronunciamento* des fidèles, à la fascination des puissances absolutistes, ne manquait pas de grandeur. Elle intéressa Mickiewicz d'autant plus qu'il fut toujours profondément religieux.

Montalembert, plein de fougue, de jeunesse et d'espoir, vivait dans l'intimité de plusieurs des émigrés les plus influents et s'annonçait comme un futur champion de la cause polonaise. Une lettre de lui, de 1832, à Mlle Ankwicz en fait foi. Il lui écrivait :

Mademoiselle, vous me gâtez beaucoup trop, selon votre ancienne habitude, en me témoignant une reconnaissance exagérée pour le peu de lignes que vous voulez bien me permettre de vous adresser de temps à autre. Je voudrais pouvoir vous donner aujourd'hui quelques détails intéressants sur nos chers réfugiés, mais je ne sais rien, je n'en ai point rencontré en province, je n'ai trouvé que leur trace et les souvenirs qu'ils avaient laissés dans plusieurs villes. Je le dis du reste à Madame votre mère.

M. Garczynski n'est pas à Paris, mais à Dresde, où je crois qu'il est toujours malade. Vous lirez avec un très vif plaisir, je pense, le drame de M. Mickiewicz que je n'ai pas le plaisir de comprendre (1). Il va bientôt publier en français un petit ouvrage qu'il veut bien confier à ma revision. Je l'attends avec une vive impatience (2). Vous avez vu que notre Chambre des députés, toute lâche et servile qu'elle est, a trouvé quelques nobles paroles à dire sur la Pologne dans son adresse. Le générale Lafayette n'a pas démenti son noble caractère dans cette discussion. Son discours vous aura, j'en suis sûr, vivement intéressé. Seul il parle des persécutions religieuses de votre sainte et infortunée patrie. Mais recevez-vous encore les journaux à Rome ? Je vous recommande toujours *le National,* au lieu de votre impie et sanguinaire *Courrier.*

Ne soyez pas inquiète si le paquet que je vous annonçais dans ma dernière lettre n'est pas encore arrivé : l'ecclésiastique qui s'en est chargé a été retenu d'une manière imprévue. Il n'est parti de Lyon que le 2 de ce mois, il ne

(1) Il s'agit ici de la troisième partie du poème des *Ayeux.*

(2) Mickiewicz avait entrepris, encore en Russie, une *Histoire de l'avenir,* qu'il acheva en français à Paris. Il y pronostiquait les conséquences des aberrations régnantes. Montalembert émit l'avis qu'un pareil ouvrage indisposerait contre les refugiés polonais le gouvernement de Louis-Philippe et l'inciterait peut-être, comme représailles, à diminuer ou retrancher les subsides accordés à l'émigration. Mickiewicz jeta son manuscrit au feu. Il n'échappa à cet autodafé que quelques pages du brouillon de l'auteur qui ont paru, dans la première série des *Mélanges posthumes,* sous le titre : *Premier chapitre des guerres futures.*

sera donc guère à Rome avant le 15 ou le 20. Veuillez à cette époque l'envoyer demander au père Ventura.

Je ne mérite vraiment pas les reproches que vous m'adressez sur l'abandon du polonais. Avant de recevoir votre lettre, je m'étais adressé à M. Mickiewicz pour obtenir de lui un maître de polonais. Il a bien voulu s'offrir lui-même, mais je n'ai pas osé abuser à ce point de sa complaisance. J'attends qu'il m'ait trouvé quelqu'un, qui me fera certes regretter bien souvent l'inaltérable patience et la bonté inouïe que vous avez déployée envers moi, lorsque j'ai eu le privilège d'être votre élève.

Offrez, je vous prie, mes amitiés et mes hommages à Monsieur votre père et à Mademoiselle votre cousine. Persiste-t-elle toujours dans ses desseins ? Que dit-elle de l'Encyclique ? M. de Lamennais professe toujours pour elle la vénération qu'elle mérite. Et vous, Mademoiselle, vous ne me dites pas un mot de votre santé. J'en conclus qu'elle s'améliore graduellement et j'en remercie Dieu pour votre famille et vous.

Croyez à tout mon dévouement,

CH. DE MONTALEMBERT.

Les leçons de langue polonaise que prenait Montalembert aboutirent à sa traduction du *Livre des Pèlerins*, comme il le raconte lui-même à Mlle Ankwicz dans une lettre du 22 février 1833 (1) :

Je suis tout à fait confus, Mademoiselle, de la reconnaissance exagérée avec laquelle vous avez bien voulu

(1) Cette lettre et la suivante ont paru à Lemberg dans un recueil périodique que publie une société formée uniquement pour élucider la biographie et approfondir les œuvres d'Adam Mickiewicz.

accueillir l'envoi que je vous ai fait et qui ne méritait certes pas un pareil accueil. Je n'attends qu'une occasion pour vous envoyer un autre paquet de brochures que M. Mickiewicz tient en réserve pour vous, mais les occasions sont très rares et je ne connais pas de diligence qui se chargerait de transporter des objets jusqu'à Rome.

J'espère que vous recevrez en même temps le quatrième volume des poésies de M. Mickiewicz que je mets à la poste aujourd'hui même, conformément à vos instructions. Vous aurez déjà eu et lu probablement son admirable petit volume en style biblique.

Vous voulez bien me demander des nouvelles de mes études polonaises et j'en ai beaucoup à vous donner à ce sujet. Peu de temps après ma dernière lettre, j'ai commencé à prendre des leçons régulières, non pas avec M. Mickiewicz, dont j'ai eu honte d'employer si niaisement le temps précieux, mais avec un de ses amis, M. Bogdan Janski, qui était, avant la Révolution, élève entretetenu par le gouvernement en France pour étudier je ne sais quelle science, qui a été depuis saint-simonien et qui est devenu catholique, grâce aux livres de M. de Lamennais et de M. Gerbet. J'ai trouvé que les difficultés augmentaient au lieu de diminuer à mesure que j'avançais. Cependant, je n'ai pas encore perdu courage ; au contraire, je viens de me compromettre par une démarche aussi présomptueuse que ridicule, en permettant que mon nom paraisse comme traducteur des admirables *Ksiengi* (1) de M. Mickiewicz. En vérité, ce n'est pas moi qui a fait cette traduction, comme vous devez bien le penser, je n'ai fait que la vérifier et la travailler. C'est M. Janski qui a fait le mot à mot, dont je ne serais jamais venu à bout. J'y ai mis mon nom pour la faire vendre un peu

(1) Livres.

parmi les libéraux catholiques, anciens partisans de *l'Avenir*, qui sont les seuls en France qui goûtent ce livre, proscrit par les faux libéraux du *Courrier* et par les absolutistes. Ne riez pas trop, je vous prie, de mon charlatanisme. Je ne manquerai pas de vous envoyer un exemplaire de cette belle œuvre, dès qu'elle sera imprimée.

Je conclus de votre silence et de celui de Madame votre mère sur votre santé que vous n'avez point eu de rechute et que l'amélioration de votre état continue toujours. Je n'ai pas besoin de vous dire, Mademoiselle, combien cette pensée me soulage et combien je m'associe à la reconnaissance que cette miséricorde d'en haut doit inspirer à votre famille.

Mlle Marcelline (1) est-elle toujours aussi grave, aussi imposante et aussi déterminée à prendre le voile ? Dans tous les cas, je vous prie de mettre à ses pieds l'hommage de mon profond respect. L'abbé Lacordaire se joint à moi pour cela, ainsi que dans l'expression de mes sentiments pour vous et vos chers parents.

Je n'ai malheureusement pas ces vers de Campbell sur la Pologne, qui ne m'appartenaient pas quand je vous les ai montrés à Rome, et qui m'avaient été prêtés par un jeune Anglais qui se trouvait là. Mais je tâcherai de les faire venir d'Angleterre.

J'ai vu dans les journaux le mariage de votre amie Mlle Airey, et la mort de son père, le général.

Soyez assez bonne pour remercier M. l'abbé Martin de son bon souvenir. Voyez-vous quelquefois le vilain Mgr Bruti ?

Avez-vous quelques nouvelles d'Albert de la Ferronnayes, qui doit être à Rome, et qui ne m'a pas écrit depuis trois mois ?

Pardonnez, je vous prie, ce griffonnage, mais je suis très

---

(1) Cousine de Mlle Ankwicz.

pressé. J'espère recevoir bientôt de vos nouvelles et vous prie, en attendant, de croire à mon sincère dévouement.

Ch. de Montalembert.

L'émigration polonaise, acclamée par la population française, excitait au contraire les ombrages du gouvernement qui la dispersa en province. Les anciens soldats furent cantonnés dans de petites villes où ils s'absorbèrent dans la double recherche des causes de leur défaite et des moyens de réengager la lutte. Ceux qui, grâce à une situation plus prospère et à de plus hautes protections, réussissaient à se maintenir à Paris n'échappaient point à la loi commune. Tous se formaient en comités. Les uns prêchaient l'hérédité monarchique, les autres affichaient les principes de la démocratie la plus avancée. Il se fonda de nombreux journaux polonais qui consacraient plus de place encore à une polémique acerbe qu'aux détails navrants des persécutions russe, autrichienne et prussienne. C'est ce qui décida Adam Mickiewicz à aborder la politique. Dans une série d'articles trop tôt interrompus, il représenta à ses compatriotes qu'ils devaient y regarder à deux fois avant de s'attaquer les uns aux autres, réserver leurs énergies pour un meilleur emploi et, au lieu de se disputer pour coiffer la Pologne future qui d'une couronne, qui d'un bonnet phrygien, dégager de l'expérience de leurs longs efforts les procédés nouveaux, seuls aptes à opérer le relèvement de la patrie. Il engageait surtout chacun à se réformer d'abord lui-même avant de préconiser un système quelconque de régénération nationale.

Le 1ᵉʳ avril 1833, Montalembert écrivait à la comtesse Ankwicz :

J'ai reçu, Madame la comtesse, votre bonne et intéressante lettre du 11 mars, à laquelle je m'empresse de répondre. Je commence par vous entretenir des objets que vous aviez bien voulu me confier en fait de commissions. Il n'a paru récemment aucun ouvrage important sur la Pologne, exepté les deux suivants : 1° l'*Histoire de la campagne de Lithuanie*, par le général Dembinski, qui n'a été tiré qu'à un très petit nombre d'exemplaires ; le général ayant eu la bonté de me consulter sur la question de savoir s'il convenait de livrer cet ouvrage à une publicité complète et générale, après un examen attentif, j'ai cru devoir lui répondre que non, parce que ce récit, bien qu'attachant et intéressant au suprême degré, révèle des dissensions entre les généraux et des choses très facheuses de toutes manières qui, selon moi, tendraient à compromettre la cause polonaise ; il a bien voulu se rendre à mes avis, de sorte qu'il me sera impossible de vous envoyer ce livre ; 2° *Histoire de l'insurrection* (1), du comte Roman Soltyk. Celui-là jouit d'une mauvaise réputation parmi les réfugiés ; on le dit écrit avec les idées françaises de *mouvement* et de *résistance*, beaucoup plus qu'avec le véritable sentiment de nationalité polonaise : je ne pense donc pas que cela vaille les frais de transport par la poste ; mais si vous êtes encore à Rome dans un

---

(1) Le titre exact de cet ouvrage est : *La Pologne, précis historique, politique et militaire de la Révolution, précédé d'une esquisse de l'histoire de la Pologne depuis son origine jusqu'en 1830.* 2 vol. in-8.

mois, vous le recevrez par mon ami M. de Tallenay, qui a été secrétaire de mon père en Suède et qui vient d'être nommé à Rome ; il se chargera de tout ce que je voudrai. Mais en attendant, et comme je crains que vous ne repartiez immédiatement après Pâques, je vous envoie tout ce que j'ai pu ramasser à votre intention, savoir : 1° la collection du journal le *Pèlerin Polonais*, rédigé par M. Januszkiewicz, protégé par Mickiewicz qui va en devenir le principal rédacteur à dater du 1er avril (1), époque à laquelle sa forme va changer comme vous le verrez ; je pense que vous désirerez vous abonner à ce recueil et je suis heureux de pouvoir vous apprendre que M. Januszkiewicz a des moyens sûrs de le faire parvenir même en Galicie. Je vous ferai donc inscrire sur la liste des abonnés, dès que vous m'aurez donné votre adresse en Pologne ; vous pourrez lui adresser le prix par un banquier de Vienne, à ce que je pense ; 2° quelques numéros détachés, choisis par Mickiewicz, d'un autre journal, qui paraît avec des noms de rois ; 3° les deux premiers numéros du récit authentique de la révolte de Lithuanie publiés par le comte César Plater ; 4° deux publications anglaises qui m'ont été remises par le comte Ladislas Plater, frère de César, et qui vous feront voir tout ce que l'on fait en Angleterre pour la Pologne : cela nous fait honte, à nous autres Français. Conformément à votre intention, et malgré les frais, je vous envoie tout ceci par *la poste*. Je prends la liberté d'y joindre un numéro de la *Revue des Deux-Mondes*, où il se trouve un article de moi parfaitement étranger à la Pologne et à tout ce qui peut vous intéresser, mais enfin vous me pardonnerez d'être fidèle à mon ancienne habitude de vous mettre au courant de tout ce que je fais.

(1) Les articles publiés par Mickiewicz dans le journal en question ont paru, traduits en français, dans le volume des œuvres posthumes de l'auteur intitulé : *La politique du XIX siècle*.

Enfin, dans huit ou dix jours, j'espère vous expédier plusieurs exemplaires de ma traduction des *Ksiengi* (1) pour laquelle j'implore de nouveau votre indulgence. L'impression en est entièrement terminée : on n'attend plus qu'un avant-propos de moi.

Je n'ose plus vous entretenir de ce qui se passe en Pologne, c'est trop affreux, c'est surtout trop humiliant pour nous autres, Français ; nous jouons un rôle par trop infâme. La discussion d'avant-hier sur la loi qui met *hors la loi* les Polonais, les monstrueux discours de Dupin, de Broglie, d'Argoult, tout cela est de nature à nous navrer. Mais vous et votre famille et tous les Polonais impartiaux et charitables sauront distinguer, je n'en doute pas, la nation de son gouvernement, et, dans la nation même, ceux qui, comme mes amis et moi, ont fait de la Pologne la patrie de leurs plus chères espérances. Vous allez donc retourner dans ce pauvre pays ; puissiez-vous le trouver moins malheureux, moins déchiré qu'on ne le dit, surtout votre Pologne autrichienne. Je ne conçois que trop l'empressement de mesdemoiselles Henriette et Marcelline à y retourner ; j'espère mille fois que la santé de mademoiselle votre fille est assez complètement affermie pour qu'il n'y ait aucun danger ni même rien de prématuré dans ce changement de climat.

Nous voici dans la semaine sainte, si belle, si auguste, si enchanteresse à Rome ; si triste, si funèbre, si mélancolique dans notre trivial et païen Paris. Vous devez concevoir tout ce qu'ont de pénible, par ce contraste même, tous les souvenirs que m'ont laissés cette semaine passée, l'année dernière, à Rome, et combien ce contraste est rendu plus amer par la pensée de toutes les ruines qui se sont amoncelées autour de nous depuis cette époque. Enfin, il faut se résigner.

---

(1) Livres.

M. de Lamennais est toujours en Bretagne, très triste et très abattu, mais travaillant toujours. On nous écrit de Rome qu'on y prépare un coup contre nous. M. Lacordaire est à Paris, redevenu aumônier d'un couvent de Visitandines, comme je crois vous l'avoir dit. Je vous adresse, ainsi qu'à tous les vôtres, mille affectueux souvenirs.

Quant à moi, je vous avoue que je vis beaucoup plus en Pologne qu'en France, tant par mes études que par mes relations. Depuis ma dernière lettre, j'ai fait la connaissance des généraux Kniaziewicz, Dwernicki, qui a eu beaucoup de bontés pour moi, et Dembinski, dont je vous ai parlé plus haut, puis aussi du comte Czapski (fameux révolutionnaire), de MM. Wolodkowicz, Worcell, Zaleski, Zan, mais ceux de vos compatriotes que je vois le plus, ce sont les comtes Plater Louis, qui a été ministre ici pendant la Révolution, Ladislas et César, cousins-germains de la comtesse Emilie. Je me suis lié tout à fait d'amitié avec ce dernier qui dirige toutes les affaires lithuaniennes ici et qui est parfait sous tous les rapports, surtout sous celui de la piété. Je me rappelle que mademoiselle Henriette m'en parlait même à Rome. Tous ces Messieurs viennent souvent à la réunion des anciens rédacteurs et amis de *l'Avenir*, qui se tient chez moi tous les dimanches et qui est devenue ainsi moitié française, moitié polonaise. J'y ai lu un soir une partie de ma traduction des *Ksiengi* avec la litanie de la fin. J'aurais voulu que vous et les vôtres vous fussiez là pour jouir de l'enthousiasme et de l'émotion que cette lecture a fait naître chez les prêtres et les jeunes gens qui y assistaient. Tous pleuraient.

Enfin, je suis devenu membre de la Société littéraire polonaise que le prince Czartoryski a formée ici, et qui a pour but de réunir et de publier tous les documents, renseignements, qui peuvent intéresser la nationalité polonaise et aussi l'éducation de la jeunesse réfugiée. On y agite en ce moment la question de savoir si l'on fondera un journal français destiné uniquement à la cause polonaise. J'ai fortement appuyé cette idée qui triomphera, si les moyens matériels s'y prêtent. Je ne manquerai pas de vous abonner, si cela réussit et si vous me donnez votre adresse.

Krajewski est venu passer un mois ici ; maintenant, il est retourné à Dijon. Il a perdu sa sœur qui est morte et sa fiancée qui l'a abandonné pour quelque Russe, ce qui ne l'empêche pas d'être aussi gai et goguenard que de coutume. Il a quitté Besançon pour Dijon et parle d'aller en Allemagne. Il m'a dit que le pauvre cardinal de Rohan avait été excellent pour les Polonais de ce dépôt et pour lui personnellement. C'est vraiment une bien grande perte pour notre Eglise, car c'était un homme d'honneur et de cœur, *ce qui est fort rare*, parmi nos évêques d'aujourd'hui.

Adieu, Madame. Je compte sur une prompte réponse et vous prie de croire, comme toujours, à mon respectueux et **inaltérable attachement.**

Ch. de MONTALEMBERT.]

Écœuré de la platitude de Louis-Philippe, des ministres et de la majorité parlementaire, trop perspicace pour ne pas apercevoir que les sympathies polonaises de la bourgeoisie s'affaiblissaient graduellement et que bien des réfugiés se démenaient dans le vide, Adam Mickiewicz se tint à l'écart et des salons de Paris et des conciliabules de l'émigration. Il s'isola pour mieux se préserver des miasmes du présent et recueillir ces parfums du terroir natal, dont son âme était toute imprégnée, se contentant d'un petit cercle d'amis auxquels il lisait les chants de son nouveau poème. Ignace

Domeyko, un ancien philarète; Bohdan Zaleski qui a mis en vers et on pourrait presque dire en musique, tellement ses strophes sont mélodieuses, les plaintes des vents dans les steppes de l'Ukraine et les traditions de cette poétique contrée; Etienne Witwicki, écrivain timoré, esprit judicieux et critique de beaucoup de tact; Zan, frère de celui qui aurait pu, à Wilna, se qualifier justement du titre romain de prince de la jeunesse ; quelques autres encore eurent les prémices du poème : le *Sieur Thadée*. L'auteur revoit dans le miroir de son âme la Lithuanie avec ses majestueuses forêts, ses humbles maisons, ses mœurs patriarchales et ses habitants, qui ont souvent mauvaise tête et toujours bon cœur, expansifs, hospitaliers et Polonais jusqu'au bout des ongles. Remémorer leurs défauts et leurs qualités n'était-ce pas, en montrant combien chez eux le bien l'emporte sur le mal, raviver la foi dans l'avenir ? Quant au présent, quel bienfait ce fut que de créer un panorama permanent et merveilleux, une série de tableaux non seulement vivants, mais parlants ! Devant ces paysages, on entend jusqu'au murmure des bois et des ruisseaux; à ces banquets, on perçoit le son des conversations et souvent le cliquetis des sabres. Et ainsi, chaque fois que le proscrit étouffe loin de sa patrie, il ouvre ce poème, elle vient à lui, et l'enlace si intimement qu'en fermant le livre il se trouve ne l'avoir quittée que de la veille et n'être que l'exilé d'un jour.

Le poète acheva dans l'automne de 1834 cette épopée, dont les héros turbulents aiment à faire bombance, dégaînent bien volontiers et s'abandonnent trop à l'impétuosité de leur naturel, mais ont des trésors de belle humeur, de galanterie chevaleresque et d'ardent patriotisme. En pleine composition de ce poème, un ami de Mickiewicz, Etienne Garczynski, son compagnon à Rome, en Posnanie et à Dresde, tomba gravement malade. Mickiewicz n'hésita pas ; il rejoignit Garczynski à Bex en Suisse, l'accompagna au midi de la France, lui ferma les yeux et l'enterra à Avignon. L'épithaphe qu'il composa pour son ami se lit encore sur le marbre blanc où, dans le beau cimetière de l'ancienne Cité pontificale, la dépouille de Garczynski attend que la piété nationale vienne la chercher pour la transporter dans quelque Santa-Croce polonais (1). Mickiewicz avait prodigué à Garczynski, qui se mourait de la poitrine, les soins les plus touchants conjointement avec Claudine Potocka. Elle et lui vantèrent à leurs correspondants la sollicitude infinie que l'un vit l'autre déployer en cette circonstance. Chacun d'eux s'oubliait lui-même, mais leurs lettres conservées témoignent de leur admiration et de leur abnégation réciproques.

La Pologne de 1812, portraiturée dans le poème du *Sieur Thadée*, est déjà à moitié transfigurée par le malheur. Lorsque ses amis proposaient à Danton de sauver sa tête en passant à l'étranger, le tribun s'écria : « Est-ce qu'on emporte sa patrie à la semelle de ses souliers ? » Les Polonais, plus audacieux que Danton,

---

(1) En voici le texte : *D. O. M. Stephanus Garczynski miles — in bello contra Moscoviæ tyrannum — centurionis vices gessit — vates — Polonorum arma virosque cecinit — patria a tyranno oppressa — exul — Obiit Avenioni anno MDCCCXXXIII Septembris.*

ont emporté leur patrie à la semelle de leurs souliers. Ils ont tiré du fond de leur poitrine le refrain de leur chant de guerre : « La Pologne n'a point péri tant que nous vivons ! » et dès lors ne les suit-elle pas, n'existe-t-elle point partout où ils sont ? Ce sentiment explique ces légions polonaises, décimées et renaissantes, formées de volontaires qui quittaient famille, pays, fortune, pour traverser l'Europe au milieu des plus grands périls et aller s'engager sous les drapeaux de la France. Le dévouement illimité à l'idée nationale est en quelque sorte mobilisé, et ce Protée qui prendra toutes les formes échappera à toutes les embûches. Le véritable héros de l'épopée familière de Mickiewicz ce n'est pas le personnage, si sympathique pourtant, qui donne son nom au poème, c'est l'homme que l'amour a affolé jusqu'au crime et qui expie ses fautes en servant courageusement son pays, émissaire en quête de missions périlleuses, hôte des cachots russes ou prussiens, le corps usé par les chaînes et troué par les balles, l'âme sereine et sublime. Cette grande figure trace la voie du salut national. Il n'y a en effet qu'une expiation efficace, qu'une pénitence salutaire et qu'une absolution souveraine. La dispensatrice des indulgences plénières est accessible à chacun. Que le Polonais le plus chargé de fautes sache que si elle lui pardonne, aucun enfant de la patrie ne gardera rancune au pécheur. Quiconque, prosterné devant la Pologne, l'interrogera jusqu'à ce qu'elle lui indique le labeur qu'elle exige de lui se relèvera fort et régénéré.

Ces poétiques pérégrinations d'Adam Mickiewicz en Lithuanie ne pouvaient toujours durer. Il fallait bien rentrer dans la réalité et s'asseoir à un foyer désert. Jusqu'ici, le cœur du poète avait battu bien souvent, jamais sans qu'une infranchissable barrière ne se dressât entre lui et son idéal du moment. Sa gloire même lui suscitait trop de tentations féminines pour qu'il ne redoutât pas le danger de ce que le monde appelle les amours faciles, faciles à nouer, difficiles à rompre.

A une de ces heures où l'homme plie davantage sous le poids de l'existence et sent saigner de ces blessures qu'une main féminine est seule assez délicate pour panser, Mickiewicz reçut la visite d'un vieil ami qui arrivait de Saint-Pétersbourg. S. Morawski, assidu jadis chez madame Marie Szymanowska, lui parla des filles de cette amie du poète, morte en 1830 d'une attaque de choléra. L'une de ces filles, Hélène, mariée à François Malewski, camarade d'enfance du poète, habitait Saint-Pétersbourg ; l'autre, Céline, demeurait chez des parents à Varsovie. Au départ de Russie de Mickiewicz, elle était presque une enfant, le poète la chapitrait amicalement sur ses caprices. Il apprit plus tard qu'elle venait d'être demandée en mariage. Ce projet n'aboutit pas. Il n'y eut là qu'un engouement momentané qui ne résista pas à l'épreuve de la séparation. Le jeune homme cessa peu à peu d'écrire, la jeune fille s'étonna de n'éprouver d'autre regret que l'humiliation de son manque de clairvoyance.

Quand S. Morawski communiqua ces détails au poète, Mickiewicz se trouvait dans une situation pleine d'analogie avec celle de Céline Szymanowska. L'opposition de parents riches à un mariage que le poète avait rêvé cessait, après qu'il se fut convaincu qu'il devait chercher sa félicité ailleurs.

A Paris, dit S. Morawski dans des mémoires inédits, j'ai servi d'intermédiaire au mariage de Céline Szymanowska et d'Adam Mickiewicz exilé, et j'ai de la sorte uni plus intimement encore par des liens de famille deux inséparables amis d'école.

Le poète le pria en effet de faire savoir à Céline Szymanowska que si elle acceptait d'unir sa destinée à la sienne, il en serait très heureux. Amenée à Paris par une parente, Céline Szymanowska épousa Adam Mickiewicz le 22 juillet 1834. Le 27 juillet, Mickiewicz écrivait plaisamment à son ami Kajsiewicz :

Mon mariage a, pendant quelques jours, interrompu à Paris (1) les discussions politiques et a presque autant occupé les nouvellistes que l'arrivée de Lubecki.

Il ajoutait quelques jours après à son frère François :

Je suis marié depuis deux semaines. Ma femme est Céline Szymanowska, fille d'une artiste morte à Saint-Pétersbourg. Je l'ai connue enfant dans la maison de sa mère. Plus tard, elle a perdu ses parents et, appelée par moi, elle est venue partager ici mon sort incertain. J'avais passé tout l'an dernier dans la tristesse. La maladie, ensuite je ne sais quelle mélancolie, me tourmentaient sans cesse. J'ai cherché

(1) Il va de soi que le poète n'a ici en vue que l'émigration polonaise de la capitale.

des consolations dans le bonheur domestique, tant qu'il est possible d'avoir un chez soi. Quoique nous ne possédions tous les deux aucune fortune, tant que nous vivrons, nous aurons un morceau de pain. Tu sais que je me préoccupe peu de l'avenir et que cela n'empoisonne en rien ma félicité que d'ignorer ce qu'elle durera. Céline est la femme que je cherchais, courageuse contre toutes les adversités, contente de peu, toujours gaie.

Selon une expression d'une de ces lettres postérieures, Mickiewicz eut toujours le pain du jour, rarement celui du lendemain. Ce pain du jour fut souvent sur le point de faire défaut. Eustache Januszkiewicz, qui fut de longues années un éditeur très méritant et publia plusieurs des chefs-d'œuvres polonais éclos dans l'émigration, tenait un journal dont nous extraierons quelques passages :

30 avril, 1835. La misère commence à tourmenter l'émigration. Ce sera une honte pour notre pays d'avoir abandonné son unique voyant. Adam a dû congédier sa domestique. Céline fait elle-même le ménage et la cuisine. Le 25 mars, anniversaire de l'insurrection lithuanienne, j'ai réuni chez moi une quinzaine de compatriotes. Il y eut de la musique après dîner. Adam improvisa longtemps, nous racontant ses impressions au moment où il quitta et nous et Vilna. Nous avons causé surtout de la Lithuannie, parce que nous voulons amener Mickiewicz à écrire la continuation de *Thadée*. Nous avons mis cette idée sur le tapis.

Le 7 septembre, une fille naquit au poète. Le 18 août 1836, le journal de Januszkiewicz n'est pas plus rassurant. Il écrit :

« Les affaires d'argent d'Adam sont en assez piètre état. Je l'ai interrogé sur ses ressources. Il m'a répondu que Platon ou je ne sais quel autre philosophe grec soutient que rien n'abat l'âme autant que de songer au lendemain. Il m'a ensuite, ainsi que l'ordonne l'Écriture Sainte, enjoint de prendre exemple sur les oiseaux du ciel. Son excellente Céline est un second Adam, peu soucieuse de ce qui adviendra dans deux ou trois mois. J'ai été les voir le jour de la fête de leur petite Marie. J'ai trouvé Céline en larmes. Elle m'avoua qu'ils allaient vendre leurs meubles et s'installer pour tout l'hiver à Domont, près Montmorency, dans une maison presque abandonnée que met à leur disposition le sculpteur David d'Angers. »

Bientôt quelques rentrées améliorèrent la position matérielle du poète. Le 25 décembre 1836, Januszkiewicz note qu'à un dîner offert à tous les hommes de lettres polonais, leur doyen, J. U. Niemcewicz, porta la santé de l'auteur des *Ayeux*, de *Grazyna*, de *Wallenrod* et surtout « de l'incomparable Mariette ». A cette allusion à sa fille, Mickiewicz répondit que, sur ce seul point, il avait réussi à surpasser le Nestor de notre littérature. Chopin joua, chanta, improvisa......

Les Polonais recevaient à cette époque de maigres subsides du gouvernement français. Tracassé, à l'origine, par la police qui expulsait de la capitale autant de Polonais qu'elle le pouvait, Mickiewicz, pour rester à Paris, avait écrit au ministre qu'en somme, n'ayant pas porté les armes en 1830, il ne tombait pas sous la loi d'exception qu'on prétendait lui appliquer. Plus tard, le prince Adam Czartoryski tâcha d'obtenir que le ministre accordât à Mickiewicz les avantages pécuniaires dont jouissait le reste de l'émigration. Le ministre s'y refusa en se basant sur la lettre de Mickiewicz qui, dès l'instant où il se dérobait à l'espèce de mise hors la loi votée par la Chambre contre les Polonais, n'était plus fondé à bénéficier des fonds attribués aux réfugiés. Le prince Czartoryski revint inutilement à la charge. Il était un véritable ministre de Pologne *in partibus*. C'est à lui que le gouvernement s'adressait chaque fois qu'un Polonais se trouvait en cause, ce qui exaspérait ses compatriotes du parti démocratique. Il faut lui rendre cette justice que son caractère élevé et sa longue pratique des hommes l'avaient rendu oublieux des injures et que, dans ce rôle d'agent officieux de son pays, il obligea indifféremment amis et ennemis. Il professait une sincère admiration pour Mickiewicz qui, de son côté, honorait sa parfaite dignité, son inaltérable constance et son active charité. A chaque période expectante, Mickiewicz et Czartoryski se rapprochaient. A chaque période d'action, ils se divisaient, l'un inclinant invariablement à droite, l'autre à gauche ; l'un ne voulant utiliser que les forces anciennes et constituées, l'autre évoquer de nouvelles forces latentes. Toutefois leurs divergences profondes n'empêchaient pas une estime mutuelle qui leur fit tenter à plusieurs reprises, quoique toujours sans succès, de manœuvrer de concert.

Je n'ai pas la lettre de M. de Gasparin, pair de France et sous-secrétaire d'État de l'intérieur, à laquelle répond le prince Adam Czartoryski, mais qui existe probablement dans les riches archives de l'hôtel Lambert. Voici une lettre du prince Adam Czartoryski, datée du 22 juin 1836 :

Monsieur. J'ai eu l'honneur de recevoir la lettre par laquelle vous m'annoncez que M. Mickiewicz n'ayant pas, d'après les documents que l'on a mis sous vos yeux, le caractère de réfugié politique, on ne saurait lui attribuer de subsides.

Si j'ai pris la liberté d'intercéder auprès de vous en faveur de M. Mickiewicz, c'était dans l'entière conviction qu'il avait le droit de participer aux secours du gouvernement français, et j'ai tout lieu de supposer que les documents sur M. Mickiewicz, qui peuvent se trouver au ministère, ne sont pas complets, puisqu'ils conduisent à un résultat contraire. Permettez-moi donc d'y suppléer par quelques détails dont je garantis l'exactitude.

M. Mickiewicz, comme étudiant à Vilna et encore plus comme professeur à Kowno, devint l'objet des persécutions russes ; il fut, par l'acte le plus arbitraire, privé de sa place et éxilé, en 1823, à Moscou. Dans cet exil, il parvint à conquérir une sorte de popularité parmi les Russes et, chose étrange, à faire imprimer à Pétersbourg un poème qui, muni de *l'imprimatur* de la censure, respirait le patriotisme le plus exalté. C'est à ces circonstances qu'il faut attribuer la permission qu'il obtint en 1829 de se rendre en Italie. Après l'explosion de 1830, il s'empressa de revenir dans sa patrie, et ce ne fut pas à l'aide d'un passeport impérial qu'il tenta de le faire. Entravé par maintes difficultés, il n'atteignit la frontière de Pologne qu'au moment de la chute de Varsovie ; de là il fut obligé de se retirer avec ses concitoyens réfugiés en France.

Déjà, en 1823, victime de la persécution russe et mal noté

à cause de son patriotisme et du zèle qu'il mit à le prêcher, M. Mickiewicz, quoique surpris à l'étranger par l'insurrection de 1830, n'en a pas moins souffert toutes les conséquences de sa malheureuse issue et n'en fait pas moins partie de l'émigration polonaise. Il a perdu toute possibilité de retourner dans son pays et, par les défenses rigoureuses qu'on a mises à la circulation de ses ouvrages en Pologne, il a été privé du moyen de subsistance que lui assurait son grand talent. Je ne crois pas me tromper en affirmant que la généreuse loi d'hospitalité avait pour objet en France de secourir un Polonais qui se trouve dans de pareilles circonstances.

Veuillez, Monsieur, peser dans votre équité ces motifs, et, s'ils vous paraissent, comme je l'espère, justes et convainquants, accéder à la demande que je vous ai portée en faveur de M. Mickiewicz. Personne d'entre mes compatriotes ne mérite plus que lui la protection et la bienveillance du gouvernement.

Agréez, Monsieur, l'expression de ma considération très-distinguée.

Adam CZARTORYSKI.

Les ministres reviennent d'autant plus rarement sur leurs décisions qu'elles sont plus absurdes. M. de Gasparin répondit, le 1er août 1836.

MINISTÈRE DE L'INTÉRIEUR.

CABINET
du sous-secrétaire d'État.

Monsieur, j'ai fait examiner de nouveau l'affaire de M. Mickiewicz et ne puis que vous faire connaître l'imposssibilité de lui allouer des subsides, attendu que ce célèbre poëte polonais ne s'est point refugié en France pour cause politique.

Vous insistez pour obtenir en sa faveur les subsides accordés aux réfugiés, parce que votre compatriote a été exilé à Moscou en 1823 et que ses ouvrages lui auraient fermé la porte de sa patrie. Je ne saurais vous répondre mieux qu'en rapportant l'extrait d'une lettre de M. Mickiewicz à M. de Broglie, ministre des affaires étrangères, en 1833 :

« Je voyageais en Italie (avec un passeport russe) à l'époque de la Révolution de Pologne. J'arrivai à Paris en 1831, au mois de juin. Comme je ne pris aucune part aux derniers événements politiques survenus dans la Pologne, je ne me trouve pas dans la catégorie des réfugiés. »

On ne peut donc en présence des faits et, après cette déclaration formelle, regarder M. Mickiewicz comme un réfugié politique, et je ne puis proposer à M. le Ministre de lui accorder les subsides que vous reclamez pour lui.

Agréez, Monsieur, l'assurance de ma considération distinguée.

Le Pair de France, sous-secrétaire d'État de l'intérieur,

GASPARIN.

Il était puéril d'arguer de l'échappatoire imaginé en 1833 par Mickiewicz afin d'esquiver une expulsion de Paris, pour dénier sa qualité de réfugié politique à un homme auquel la politique seule fermait les portes de son pays. Le 3 juillet 1837, le prince Adam Czartoryski pensa qu'il serait plus heureux avec M. de Montalivet qu'il ne l'avait été avec M. de Gasparin. Il lui fit remettre la lettre suivante :

Le prince Czartoryski s'était adressé l'année passée à M. de Gasparin, sous-secrétaire d'État, pour lui demander d'accorder des subsides à M. Mickiewicz. Il a obtenu une réponse négative basée sur ce que M. Mickiewicz n'était pas, à proprement parler, un réfugié polonais. Cependant, M. Mickiewicz partage le sort de l'émigration depuis six ans et ne saurait retourner dans le pays sans danger; ses ouvrages y sont sévèrement défendus, ce qui le prive de son unique moyen de subsistance. Il est de plus en plus exposé à des privations très pénibles. Ces considérations, sans parler des qualités éminentes qui le distinguent, semblent de nature à pouvoir balancer les motifs du refus de l'année passée. Le prince Czartoryski prend la liberté d'en appeler à la bienveillance et aux sentiments élevés de M. le Ministre et réitère sa demande en faveur de M. Mickiewicz et de sa petite famille.

Mickiewicz n'avait vu, dans l'effervescence politico-religieuse des adeptes de M. de Lamennais, qu'une évolution morale remarquable. Il ne s'enrôla pas dans ce groupe ardent et généreux qui se flattait de rajeunir le monde, mais qui ne tarda pas à offrir le spectacle d'un général abandonné de ses troupes et seul à lutter, tandis que ses anciens soldats retournaient à la vie de caserne, non sans tressaillir parfois, dans leur servitude militaire, au souvenir de leur juvénile ambition. Leur général, délaissé par eux, ne capitula pas et resta fidèle jusqu'au bout à la liberté et à la nationalité que tant de ses ex-lieutenants devaient trahir en 1848. Mais en 1835, par exemple, rien ne faisait prévoir ces futures défaillances, et, le 23 mars, M. de Montalembert écrivait la page suivante pour l'album de mademoiselle Ankwicz :

« Le plus grand malheur pour l'homme politique, c'est

« d'obéir à une puissance étrangère... Aucune humiliation,
« aucun tourment du cœur ne peut être comparé à celui-là.
« La nation sujette, à moins qu'elle ne soit protégée par
« quelque loi extraordinaire, ne croit pas obéir au souve-
« rain, mais à la nation de ce souverain; or, nulle nation
« ne veut obéir à une autre par la raison toute simple qu'au-
« cune nation ne sait commander à une autre. Observez les
« peuples les plus sages et les mieux gouvernés chez eux,
« vous les verrez perdre absolument cette sagesse et ne
« ressembler plus à eux-mêmes, lorsqu'il s'agira d'en gou-
« verner d'autres. La rage de la domination étant innée dans
« l'homme, la rage de la faire sentir n'est peut-être pas
« moins naturelle; l'étranger qui vient commander chez une
« nation sujette, au nom d'une souveraineté lointaine, au
« lieu de s'informer des idées nationales pour s'y conformer,
« ne semble, trop souvent, les étudier que pour les contrarier;
« il se croit plus maître, à mesure qu'il appuie plus rude-
« ment la main. Il prend la morgue pour de la dignité et
« semble croire cette dignité mieux attestée par l'indignation
« qu'il excite que par les bénédictions qu'il pourrait obtenir.
« Enfin, tous les peuples sont convenus de placer au pre-
« mier rang des grands hommes ces fortunés citoyens qui
« eurent l'honneur d'arracher leur pays au joug étranger;
« héros s'ils ont réussi, ou martyrs s'ils ont échoué, leurs
« noms traverseront les siècles. » (*Du Pape*, par J. de Maistre,
t. I, p. 303.)

Certes, on ne peut reprocher à l'auteur de n'avoir pas
su défendre les principe de la *légitimité*, du *royalisme* et de
la *religion*, et néanmoins, lorsque la Pologne, dernièrement,
a fait de sublimes efforts, uniquement pour secouer un joug
étranger, imposé de force et insupportable s'il en fut jamais,
les partisans de la *légitimité*, du *royalisme* et le chef de la
religion lui-même se sont tous réunis pour la traiter de

rebelle et s'acharnent encore contre la victime, encensant son *bourreau*. O justice ! tu as disparu de la terre !

MONTALEMBERT.

De pareils élans enthousiasmaient les Polonais. Plusieurs d'entre eux, las des stériles débats des comités de l'émigration, cherchèrent sous la double impulsion d'Adam Mickiewicz et de l'École lamenaisienne, le salut de leur pays dans une recrudescence de foi. Après bien des tâtonnements, la plupart finirent par entrer dans les ordres et par fonder la congrégation des Pères de la Résurrection. Cette congrégation n'est ni meilleure ni pire que toutes les autres congrégations existantes, dont elle ne diffère qu'en ceci, que ses membres sont en majorité Polonais. Instruments passifs du Saint-Siège et à la dévotion des pouvoirs établis, les Résurrectionnistes bataillèrent avec acharnement contre Mickiewicz, lorsqu'il voulut pousser la Papauté en avant et favoriser les efforts des peuples contre les tyrannies impériales ou royales. Issus d'un vague désir de créer un ordre nouveau, une chevalerie de la liberté et de la nationnalité, révolutionnaire et chrétienne, ils n'eurent pas l'envergure nécessaire pour atteindre de pareils sommets, replièrent leurs ailes et se réduisirent bientôt à n'être qu'un simple succédané du jésuitisme. Mickiewicz augura longtemps mieux du réveil religieux d'un groupe formé d'hommes certainement de valeur, qui se proclamaient volontiers convertis par lui. La reconnaissance bruyante qu'ils manifestaient parvint aux oreilles de la Papauté; c'est ce qui explique sans doute la dernière phrase de la lettre suivante de Montalembert à la comtesse Ankwicz, datée de Villersexel, 28 juin 1837 :

Je conviens, Madame la comtesse, que mon silence prolongé a pu vous paraître coupable au premier abord, mais je crois qu'en y réfléchissant vous aurez trouvé des motifs de m'excuser. Je tâcherai de vous les exposer tout à l'heure, mais je veux d'abord vous adresser mes félicitations bien sincères et bien affectueuses sur ce grand événement que vous m'annoncez enfin s'être accompli dans votre dernière lettre du 20 mai. Je souffre avec vous de la pensée cruelle qui vous préoccupe en vous voyant à la veille d'être séparée, au moins pour un temps, de vos parents, de cette mère si tendre qui ne semblait vivre qu'en vous et par vous. Je vous avoue que je la plains encore plus que vous, mais je suis persuadé que vous trouverez toutes deux une consolation efficace et prompte, vous dans le bonheur que vous goûterez auprès de votre époux et elle dans la conviction où elle sera de ce bonheur. Le désintéressement est la plus belle qualité de l'amour d'une véritable mère et celle qui élève cet amour au-dessus de tous les autres : elle saura donc, j'en suis sûr, faire son sacrifice et vous y joindrez le vôtre qui sera bien certainement compensé et adouci par mille jouissances nouvelles et inséparables de la carrière d'épouse et de mère chrétienne où vous êtes entrée. Je voudrais savoir, s'il vous plaît, le nom de la terre où vous allez habiter et près de quelle ville elle est située ; je n'ai pas encore oublié la géographie de la Galicie et serai heureux de vous trouver... au moins sur la carte. Je souhaite pour vous que ce soit dans le voisinage de ces monts Krapaks, dont vous m'avez fait une description si touchante et si séduisante dans une de vos lettres précédentes, à propos des eaux de Szczawnica et des traditions qui existent sur sainte Cunégonde ; vous êtes si bonne que je ne craindrais pas de vous demander une ou deux de ces traditions, si vous vous les rappelez, afin de pouvoir les insérer dans une prochaine édition de ma Sainte-Élisabeth, où, comme vous l'aurez vu, j'ai eu à parler de cette sainte polonaise.

Dans votre lettre du 22 octobre, vous m'avez raconté une charmante histoire de sainte Hedvige, dont je ne manquerai pas de faire mon profit et dont je vous remercie mille fois, ainsi que de la justice que vous avez rendue aux sympathies toutes polonaises qui m'ont fait joindre l'esquisse de cette grande et charmante Hedvige à la vie de ma chère Élisabeth.

J'en viens maintenant aux reproches que vous me faites sur mon inexactitude : la meilleure manière de me justifier sera de vous raconter, en abrégeant, la vie agitée et errante que nous avons menée depuis notre mariage et qui ne laisse point de temps pour la correspondance, comme je m'en aperçois de plus en plus tous les jours, et cela sans que la distance ni l'absence prolongée y soit pour rien, aussi pour les correspondances les plus rapprochées et les plus pressées. Mais d'abord, je crois qu'il y a erreur dans vos comptes : vous me parlez dans votre dernière lettre en premier lieu de la lettre que vous m'avez écrite le 22 octobre, en réponse à celle que je vous avais envoyée par les Malachowski, et puis de deux autres lettres que vous m'auriez adressées à Paris, entre celle du 22 octobre et celle du 20 mai. J'aime à croire que votre mémoire vous a trompée à ce sujet, car je serais désolé que deux lettres de vous fussent entièrement perdues, et je vous proteste que je n'ai point reçu une ligne depuis le 22 octobre. Ces lettres, si vous êtes bien certaine de les avoir écrites, auront été probablement retenues en Autriche et ne sont certes jamais arrivées à Paris, où toutes celles qui me sont adressées sont soigneusement recueillies par le comte Plater, qui demeure dans la même maison que moi, et me sont transmises partout où je me trouve pour le moment.

Quand je vous écrivis ma dernière lettre de Francfort, en septembre 1836, nous pensions que le choléra nous empêcherait d'aller en Italie; cependant, après avoir parcouru le Brisgau, la Suisse allemande et les Grisons, des renseignements plus exacts pris sur les lieux nous décidèrent à aller au moins jusqu'en Lombardie : nous y entrâmes par le magnifique passage de la *via mala* et du Bernardin que vous connaissez peut-être; nous avons vu les lacs Majeur, de Lugano et de Côme, Varèse et Milan, par les seuls beaux jours de l'année dernière. Je ne connaissais pas cette partie de l'Italie et j'en ai été enchanté : nous avons ensuite été à Venise, où j'ai reçu votre lettre du 22 octobre et où nous avons passé six semaines, retenus plus longtemps que nous ne le désirions (malgré l'inépuisable beauté de Venise) par l'obstination du gouvernement pontifical à maintenir une quarantaine rigoureuse contre toutes les provenances du royaume lombard-vénitien, quoique le choléra n'y fût plus depuis longtemps. Nous étions malheureusement pressés, ce qu'il ne faut jamais être, vous le savez bien, quand on voyage dans cette chère Italie; mais nous ne sommes pas assez riches pour voyager longtemps et les séjours, qui compensent un peu la cherté des voyages, ne nous étaient pas possibles, à cause de la grossesse de ma femme et du désir qu'elle et ses parents avaient qu'elle fît ses premières couches près d'eux, en France. C'est pourquoi, et surtout grâce au choléra, notre voyage d'Italie a été bien moins agréable qu'il aurait pu et dû l'être. Enfin, nous sommes partis de Venise, et, après une quarantaine de jours à Rovigo, nous avons été tout d'une traite jusqu'à Rome où nous sommes arrivés la veille de Noël juste à temps pour voir la messe du Pape le lendemain; mais tout notre séjour à Rome a été cruellement compromis par le temps affreux qu'il a fait, et par la crainte quotidienne que nous avions d'y voir arriver le choléra qui était avec fureur à Naples.

Nous n'avons passé que sept semaines à Rome et, je vous le demande un peu, ce que c'est que sept semaines pour voir Rome ! Cependant il serait injuste de dire que nous n'avons pas bien joui de ce séjour ; ma femme surtout en a joui avec toute l'ivresse d'un cœur de dix-huit ans qui se voit tout à coup transporté dans un monde tout nouveau et plein de charmes ; et moi j'ai joui bien profondement de son enthousiasme, de son exaltation, de son goût merveilleusement pur et perspicace pour les arts, enfin de toutes ces grâces que Dieu m'a données en sa personne. Nous avons passé bien des fois par la Via della Croce et vu une maison toute remplie d'Anglais, comme de raison. Je n'ai pas besoin de vous dire les souvenirs de tous genres qui se pressaient dans mon cœur. J'ai vu trois fois le Pape pendant ce court séjour : il m'a reçu et traité avec la plus grande bonté ; je lui ai parlé de la Pologne et des Polonais très franchement, il m'a dit *des choses excellentes sur vous* et m'a donné sa bénédiction pour la transmettre à tous les émigrés et *particulièrement à Mickiewicz*.

La traduction du *Livre des Pèlerins polonais* avait été mise à l'index. Montalembert s'était soumis au jugement de Rome, Mickiewicz non, et le Pape ne l'en bénissait pas moins. Il est vrai que la Cour de Rome visait plutôt encore la préface de Montalembert que l'œuvre de Mickiewicz et que plus tard, *motu proprio*, elle leva l'interdiction prononcée contre les *Pèlerins polonais*. Les relations de Mickiewicz avec Montalembert se relâchèrent en 1841 pour se rompre tout à fait en 1846. Mickiewicz fut indigné au delà de toute expression de la manière humoristique dont Montalembert défendait la cause polonaise à la Chambre des pairs, trouvant moyen, à propos d'affreuses calamités nationales, de dérider son auditoire.

Vous feriez mieux de ne point parler de la Pologne que d'en parler comme vous le faites, disait-il à M. de Montalembert. — Mais autrement on ne m'écouterait pas. — Alors taisez-vous. S'il s'agissait de votre mère, en parleriez-vous ainsi? La vérité doit être exprimée avec sérieux et gravité. Si non, il vaut mieux se taire (1).

La scission du poète avec Montalembert est encore relatée par un autre ami de Mickiewicz qui cite, sous la date du 7 avril 1851, les paroles suivantes :

J'ai rompu à toujours avec Montalembert. En lui reprochant d'avoir à la Chambre des pairs parlé presque en plaisantant de l'affaire de Cracovie : « Je vous défends de souffler mot désormais de la Pologne », lui dis-je. Montalembert cria et se démena de telle sorte qu'il semblait qu'il voulût me frapper (2).

En 1848, Montalembert émit à la tribune des vœux en faveur du triomphe en Italie du feld-maréchal Radetzki et l'ex-avocat de la Pologne et de l'Irlande passa dans le camp de la réaction européenne. Aussi, un soir qu'un jeune Polonais du parti catholique, Léon Kaplinski, vantait Montalembert devant Mickiewicz, à l'Arsenal, le poète l'interrompit par cette boutade : « Robespierre

(1) Entretiens notés par Armand Levy.
(2) Journal inédit de Charles Sienkiewicz.

et Saint-Just eurent plus de christianisme que n'en a Montalembert », voulant sans doute dire par là que l'abnégation de ces révolutionnaires, leur sérieux et leur conviction d'avancer le bonheur de l'humanité, valaient mieux que la religion mondaine, le badinage parlementaire et la non-conformité des actes avec les paroles du noble comte. En 1863, Montalembert fit arme de la Pologne contre l'Italie, comparant les Piémontais aux Russes et les Napolitains aux Polonais ! Il trouva toutefois presqu'à la veille de sa mort de grands accents religieux. Il serait oiseux de chercher s'il se fût ou non maintenu à ce diapason.

De 1835 à 1837, Mickiewicz aborda l'histoire de Pologne, dont il n'esquissa que les premiers siècles. Il attachait encore plus de prix à la tradition orale qu'aux textes. « La source de la vérité historique, disait-il, ce ne sont pas les témoignages écrits, c'est l'âme humaine (1). » Il s'essaie aussi à écrire en français, publie un article sur la peinture, le charmant récit intitulé : *Semaine de miel d'un conscrit polonais*, un article sur Pouchkine, et il présente au théâtre de la Porte-Saint-Martin son drame : les *Confédérés de Bar*, après avoir pris l'avis de George Sand. C'est Chopin qui lui avait fait faire la connaissance de cette femme célèbre. « Si le beau, le grand et le fort doivent être couronnés, lui écrivit-elle, votre œuvre le sera. » D'entre les grands écrivains français, c'est George Sand qui comprit Mickiewicz la première et le mieux. Le 1ᵉʳ décem-

---

(1) 31 mars 1851. *Journal inédit* de Charles Sienkiewicz.

bre 1837, elle publia dans la *Revue des Deux-Mondes* sa magistrale étude sur le *Drame fantastique, Gœthe, Byron, Mickiewicz*. Le manuscrit des *Confédérés de Bar* s'égara. L'auteur n'avait gardé copie que des deux premiers actes, et cependant, dans cet état fragmentaire, le drame a été joué avec succès à Cracovie.

C'est de cette époque que datent ses relations avec Quinet et Michelet. Léon Faucher le mit en rapport avec Quinet qui, le 23 décembre 1837, l'annonce en ces termes à sa mère :

Jeudi dernier, j'ai fait la connaissance du fameux poète Mickiewicz. On ne peut avoir l'air plus gracieux et plus sauvage à la fois. Il est bien remarquable par l'élévation morale surtout, à ce qu'il me semble. Je le crois un peu mystique, mais du mysticisme qui convient à une grande et belle nature. Il a l'air jeune et parfaitement naturel, ce qui dans ce temps-ci n'est pas la règle. Nous devons nous revoir souvent. Il est irrité contre la France. Mais bon Dieu ! en ce moment, quel Polonais ne le serait pas !

Et il le compare à Henri Heine :

Tu sais que je me croyais brouillé avec Henri Heine. Hier, il est entré chez moi avec son sourire judaïque le plus doucereux. — On dit que vous êtes furieux contre moi ? — Oh ! cela est vrai, dit-il en riant, mais je viens vous demander un service. — Le service consisterait à relire une traduction d'une partie de ses poésies. Mickiewicz et Heine, voilà certainement deux antipodes les plus distants l'un de l'autre, c'est l'ange et le démon !

L'amitié de Mickiewicz, Quinet et Michelet n'a jamais

subi la moindre altération. Leurs noms furent bientôt associés par l'égale popularité et l'analogie de tendances de leur enseignement au *Collège de France*.

En 1838, Mickiewicz apprit qu'une chaire de littérature latine se trouvait vacante à Lausanne et il se rendit en Suisse. Des biographes, dont le temps a confondu les souvenirs, ont cherché à suppléer, à force d'imagination, aux lacunes de leur mémoire. L'un d'eux place dans la bouche d'Adam Mickiewicz lui-même un récit fantaisiste de l'obtention de la chaire de Lausanne. Le candidat se serait présenté chez le secrétaire de l'Académie, et, interrogé sur les langues qu'il possédait, aurait répondu : « Toutes celles de l'Europe et quelques unes de l'Asie. » Une pareille vantardise jure avec la modestie du poète et avec sa véracité. Mickiewicz n'était pas sans appui en Suisse. MM. de Candolle et de Sismondi s'employaient en sa faveur. Il comptait parmi ses amis d'éminents Italiens, proscrits comme lui, réfugiés d'abord à Paris et dont plusieurs avaient ensuite obtenu des chaires à Lausanne. Le concours d'un écrivain vaudois distingué, M. Juste Olivier, lui fut vite acquis. M. Juste Olivier m'a conté en ces termes l'origine de ses relations avec mon père :

> J'avais appris qu'un poète polonais, Adam Mickiewicz, se mettait sur les rangs pour la chaire de littérature latine. Un matin, en m'embarquant à Ouchy, je vis un monsieur qui se promenait sur le pont du bateau à vapeur et l'idée me vint que cela devait être le candidat en question. Je trouvai moyen d'engager avec lui une conversation qui se prolongea jusqu'à Genève, et, sans lui demander son nom, j'acquis la

conviction que ma supposition première était fondée. En débarquant à Genève, je lui dis : —Vous êtes M. Adam Mickiewicz, je suis Juste Olivier, de Lausanne. Permettez-moi de mettre à votre service les relations que je puis avoir. — Ce fut le début de ma connaissance avec votre père.

Le succès paraissait certain. Le poète, tout en poursuivant les démarches indispensables à l'obtention de la chaire qu'il désirait, se félicitait des riantes perspectives qui s'ouvraient devant lui, quand une terrible nouvelle le rappela à Paris.

V

Cours de littérature latine a l'université de Lausanne. — Enseignement de la littérature slave au Collège de France. — Prédications d'André Towianski a Paris et leur influence sur les leçons de Mickiewicz. — Suspension de ces leçons et départ du poète pour Rome.

Un fils était né à Adam Mickiewicz le 27 juin 1838. Le poète avait laissé sa femme souffrante. Il la retrouva atteinte d'un transport au cerveau, et son fils à l'agonie. Il confia sa fille à des parents, plaça sa femme dans une maison de santé. Le 8 janvier 1839, il écrivit à son ami Ignace Domeyko :

Je n'ai été en état de m'occuper de quoi que ce soit. Je n'ai pendant ce temps rien pu lire, car je ne comprenais même pas ce que je lisais. J'ai plus souffert que je ne saurais l'exprimer.

Ses amis de Lausanne ne l'oubliaient pas. Il lui fallut attendre que sa femme fut entièrement rétablie et ce n'est qu'en juin 1839 qu'il reprit le chemin de la Suisse. Les dévouements ne lui manquèrent pas. Outre Juste Olivier, il eut d'autres alliés, et notamment Melegari, qui a été ministre des affaires étrangères à Rome, et Sainte-Beuve qui avait signalé l'un des premiers dans la presse parisienne avec éloge l'apparition du *Livre des Pèlerins polonais*. Je tiens de Melegari les détails suivants :

Je fus très lié avec Mickiewicz. Comme j'avais un petit appartement à Lausanne, je l'avais mis à sa disposition, mais il ne m'avait pas répondu et j'étais parti en voyage pour l'Allemagne et l'Angleterre, quand je reçus une lettre qui m'annonçait l'arrivée chez moi de Mickiewicz. Je revins de Londres sans m'arrêter à Paris. J'avais quelque influence à Lausanne. Au bout de peu de temps, Mickiewicz obtint la chaire. Grande foule à sa première leçon.

Juste Olivier a publié dans la *Bibliothèque Universelle et Revue Suisse* (Genève 1876) un article sur *Sainte-Beuve à Lausanne et dans sa jeunesse, détails biographiques inédits*, dont je citerai les passages relatifs à mon père.

En parlant du sentiment avec lequel Sainte-Beuve montait les degrés de sa chaire et qu'une chaire lui a toujours causé à lui-même, à la fin comme au début d'une longue carrière enseignante, il ajoute :

Mais que j'ai vu non moins fort chez des hommes supérieurs, chez Mickiewicz, entre autres, qui me disait le jour de sa première leçon et aussi à Lausanne : — Il me semble que je monte à l'échafaud. — Pour Mickiewicz, une fois en haut, il n'y paraissait nullement. C'était un feu qui, aussitôt allumé, brûlait et brillait de lui-même, éclatait, tonnait parfois, mais sans s'arrêter jamais.

Juste Olivier dit encore :

Sainte-Beuve, son cours terminé, repartit pour Paris; mais un voyage en Italie nous le ramena, et il passa de nouveau quelques jours avec nous à Aigle et à Lausanne, où il fit la connaissance de Mickiewicz, qu'on venait d'y appeler à la chaire de littérature latine, et de M. Melegari, plus tard professeur d'économie politique et qui de réfugié est devenu aujourd'hui sénateur et ministre du royaume d'Italie près la Confédération suisse.

Il n'y a d'inexact dans ce récit que l'affirmation que mon père ait fait la connaissance de Sainte-Beuve à Lausanne ; il l'avait déjà précédemment rencontré à Paris.

Un vieil ami de mon père, Alexandre Biergiel, m'a cité l'anecdote suivante. Adam Mickiewicz était un peu préoccupé de l'examen qu'on lui avait dit être une formalité indispensable. Il reçut sur ces entrefaites, d'un conseiller d'État, une invitation à dîner, et, au dessert, une discussion des plus vives s'engage avec les autres convives sur la littérature latine. Elle se prolonge assez tard dans la soirée, et, au moment où Mickiewicz prenait son chapeau, le maître de la maison lui dit : — « Je vous félicite de vos brillantes réponses. Votre examen a réussi à merveille. — Comment, mon examen? — Mais oui. Ces messieurs sont les professeurs de l'Université, ils vous ont interrogé et leur verdict est rendu. »

— Mickiewicz avouait que s'il eût su à l'avance de quoi il s'agissait, il eût éprouvé une gêne que cette ingénieuse façon de procéder lui avait épargnée.

Sa leçon d'installation eut lieu en octobre 1839 et produisit la plus grande sensation. Adam Mickiewicz n'écrivait presque jamais ses leçons. Le plus souvent, il se bornait à noter les citations de plus longue haleine qu'il se proposait de faire ou se contentait de jeter brièvement sur le papier des dates et des noms propres, répertoire succinct auquel il recourait rarement. Quand il lui arrivait, par exception, de rédiger à l'avance une leçon, il n'en improvisait pas moins une autre. La plupart du temps, les extraits laborieusement préparés ne lui servaient de rien, car, dès qu'il prenait la parole, sa merveilleuse mémoire lui fournissait en telle abondance les textes nécessaires qu'il dédaignait ceux dont il s'était prémuni. Corrigeant, dans les dernières années de sa vie, les devoirs de l'aîné de ses fils, il récitait couramment des chants entiers d'Homère et jusqu'à des passages de Cicéron, non relus peut-être depuis les bancs de l'École.

A Lausanne, les auditeurs d'Adam Mickiewicz applaudissaient à la spontanéité de son enseignement, ils s'émerveillaient d'une exposition si lucide et si vivante. Le professeur, épuisé par l'effort de leçons pareilles, ne prenait plus la peine de les recueillir de mémoire et de retrouver le soir, dans le silence du cabinet, ce que l'inspiration lui avait dicté le matin. Il est vrai que quelques élèves notèrent le cours en entier. Jamais Mickiewicz n'eut envie de se procurer ces rédactions. Il lui aurait fallu les reviser. Or, à Paris, le poète eut un labeur bien autrement écrasant qu'à Lausanne. Quand plus tard il trouva quelques loisirs, il eût dû en préparant pour l'impression son cours de Lausanne mettre à profit les derniers travaux de l'érudition européenne sur l'antiquité latine. Or son esprit se trouvait alors irrésistiblement entraîné vers d'autres sphères.

Il avait d'ailleurs bien peu d'amour-propre littéraire. Un jour que l'aîné de ses fils lui demandait un de ses poèmes, il prit dans sa bibliothèque le volume et, au moment de le lui donner, le replaça sur le rayon en disant : «Attends que j'aie écrit quelque chose de meilleur. » Il n'attachait pas beaucoup de prix à ses manuscrits et s'en dessaisissait aisément, pourvu qu'il les supposât de quelque utilité à autrui. A l'opposé des littérateurs qui collectionnent précieusement tout ce qui émane de leur plume, il brûlait des œuvres déjà fort avancées et ne songeait nullement au sort de celles qui étaient anonymes ou égarées.

A sa mort, mes démarches pour découvrir les cahiers de ses anciens élèves de Lausanne n'ont pas été couronnées de succès ; ceux des détenteurs du cours complet dont je parvins à me procurer les noms ne vivaient plus et personne ne sut me dire ce que leurs papiers pouvaient être devenus. Cependant un précieux cahier de notes, prises au cours de mon père, se trouva parmi les papiers de M. Jean Scovazzi, aujourd'hui bibliothécaire du Parlement italien, qui le mit gracieusement à ma disposition. Mon père avait entièrement rédigé deux discours qu'il prononça l'un à l'inauguration de ses leçons, en qualité de chargé des cours, l'autre lors de la solennité de son installation comme professeur titulaire de la chaire de littérature latine. Encore est-il certain qu'il prononça une autre leçon que celle dont le canevas s'est conservé. C'est ce que prouvent les comptes-rendus des journaux suisses. Nous lisons, par exemple, dans le *Nouvelliste vaudois*, du 30 juin 1840, à propos d'une des leçons dont nous possédons le texte abrégé, les détails suivants :

Le professeur a mis au jour quelques-uns des trésors enfouis et si longtemps dédaignés que recèlent les œuvres des premiers poètes chrétiens qui, sur les débris de la Rome chrétienne, exaltaient le triomphe des martyrs et flétrissaient leurs bourreaux. Un indicible sentiment s'est communiqué de l'orateur aux auditeurs, lorsqu'après avoir tracé le tableau du martyre d'un petit enfant de six ans, condamné pour la foi de ses parents et que sa mère elle-même présenta au bourreau, il s'arrêta en disant : « Vous me pardonnerez mon émotion. J'ai été témoin de semblables scènes. » Le drame des malheurs de la Pologne s'était soudain déroulé à l'âme de chaque assistant.

Sur le manuscrit de cette leçon, il n'y a pas trace de cet appel de l'auteur à ses réminiscences personnelles. C'est subitement que réapparurent à ses yeux les scènes qu'il avait contemplées dans sa jeunesse et décrites en exil. Les excès des proconsuls romains n'étonnaient plus le témoin de la barbarie des proconsuls russes. Les persécutions de l'empereur Nicolas étaient un commentaire éloquent de celles des Césars romains les plus féroces. A quiconque aurait été tenté de déclarer impossible l'acharnement d'un empereur romain contre de faibles femmes et de jeunes enfants, il n'avait qu'à montrer les chemins couverts d'enfants polonais expirants enlevés à leurs parents par ordre du gouvernement russe, d'autres enfants, la tête rasée, les fers aux pieds.

De la plupart des leçons d'Adam Mickiewicz, il ne nous reste que des esquisses. Elles nous suffisent pour reconstruire par la pensée un enseignement où abondaient évidemment ces aperçus inaccessibles à la seule érudition, parce qu'ils sont l'apanage exclusif du génie, et si profitables, parce qu'en éclairant au loin la vue, ils rendent souvent fructueuses les patientes recherches qui, sans ce rayon de soleil, risqueraient de demeurer stériles. Elles expliquent l'enthousiasme que le professeur excita parmi la jeunesse et les hommages que lui rendit l'autorité universitaire.

Les archives de l'Université de Lausanne contiennent de nombreuses appréciations unanimement admiratives, et qui sont plus que des compliments académiques. La flamme du génie de Mickiewicz embrasait jusqu'aux tempéraments flegmatiques des Vaudois.

A l'aurore de sa carrière, Adam Mickiewicz avait soulevé les clameurs du camp des classiques. A première vue, ce semble une ironie du sort qu'il ait été appelé à préconiser les chefs-d'œuvres de l'antiquité. L'anomalie n'est qu'apparente et l'explication de ce phénomène est des plus simples ; les classiques se servaient de la connaissance du passé pour nier le présent, tandis que les génies romantiques se l'appropriaient pour éclairer la route de l'avenir.

Entouré de sympathies, voyant de ses fenêtres le merveilleux panorama du Léman et des Alpes, recevant parfois la visite de ses amis de Paris et exécutant avec eux des excursions dans les montagnes, Mickiewicz, s'il n'eût songé qu'à ses préférences personnelles, n'eût pas quitté Lausanne. Mais l'intérêt de la Pologne prima toujours ses convenances individuelles. Il était question à Paris de la création d'une chaire de littérature slave. De Lausanne, il parlait de l'antiquité à des Vaudois. De Paris, il parlerait du monde slave à l'Europe entière. Dès lors, peu importait qu'il fût aimé et applaudi à Lausanne, tandis qu'il affronterait au Collège de France un redoutable inconnu. Ce n'est pas sans chagrin qu'il renonça au calme enchanteur de la Suisse pour retourner à la vie fiévreuse de Paris. Il n'ignorait pas les hostilités qu'il aurait à braver, les jalousies qu'il lui faudrait mépriser, le travail herculéen qu'il aurait à accomplir. Mais nul autre que lui ne se trouvait en mesure d'empêcher que, selon l'expression d'une de ses lettres du 2 juillet 1840, « un Allemand ne s'y faufilât et n'aboyât de là contre la Pologne ».

Léon Faucher fut la cheville ouvrière de la nomination de Mickiewicz à Paris. Marié à une cousine de la femme du poète, il fut certes sensible aux considérations de famille et aux suggestions de l'amitié, mais plus encore à l'ambition de doter Mickiewicz d'une tribune digne de son génie. Cousin ne pouvait quasi rien lui refuser. La vive intelligence de ce ministre de l'instruction publique lui fit d'ailleurs accueillir favorablement les premières ouvertures de Léon Faucher et il ne tarda pas à en écrire à Lausanne.

C'est moi, racontait Melegari, qui ai fait à Mickiewicz sa lettre de réponse à Cousin. J'arrivai quand il avait déjà essayé sept ou huit feuilles de papier; le voyant embrouillé dans ce langage officiel, je lui dis : — Passez un moment auprès de votre femme, et je lui traçai la chose qu'il prit ensuite en souriant et recopia. Mickiewicz se décida à regrets à quitter Lausanne. C'est sa femme qui l'y détermina. — Ainsi vous avez promis ! lui dis-je. — Que voulez-vous ! me répondit-il ; je me souviens avoir lu que César fut assassiné pour n'avoir pas obéi à sa femme — Mais, lui répliquai-je, il y a un exemple plus concluant que celui de César, c'est celui de votre homonyme (Adam), notre premier père, qui se perdit pour avoir écouté la sienne. — Et Mickiewicz partit d'un grand éclat de rire.

Le poète arguait auprès de ses amis de Lausanne de la crainte que sa femme éprouvait du goître pour sa fille ; mais en réalité il délaissait l'oasis paisible pour s'en aller occuper un poste de combat.

Dans l'Exposé des motifs du projet de loi pour la création d'une chaire de langue et de littérature slave au Collège de France, présenté à la Chambre des députés, le ministre disait :

Le Collège de France, comme toutes nos grandes écoles de Paris, dans notre siècle ainsi qu'au Moyen âge, est fréquenté par des étrangers de toute nation et on peut dire, avec vérité comme avec un juste orgueil, que l'auditoire du Collège de France se recrute dans l'Europe entière. Il y a, à ce moment, dans tous les pays de race slave, où l'érudition est libre, une sorte de mouvement de renaissance. Les hautes études philosophiques qui ont provoqué ce mouvement sur une si vaste portion du territoire européen, la communauté des souvenirs où tous les enfants de race slave se reconnaissent et se rencontrent, plusieurs littératures dont quelques-unes étaient déjà florissantes à l'époque où la nôtre se débrouillait à peine, ces poésies primitives marquées de la grandeur et de la naïveté des mœurs héroïques, des épopées, des odes, des pièces de théâtre, tous les genres qui sont cultivés aux grandes époques littéraires, des annales où sont retracées la plupart des guerres qui ont amené la constitution de l'Europe moderne, les traditions des schismes religieux qui ont rangé sous l'église grecque les Slaves de l'Orient et du Nord, et sous l'église latine, les slaves de l'Occident, un passé plein de grandes choses et de grands noms, Lazare, Huniade, Etienne Batory, Sobieski, Pierre Ier, tout cela formerait la matière d'un enseignement tel qu'il convient d'en doter le Collège de France, riche de faits nouveaux qui intéressent au même degré la France et l'Europe et que de longues années d'études ne pourront épuiser. (*Moniteur Universel.*)

Ce document est daté du 21 avril 1840. La discussion ne s'engagea à la Chambre des députés que le 18 juin. Le député Auguis, auteur d'une *Histoire de Catherine II* et de plusieurs autres ouvrages, ce qui ne l'empêche pas de considérer le Hongrois comme un dialecte slave, combattit en ces termes la proposition de M. Cousin :

La langue slave n'est pas une langue littéraire à proprement parler. Qu'est-ce qu'une langue littéraire ? C'est une langue qui, dans ses divers dialectes, a des monuments littéraires assez importants pour que l'étude en soit faite avec soin. Je demanderai à la Chambre quels sont les monuments littéraires écrits en langue slave, quels sont les monuments littéraires de la Pologne, de la Russie, de la Lithuanie, de la Hongrie, de la Dalmatie, de la Styrie, de la Carniole, de la Carinthie. Chez les Slaves, tout ce qui a un caractère original est une traduction plus ou moins bien faite d'ouvrages qui appartiennent à la France ou à la Germanie. Quand vous voudrez qu'on vous enseigne ces divers dialectes, c'est annoncer que prochainement on viendra vous demander la fondation d'une chaire de limousin, de gascon, de rouergat, d'auvergnat, de languedocien et de provençal. Il y aurait peut-être plus de patriotisme à fonder les chaires dont je parle. (On rit.) Je vous avoue franchement que le rire qui s'élève sur certains bancs de cette Chambre me paraît extraordinaire. Eh bien! je le déclare en mon âme et conscience, les chaires qui seraient fondées pour comparer entre eux les différents dialectes dont je viens de présenter l'énumération n'auraient rien de plus plaisant, de plus ridicule que celle qui vous enseignera le styrien, le carniole, le dalmate et autres langues de cette espèce. Un de mes collègues me disait avant de monter à la tribune : « Mais vous ne savez pas que ces diverses populations ont des chants nationaux. » Mais les provinces de France que je viens de citer ont aussi leurs chants spéciaux. Je sais bien pour qui la demande a été faite, mais je dis qu'il n'est pas de la dignité de la nation d'aller donner une chaire dans un établissement français à un étranger, surtout quand cet étranger peut être un poète distingué dans son pays, mais qu'il ne connaît qu'un de ces dialectes. Dites donc alors que vous voulez fonder une chaire de polonais et qu'il y aura un enseignement de la langue polonaise. Mais alors je demanderai par un amendement que l'on fonde une chaire de basque et de bas-breton.

Cousin répondit que les langues slaves étaient riches en monuments. Il ajouta :

Le nouvel enseignement mettrait la France en communication intellectuelle avec une race qui compte soixante millions d'habitants entre la mer Adriatique et la mer Glaciale, entre les Carpathes et le mont Oural. Il est digne de la France de tout connaître pour tout apprécier ; elle est assez riche pour ne redouter aucune comparaison. Il faut qu'elle fasse comparaître devant elle toutes ces grandes littératures pour les juger avec sa raison, pour les répandre à l'aide de sa langue universelle sur la surface de l'Europe et du monde, afin de continuer le noble rôle qui lui appartient de propagatrice des lumières et de la civilisation.

Un député du Var, M. Denis, appuyant le projet, cita la découverte du manuscrit de Kralodvor, et ce fait que le Polonais Konarski n'avait pu déchiffrer qu'à l'aide de la connaissance qu'il avait de l'ancien slave une inscription en caractères runiques, découverte dans une excavation. (*Moniteur Universel* du 19 juin 1840.)

En sortant de la séance, Léon Faucher écrivit à Adam Mickiewicz :

J'ai eu un instant de doute sur le succès de la loi. Comme Zamoyski témoignait son inquiétude à cet égard, un député lui dit : Rassurez-vous, c'est la loi du *Courrier Français*, elle passera.

A la Chambre des Pairs, le 7 juillet 1840, M. le baron de Gérando présenta le rapport concluant à l'adoption de la loi votée par l'autre Chambre et relative à la création d'une chaire slave. Il exprima l'espoir que le Collège de France deviendrait un Collège Européen.

« La littérature polonaise, dit-il, affecte une sorte de consanguinité avec la littérature française, comme la noble nation qui la parle excite en France les plus vives sympathies, et, triomphant des événements politiques, elle perpétuera avec de glorieux souvenirs une nationalité qui a reçu de si cruelles atteintes. » (*Moniteur Universel* du 8 juillet 1840.)

En sa qualité de rédacteur en chef du *Courrier Français*, Faucher pesa non seulement sur les résolutions de Cousin, mais encore sur celles de M. Thiers. Il y eut, au sein du Conseil des ministres, une opposition très vive et d'instinct Louis-Philippe hésitait à signer. Une crise ministérielle ayant failli éclater, le roi, après une séance longue et orageuse, interpella Cousin : — J'espère qu'il ne reste plus de point en litige ? — Un seul, Sire, répondit Cousin. — Et lequel donc ? demanda le roi étonné. — La nomination de M. Mickiewicz. — Allons, je ne veux plus soulever de question de cabinet ! s'écria le roi en prenant la plume et en signant le projet de loi que lui présentait son ministre de l'Instruction publique.

Il est à remarquer que dans son *Livre des Pèlerins polonais* Mickiewicz avait écrit :

Et vous êtes devenus la pierre de touche des princes et des docteurs de ce monde ; car dans votre pèlerinage, est-ce que les mendiants ne vous ont pas plus secouru que les princes ? Et dans vos combats, dans vos prisons et dans vos misères, est-ce qu'une prière ne vous a pas plus nourri que la science des Voltaire et des Hegel, qui sont comme du poison, et que la science des Guizot et des Cousin, qui sont comme des moulins vides ?

Montalembert supprima le passage dans sa traduction. Il se peut donc que Cousin l'ait ignoré, lorsqu'il écrivait, le 10 avril 1840, à Mickiewicz : « Je tiendrai à honneur d'avoir pu vous donner à la France. » Cependant, si quelque ennemi de Mickiewicz et de la Pologne eût montré ces lignes au ministre, Cousin n'avait pas assez de foi dans l'éclectisme pour chercher à venger sa philosophie des dédains du poète, et son intelligence le mettait d'ailleurs au-dessus de certaines petitesses.

Mickiewicz ne quitta Lausanne que dans les premiers jours d'octobre 1840, s'arrêta le 8 à Strasbourg, s'y reposa plusieurs jours et n'arriva à Paris que vers le 15. Dès le 10 octobre, le *Courrier Français* reproduisait l'entrefilet suivant du *Moniteur Universel :*

Par arrêté de M. le ministre de l'instruction publique, en date du 8 septembre dernier, M. Adam Mickiewicz, ex-professeur de langues anciennes à l'Académie de Lausanne, a été chargé de la chaire de langue et de littérature slaves, nouvellement créée au Collège de France. Ce choix répond parfaitement aux vues libérales des Chambres. M. Mickiewicz, né en Lithuanie, au commencement de ce siècle, a longtemps vécu en Russie; il connaît à fond toutes les langues ou idiomes de la famille slave. Ses grands poèmes héroïques lui ont acquis dans toute l'Europe une juste célébrité : on l'a nommé avec raison le Byron catholique de la Pologne. M. le ministre de l'instruction publique se fût empressé de soumettre au roi sa nomination définitive, si les formalités prescrites pour la naturalisation des étrangers n'exigeaient au moins une année de séjour en France (1).

Il n'était bruit alors que du prochain retour des cen-

---

(1) « M. Mickiewicz a vécu déjà six ans à Paris et il parle la langue française avec une grande facilité. » (Note du *Moniteur*.)

dres de Napoléon. L'annonce de cet événement bouleversait jusqu'aux anciens adversaires de l'Empereur. Dans le salon de madame de Klustine, Mickiewicz avait fait la connaissance du comte et de la comtesse de Pons. Le comte était un type achevé de l'ancienne société française, plein de verdeur, pétri d'esprit et toujours à l'affût de nouvelles et d'anecdotes. Madame de Pons, femme très distinguée, tenait un journal qui n'a jamais été publié, mais dont nous citerons ici quelques passages, parce qu'ils peignent fidèlement l'état des esprits. Dès le 4 juin 1840, elle se livre à une sorte de *mea culpa* :

Quand Bonaparte était dans le brillant de sa gloire, je le détestais. Depuis qu'une infinité d'illusions se sont dissipées, que les événements et les hommes ont été vus sous leur véritable jour, je lui ai rendu plus de justice, je l'ai admiré, je l'ai plaint et je suis épouvantée de la force qu'il a fallu à cette âme accoutumée à tant de bonheur pour lutter contre tant d'infortune.

Le 5 décembre, madame de Pons écrit dans son journal :

La Providence a voulu que Napoléon eût en tout une destinée unique et prodigieuse ; après une carrière d'abord éblouissante de prospérité, puis accablante de revers et d'amertumes, après cinq années pendant lesquelles, sans que son courage faiblît, il a réalisé aux yeux de l'univers le supplice de Prométhée, après cette monstrueuse agonie, la terre s'en empare et le couvre de son poids funèbre. Mais, comme la puissance cachée d'un volcan, les restes du grand homme luttent avec le sol qui les enferme; le ciel s'en émeut, il veut que cette terre soit entrouverte, que les mânes du héros soient satisfaites, et que ses ennemis mêmes, frappés au cœur d'un saisissement religieux, se découvrent et s'inclinent à leur aspect. Bruits du canon qu'il a tant aimés pendant sa vie, qui, tant de fois, avez fait bondir son cœur et jaillir l'éclair de son regard, tonnez comme de son vivant. Il va traverser le monde, il faut qu'à son approche les échos de l'air et de la terre soient ébranlés. France, il arrive. Que tes chants religieux, que tes palmes de gloire saluent en même temps les grandeurs de la vie et la majesté de la mort.

Le 16 décembre 1840, madame de Pons, au retour de la cérémonie, lui consacre des lignes palpitantes de l'émotion générale :

J'ai vu le char triomphal et funèbre. Quelle merveille que ce retour ! Les jours précédents, un brouillard épais avait couvert Paris. Le 14 décembre seulement, jour de l'arrivée de la flotille à Courbevoie, le temps s'est éclairci et le soleil a reparu comme un ami fidèle, qui veut rendre les derniers devoirs à celui qu'il aimait. En effet, le lendemain le ciel était superbe. Qu'on se représente d'abord l'Arc de Triomphe de l'Étoile pavoisé de drapeaux, de couronnes, de trophées, portant aux nues la statue de l'Empereur en costume impérial; à ses côtés le génie de la guerre et celui de la paix et deux Renommées à cheval semblant proclamer sa gloire; ensuite cette belle avenue des Champs-Élysées, décorée dans toute sa longueur de statues allégoriques, entremêlées de hautes colonnes surmontées d'un aigle doré. Du côté droit de l'avenue, les aigles sont tournés vers l'arrivée du héros qu'elles semblent espérer; du côté gauche, leur regard porte vers le lieu de sa demeure dernière dont ils lui indiquent le chemin. Entre les colonnes et les statues, des piédestaux, portant des faisceaux d'armes et de drapeaux couverts d'un crêpe noir, lient par un rang de guirlandes de lauriers qui s'en échappent toute cette décoration. Sur le pont Louis XV et le quai d'Orsay, des statues, des colonnes, des trophées, des crêpes et des guirlandes, partout mélange de grandeur, de tristesse et de joie. Des statues représentaient les rois et les grands hommes de la France et les généraux de l'Empereur. Dès dix heures du matin, on voyait un peuple immense accourant de toutes parts se ranger sur le passage du cortège, et, malgré la rigueur de la saison, restant quatre heures immobiles et presque en silence, rien ne pouvant le décourager d'attendre ce bienheureux moment. Enfin il arrive, le canon l'annonce, tous les corps, les écoles militaires, la France entière représentée par les lumières de ses quatre-vingt-six départements, les quatre cents marins qui ont ramené le héros, les restes de cette garde impériale qui l'a toujours suivi précèdent et entourent le glorieux cercueil. On découvre de loin les panaches blancs des seize chevaux caparaçonnés d'or qui le conduisent. Le char magnifique apparaît surmonté de la couronne impériale voilée d'un crêpe violet. Il avance lentement, le soleil l'illumine de ses rayons, on respire à peine, tous les fronts se découvrent. Une musique de clairons seulement donne par intervalles sept accords parfaits en si-bémol majeur, prolongés, séparés, lamentables; d'abord trois en descendant, puis quatre en remontant jusqu'au sommet de l'octave, comme pour approcher du ciel l'expression de la douleur. Les clairons cessant, un concert de voix humaines faisait entendre des chants funèbres. C'était sublime et déchirant. Le char s'est arrêté trois fois sur le pont, j'en ai été bien heureuse, cela m'échappait trop vite. Des cris : *Honneur et gloire à l'Empereur!* s'élèvent à plusieurs reprises, et puis cela passe, les yeux sont humides de larmes et tout est fini.

Si une Bourbonienne éprouva une pareille commotion, on peut s'imaginer ce que ressentit Mickiewicz qui, enfant, avait été témoin de la déroute de la Grande Armée. Les peuples ayant été vaincus à Waterloo, l'apothéose de Napoléon semblait leur augurer une revanche. Mickiewicz répéta souvent depuis que sans le froid, qui fut extraordinaire ce jour-là, il eût suffi du cercueil de Napoléon Ier pour renverser le trône de Louis-Philippe.

Mickiewicz, sauf l'année passée en Suisse, n'avait guère quitté Paris depuis six ans. Il manquait cependant de l'année de résidence exigée par la loi pour la naturalisation et, au lieu d'être nommé professeur, il fut simplement chargé provisoirement du cours. Le *Courrier Français* du 21 décembre 1840 releva ce mot de provisoirement:

Le poète Adam Mickiewicz ouvrira mardi prochain, à deux heures, au *Collège de France*, son cours de langue et de littérature slaves. La première leçon sera une introduction à l'histoire de ces races intéressantes parmi lesquelles la Pologne n'est pas la moins héroïque et dont la Russie a gardé l'esprit conquérant.

On a remarqué, avec le sentiment d'une pénible surprise, que le programme du *Collège de France* qualifiait ce cours de *provisoire*. Il est constant cependant que M. Mickiewicz est le professeur définitif et que le gouvernement, par l'organe de M. Cousin, a pris des engagements formels avec cet illustre étranger. Les délais nécessaires pour la naturalisation sont le seul motif qui ait fait substituer dans cette nomination un arrêté ministériel à une ordonnance royale. Mais les termes de l'arrêté que nous connaissons n'autorisaient en aucune façon M. Letronne, administrateur du *Collège de France*, à l'espèce d'épigramme qu'il s'est permise ou que l'on a permise en son nom.

Mickiewicz parut en chaire avant que l'administration n'ait eu le temps de répondre aux reproches articulés par le *Courrier Francais*. Montalembert, Salvandy, de Kergorlay, Léon Faucher, le prince Czartoryski, Niemcewicz, etc., assistèrent à cette première leçon. Dans une lettre du 26 décembre à son ami Bohdan Zaleski Mickiewicz lui dit :

J'ai débité ma leçon avec un peu de lourdeur, mais de l'ordre, de la clarté et de la correction. Je m'y suis rendu sans la moindre crainte, mais aussi sans ardeur. J'étais maussade et triste. Comme je l'ai ensuite appris, elle a beaucoup plu aux Français. Montalembert, Faucher, Kergorlay l'ont trouvée trop docte pour un auditoire ordinaire. Il lui a manqué bien d'autres choses, mais il y aurait trop à dire là-dessus, nous en causerons à notre aise. J'ai donc subi la première épreuve, mais ce n'est qu'un commencement. Chaque leçon ressemble à une bataille, Dieu seul sait si le dénouement en sera heureux.

Ce qui caractérisait l'éloquence de Mickiewicz, c'est l'absence de toute rhétorique. Chez lui, à la simplicité d'un père donnant une leçon à ses enfants succédait parfois la fougue d'un apôtre chapitrant les gentils. Mais ce ne fut jamais le désir d'éblouir l'auditoire qui lui fit changer de diapason. L'inspiration l'envahissait soudain. On dit de braves gens qu'ils ont le cœur sur la main. Mickiewicz avait l'âme aux lèvres. A l'écouter, on s'initiait au mystère de sa grandeur. Le verbe de Mickiewicz eut une puissance extraordinaire, parce que ses paroles palpitaient de l'amour de l'humanité, elles étaient un appel constant à se dévouer à la cause des peuples, un acte de foi dans un avenir meilleur du monde.

Le lendemain de l'inauguration du cours d'Adam Mickiewicz, c'est-à-dire le 23 décembre, la communication suivante parut au *Moniteur* :

> Le *Courrier Français*, en annonçant pour demain mardi l'ouverture du cours de langue et de littérature slaves de M. Mickiewicz, fait remarquer que le programme du *Collège de France* qualifie ce cours de *provisoire*. Il voit là une intention épigrammatique. Le *Courrier Francais* se trompe complètement. Personne ne pouvait avoir une intention semblable. Ce journal constate lui-même que les délais nécessaires pour la naturalisation ont fait substituer, pour la nomination de M. Mickiewicz, un arrêté ministériel à une ordonnance royale. Il est donc inutile de chercher un autre motif. L'illustre professeur a trouvé dans l'administration actuelle les mêmes sympathies et les mêmes intentions qui ont dirigé le ministre auquel la création de cette nouvelle chaire est due.

Cette note, fort aimable pour Mickiewicz, ne sembla pas suffisante au *Courrier Français*.

En dépit du plaidoyer courtois de M. Letronne, M. Léon Faucher, car il est plus que probable que les articles du *Courrier Français* relatifs à Mickiewicz émanaient de sa plume, prit à partie et le *Moniteur* et l'administrateur du *Collège de France*. Après avoir reproduit, dans son numéro du 24 décembre, la note du *Mo-*

niteur du 23, M. Léon Faucher continue en ces termes :

Nous prenons acte de l'engagement que contiennent ces derniers mots : nous le rappellerions au besoin. Mais, n'en déplaise au *Moniteur* ou plutôt au ministère, la position personnelle de M. Mickiewicz n'explique pas le moins du monde la manière au moins étrange dont le programme l'a traité. Il n'y a rien de provisoire dans sa nomination. Le nouveau professeur a certaines formalités à remplir pour entrer dans la famille française, mais les engagements qui l'attachent à l'Université sont définitifs pour lui comme pour nous.

Au reste, nous n'accusons pas M. Villemain de la supercherie dont l'illustre proscrit a été l'objet. Un ministre ne descend pas, nous le savons, à ces procédés d'une jalousie ou d'une hostilité mesquine, qui sont trop communs entre les pédants. Nous ne l'imputons pas davantage aux honorables professeurs qui forment l'imposante réunion du Collège de France; car nous croyons savoir qu'ils n'ont pas été consultés, et, si nous voulions tout dire, nous affirmerions qu'ils avaient protesté par avance contre l'épithète par laquelle on a désigné les fonctions de M. Mickiewicz. Nous n'accusons que M. Letronne, administrateur du Collège, et responsable en cette qualité du programme qu'il a signé. Si M. Letronne n'a pas agi *par ordre*, de quel droit a-t-il fait participer ainsi le Collège de France à l'expression d'une malveillance dont nous rougirions de rechercher le motif.

Mais à l'heure qu'il est, les réserves du programme n'existent plus pour personne. La parole de M. Mickiewicz les a effacées; le professeur provisoire ou définitif a conquis son droit de cité. Nous n'essaierons pas de rendre l'impression qu'a produite hier ce remarquable début. M. Mickiewicz ne lit pas, il ne récite pas, il improvise; et son improvisation grave, pénètrante, semant les images avec la même profusion que les pensées, est à la fois d'un poète et d'un orateur. Il y a peu de professeurs, il y a peu d'hommes politiques en France, qui puissent soutenir la comparaison avec cet homme parlant une langue étrangère et obligé, comme il l'a dit avec une modestie touchante, de se traduire lui-même pour ses auditeurs.

M. Mickiewicz a d'abord voulu faire comprendre à un auditoire dans lequel les Français dominaient, mais où l'on remarquait plusieurs Russes à côté de l'élite de l'émigration polonaise, l'importance de l'enseignement nouveau que la France vient de créer pour lui. Il a indiqué à grands traits l'étendue de la race slave, qui occupe la moitié de l'Europe, le tiers de l'Asie, et qui présente dans ses peuplades diverses tous les âges de la civilisation. Il a fait voir le rôle que ces peuples ont joué dans l'histoire, en laissant pressentir l'avenir redoutable auquel ils sont appelés.

L'incurie de l'Europe, qui néglige de les connaître au moment où ils la menacent, lui a fourni le texte d'un rapprochement qui saisira les esprits. Il a rappelé Tacite décrivant les mœurs des Germains au milieu des Romains inattentifs, et pendant que ces tribus *promenaient dans leurs forêts l'avenir du monde.* « Vous êtes les fils de ces barbares », a dit Mickiewicz aux Français qui l'écoutaient.

Ces Slaves, que nous négligeons, nous ont parlé, pour se faire connaître, la seule langue que tous les peuples comprennent aujourd'hui ; nous avons entendu leur canon. « Vous avez vu, s'est écrié Mickiewicz, une armée slave visiter toutes les capitales de l'Europe, pendant qu'une autre armée slave s'attachait à ses pas, depuis Moscou jusqu'à Paris ; vous avez entendu le *hourra* russe éveillant partout l'écho du *hourra* polonais ; et vous demanderiez où sont les Slaves ! »

La conclusion de Mickiewicz ne pouvait pas être une con

clusion politique. On l'a placé sur un terrain littéraire; c'est par l'étude de la littérature slave qu'il peut et doit nous initier à la connaissance de ce monde nouveau que la France l'a chargé d'explorer à notre profit; mais il nous est permis d'ajouter à ce qu'il a dit et d'inviter le gouvernement à faire étudier par des agents habiles les ressources, les intérêts, les dispositions des peuples qui habitent le nord-est de l'Europe. Le gouvernement le mieux instruit, quand il commande à une nation courageuse, est toujours le plus puissant.

Si nous choisissons les articles du *Courrier Français* de préférence à ceux des autres journaux qui ont rendu compte du cours de Mickiewicz et qui trouveront place un jour dans une étude complète sur l'enseignement du poète au *Collège de France*, c'est que l'honneur de la création de la chaire slave revient à M. Léon Faucher autant et plus qu'à Cousin.

Le 25 décembre, le *Courrier Français* insérait un essai de justification de M. Letronne :

Paris, 24 décembre

Monsieur,

Dans votre feuille de ce jour, vous me faites un grave reproche d'avoir fait mettre sur l'affiche indiquant le programme des cours du *Collège de France* que M. Mickiewicz est chargé *provisoirement* du cours de langue et de littérature slaves. Selon vous, *il n'y a rien de provisoire* dans sa nomination; c'est là une supercherie dont l'illustre proscrit est l'objet, c'est le procédé d'une *jalousie* et d'une *hostilité mesquines*. Cependant, vous ne vous en prenez ni à M. Villemain ni à l'assemblée des professeurs qui n'a pas été consultée à ce

sujet. « Nous n'accusons, dites-vous, que M. Letronne, admi-
« nistrateur du *Collège*... Si M. Letronne n'a pas agi *par ordre*,
« de quel droit a-t-il fait participer le *Collège de France* à
« l'expression d'une malveillance *dont nous rougirions* de
« rechercher le motif ? »

Voilà, Monsieur, qui est bien grave. Je pense que vous
vous seriez abstenu de ces reproches et de ces insinuations,
si vous aviez connu les termes de l'arrêté ministériel dont
l'exécution m'était confiée. Cet arrêté est du 8 septembre ; il
a été pris et signé par M. Cousin, par le ministre auquel on
doit la création de cette chaire nouvelle et que personne assurément ne soupçonnera d'avoir voulu faire une *supercherie*,
ni montrer de la *malveillance* envers M. Adam Mickiewicz.
Or cet arrêté porte :

« M. Adam Mickiewicz, ex-professeur de langues ancien-
« nes à Lausanne, auteur de plusieurs ouvrages célèbres, est
« chargé, à *titre provisoire*, de la chaire de langue et de litté-
« rature slaves au Collège de France. »

Personne n'estime plus que je ne le fais le talent distingué
et le noble caractère de M. Adam Mickiewicz ; personne
n'aurait plus vivement désiré que sa position politique per-
mît de le nommer définitivement à une chaire qu'il doit illus-
trer, mais pouvais-je m'écarter des termes de l'arrêté qui
l'institue *provisoirement*? Je vous en laisse juge, Monsieur,
à présent que vous connaissez les termes de cet arrêté, que
j'étais chargé de mettre à exécution.

Agréez, etc.

LETRONNE

Administrateur du *Collège de France*.

Le journal fit suivre cette lettre d'observations aigre-
douces :

Les explications de M. Letronne atténuent le fait que nous

lui avons reproché, mais ne le détruisent pas. Nous persistons à penser qu'il n'était nullement dans la nécessité de désigner M. Mickiewicz comme professeur provisoire, lorsqu'il sait lui-même que M. Mickiewicz est le professeur définitif, dans la pensée du gouvernement. Il y a deux choses dans tout acte administratif : la lettre et l'esprit. M. Letronne s'en est tenu à la lettre ; nous croyons qu'il aurait agi autrement s'il eût consulté la pensée de l'arrêté rendu par M. Cousin. Tout le monde sait que M. Letronne avait manifesté, dans l'origine, des dispositions très peu bienveillantes pour la nouvelle chaire instituée au *Collège de France* par la loi. Il désavoue aujourd'hui tout mauvais vouloir pour l'illustre poète qui en est chargé ; nous ne demandons pas mieux que de croire à ce changement, dont personne jusqu'ici ne s'était aperçu. M. Letronne, en sa qualité d'administrateur du *Collège*, est l'introducteur obligé de M. Mickiewicz dans la famille française, c'est à lui de prouver qu'il comprend les devoirs de cette hospitalité.

P. S. — Sans révoquer en doute l'exactitude des termes cités par M. Letronne, nous affirmons, et notre mémoire n'hésite pas sur ce fait, que ces mots : *à titre provisoire*, ne se trouvent pas dans l'ampliation de l'arrêté transmis à M. Mickiewicz, à la date du 8 septembre, et dont ses amis reçurent alors communication.

M. Léon Faucher, qui redoutait l'insécurité de tout provisoire, souhaitait la naturalisation la plus prompte possible d'Adam Mickiewicz. Le poète répugnait à prêter serment à Louis-Philippe et à se trouver vis-à-vis de ses compatriotes dans une position privilégiée. Quant à

M. Letronne, que le polonisme effarouchait, sa fille épousa en 1857 un émigré polonais.

Le 24 décembre, au club polonais, l'émigration célébra et le succès de Mickiewicz et le double anniversaire de sa fête et de sa naissance. Mickiewicz, en réponse au toast que lui porta Niemcewicz, rappela que ce dernier l'avait jadis défendu contre la levée de boucliers des classiques. Le lendemain, l'improvisation de Mickiewicz à un autre banquet d'une quarantaine de couverts, offert au poète par son éditeur Eustache Januszkiewicz, laissa à tous ceux qui l'entendirent un souvenir impérissable. Un poète, Jules Slowacki, improvisa le premier avec la magie d'un tempérament merveilleusement doué, mais dont l'orgueil comprimait l'essor. Il lui arriva souvent de traduire en vers d'une amère ironie sa déception de ne point parvenir à surpasser Mickiewicz dans son vol. Cette fois, il ne laissa parler que son admiration. Mickiewicz se leva et, dès les premiers vers qui s'échappèrent de sa poitrine avec une force torrentielle, chacun retint sa respiration. Lorsqu'il cessa, les uns avaient des spasmes nerveux, d'autres pleuraient, il fallut reconduire en voiture chez lui à moitié évanoui le comte Plater. Personne ne nota cette improvisation, tous les assistants crurent voir le poète transfiguré et la proclamèrent surhumaine. Ils signèrent leurs noms au bas d'un parchemin en témoignage de vénération et d'amour et en commémoration d'un moment idéalement vécu et dont ils tenaient à perpétuer la trace. « Provoqué par Slowacki, écrivit Mickiewicz à Bohdan Zaleski, j'ai répondu avec une inspiration que je n'ai point connue depuis le temps où j'écrivais *les Ayeux*. Cela fut bien, car des gens de tous les partis éclatèrent en sanglots et s'éprirent grandement de moi, nous fûmes tous un moment remplis d'amour, en cet instant l'esprit de poésie fut en moi. »

Le 1er janvier 1841, un nouveau banquet organisé par E. Januszkiewicz rassembla les convives du 25 décembre, auxquels s'adjoignirent Bohdan Zaleski et Etienne Witwicki. Jules Slowacki remit au poète une coupe d'argent. Sur le couvercle, un lion tient un écusson avec l'inscription : « A Adam Mickiewicz, en souvenir du 25 décembre 1840. » Mickiewicz, saisi d'un transport prophétique, se mit à dévoiler l'avenir de la Pologne, affirmant qu'elle aurait ses prêtres, ses généraux et ses rois... Le mot de roi détermina les protestations de quelques démocrates. Mickiewicz s'interrompit et ne voulut plus reprendre la parole. Il exprima plus tard le regret qu'en eût coupé le fil de ses pensées, parce que des yeux de l'âme il était en train de lire à livre ouvert les destinées de sa patrie.

A la première réception de Janvier aux Tuileries, les collègues d'Adam Mickiewicz se firent un malin plaisir de l'inviter, comme nouveau professeur, à complimenter le roi en leur nom. Mickiewicz leur rappelait en nvai qu'il n'était que chargé du cours. Ils discutèrent de la sorte, jusqu'à ce qu'ils fussent en présence de Louis-Philippe, qui les accueillit par une allocution tellement incompréhensible qu'ils se poussèrent du coude, échangèrent des regards surpris et restèrent cois. Impatienté de leur silence, le roi leur tourna brusquement le dos pour débiter un autre speech à u autre groupe. En s'éloignant, Mickiewicz et ses collègues avouaient chacun n'avoir pas saisi l'à-propos des recommandations royales, quand un aide-de-camp les rejoignit et leur donna le mot de l'énigme. Sa Majesté, ayant pris les représentants du Collège de France pour une députation des maires de la banlieue, leur avait parlé en conséquence. Au milieu de l'hilarité générale, Mickiewicz qualifia de providentiel un *quiproquo* grâce auquel il venait d'échapper à l'ennui de proférer des congratulations sans sincérité.

Le succès de son cours s'affirmait chaque jour davantage. M. Letronne, mal disposé à l'origine, lui écrivait le 2 avril 1841 :

Monsieur, je désirerais bien savoir où vous en êtes de vos démarches relatives à votre naturalisation. Il me serait bien agréable d'apprendre que rien ne s'oppose à ce qu'on régularise votre position et à ce que *le provisoire* qui m'a fait autant de peine qu'à vous et à vos amis puisse devenir *définitif*. J'ai tout lieu d'être convaincu des bonnes dispositions de M. le ministre à votre égard ; et je m'estimerai bien heureux d'avoir à lui faire une proposition qu'il accueillerait, je n'en doute pas, avec beaucoup d'empressement.

Veuillez agréer, Monsieur, la nouvelle assurance de mes sentiments les plus distingués.

LETRONNE.

Léon Faucher pressa Mickiewicz de se mettre par la naturalisation à l'abri des caprices de ministres futurs. Mais le poète, qui considérait le régime orléaniste comme un fait purement accidentel, ne se décida pas au serment.

Ses enfants grandissaient. Un jour, il eut en se rendant au Collège de France la fantaisie de leur acheter un écureuil. Il le mit en poche. A peine en chaire, il frémit en sentant que l'animal se promenait dans la doublure de son habit et pouvait, au beau milieu de la leçon, s'élancer de sa manche. Il parvint à dissimuler ses transes jusqu'à la fin de son cours, non sans avoir les doigts mordus.

A Lausanne, sa famille s'était augmentée d'une fille et, pendant l'allaitement, la femme du poète eut, en juillet 1841, une rechute de la maladie qui l'avait éprouvée en 1838. Le 17 juillet, le poète désolé reçut la visite d'un de ses compatriotes, André Towianski, qui lui notifia être chargé par la Providence de frayer de nouvelles voies à la Pologne et à l'humanité. Il accusait d'immobilisme l'Église officielle, préconisait l'application du Christianisme aux rapports internationaux, et, tout en considérant comme une faute digne de Waterloo et de Sainte-Hélène l'ambition qu'eut Napoléon de fonder une dynastie, il voyait en lui un type offert à l'imitation des hommes. En apprenant que madame Mickiewicz avait été conduite dans une maison de santé, il la déclara guérie sans l'avoir vue et ordonna au mari de la ramener à l'instant au logis. Mickiewicz céda à cette injonction. Sa femme se trouva en effet, à dater de ce jour, entièrement rétablie, ce qui confirma le poète dans sa foi en Towianski. Il fit aussitôt une propagande active au sein de l'émigration en faveur de celui qu'il qualifiait de maître. La clergé polonais s'éleva avec véhémence contre le novateur. Mickiewicz fut par beaucoup taxé de folie. Plusieurs de ses meilleurs amis prirent parti contre lui. Il se rapprocha en revanche de compatriotes jusque là presque inconnus de lui, mais qui partageaient ses idées sur Towianski. Son cours au Collège de France devint moins littéraire et plus philosophique. Il aborda volontiers les questions religieuses et les problèmes d'économie sociale, au grand applaudissement des uns et à la vive indignation des autres. Ses doléances sur l'état de l'Église et sur les déviations de la Papauté coïncidèrent avec la campagne que Michelet et Quinet entreprirent au Collège de France contre l'ultramontanisme et les Jésuites. Ses improvisations bouleversaient parfois ses auditeurs :

Au sortir de l'une de ses leçons, un beau jeune homme, le baron d'A., aujourd'hui ministre de France au Chili, se jeta à genoux devant Mickiewicz dans la cour du Collège de France et lui baisa les mains, incident peut-être sans précédent en France (1).

Mickiewicz aspirait à la réalisation des vérités que les poètes se contentent de chanter, sur lesquelles les philosophes dissertent à perte de vue et qu'ils obscurcissent

---

(1) *Lettre de Jérôme Bonkowski* au président de la ville de Cracovie, à propos du monument d'Adam Mickiewicz, 7 septembre 1883. Bonkowski fut témoin oculaire de cette scène. Cependant, interrogé par moi, le baron Adolphe d'Avril ne s'est souvenu que d'avoir couru serrer avec effusion les mains du professeur. Le fait de son émotion extraordinaire est en tout cas acquis. Le baron A. d'Avril est devenu un des diplomates français les plus versés dans les questions slaves et il est demeuré l'un des amis les plus dévoués de la cause polonaise.

plus souvent qu'ils ne les élucident. Jérôme Bonkowski, qui en 1844 accompagna Mickiewicz à Strasbourg et à Kehl dans le duché de Bade, raconte que lui ayant annoncé son intention de rendre visite à Fribourg en Brisgau à Bronislas Trentowski qui y enseignait la philosophie, le poète, tout en l'approuvant, ajouta :

Vous faites bien de l'aller voir, mais, conformément à ce que vous avez senti et vu, dites-lui, à l'occasion, qu'un philosophe et un maître de danse, c'est tout un devant Dieu, à cette différence près que l'un secoue ses jambes et l'autre sa tête. Or il n'y a que les paroles et les pensées provenant d'un esprit en mouvement qui soient une réalité, le reste n'a aucune valeur et c'est applicable à tous les philosophes allemands (1).

Les gens qui prêtent toujours de petites causes aux grands effets ont imaginé d'attribuer l'influence exercée sur Mickiewicz à la stupeur produite chez ce dernier par la prétendue divulgation de détails intimes que Towianski tenait d'Odyniec. Cette hypothèse enfantine a été émise par Odyniec dont elle flattait la vanité. Towianski a conquis Mickiewicz en se portant garant qu'il réaliserait les espérances les plus chères du poète.

L'idée d'une rénovation universelle travaillait alors les âmes. Les Saints-Simoniens et toutes les écoles socialistes la cherchaient dans une organisation plus rationnelle de la société. Mickiewicz n'admettait que le progrès précédé d'une régénération morale. Towianski s'affirmait

---

(1) Lettre de Jérôme Bonkowski.

de force à imprimer à l'humanité l'impulsion nécessaire pour la sortir de l'ornière ; à le croire, les semences les plus précieuses du Christianisme allaient enfin germer et fructifier. L'œuvre que le César moderne n'avait qu'ébauchée, faute d'avoir su résister à l'énivrement de la toute-puissance et à la pression du monde ancien, trouverait son continuateur.

On sourit aujourd'hui de ces prédictions. Elles furent près de s'accomplir. Pie IX, sollicité par le désir universel, sembla à la veille d'initier une grande croisade au nom de la religion et en faveur de la nationalité et de la liberté. Il n'en eut pas l'énergie. Les peuples cependant secouèrent leurs trônes et, comme le pape, ils retombèrent dans l'immobilité. Mais n'est-il pas remarquable qu'un petit propriétaire lithuanien ait proclamé si catégoriquement l'imminence d'un cataclysme européen, niant que le napoléonisme eut dit son dernier mot et adjurant l'Eglise de doter les deshérités d'ici-bas de ce royaume de Dieu que son lieutenant sur la terre tarde tant à donner aux hommes, et que le Christ leur a promis, puisqu'il leur a enseigné à le demander à l'Éternel.

Peu à peu, le cours de Mickiewicz tourna au mysticisme. Towianski l'incitait à dédaigner toute considération personnelle pour se préoccuper uniquement de l'action à exercer sur son auditoire. Il fallait chauffer les âmes à blanc et plus que jamais consulter son cœur et non pas les livres. Mickiewicz a raconté à Charles Edmond Chojecki une anecdote caractéristique.

Un matin, lui a-t-il dit, je me sentais abattu, mal disposé. J'allai voir Towianski. Je lui confessai mon embarras ; je ne savais trop ce que dire à ma leçon. Sans me répondre, il prit son chapeau, nous fîmes un tour de promenade. Il s'arrêta devant une flaque d'eau, et, en la remuant lentement du bout de sa canne, il se mit d'abord à m'expliquer tout au long ce qu'elle contenait d'animalcules et passa ensuite à des considérations géologiques, parce que, sous une couche de glaise, il avait découvert un fond crayeux. Tout à coup, reculant de quelques pas et me lançant un regard courroucé ; « Vous m'écoutez avec intérêt, s'écria-t-il, depuis une demi-heure raisonner sur ce tas de boue, et vous seriez à court, lorsque vous disposez de la première tribune du monde et que le salut de votre peuple est en jeu ! » Le sang me monta au visage, l'inspiration aux lèvres. Je me dirigea rassuré, vers le Collège de France et je n'ai jamais mieu parlé.

Michelet et Quinet n'eurent pas besoin du Towianisme pour aborder les questions vitales de nos sociétés et s'attirer les foudres ministérielles. Lamennais n'eut pas besoin du Towianisme pour voir mettre ses ouvrages à l'index par la cour de Rome. Nous n'imiterons donc pas les biographes qui font de Towianski le bouc émissaire des déceptions de la dernière partie de la vie du poète. Souffrir fut son lot du commencement à la fin de sa carrière. Fils d'une nation malheureuse, il devait partager son sort et ne pouvait vieillir dans le luxe et la quiétude Olympienne d'un Gœthe ou d'un Victor Hugo. Ses sacrifices, ses tentatives, sa mort lointaine sont le couronnement naturel de son existence. Il eut à pâtir de l'entourage d'André Towianski, mais, selon le mot de Jean-Jacques Ampère, « on ne s'en prend pas à un chêne des plantes malsaines qui croissent à l'entour. » Quant à la guérison par laquelle Towianski a débuté à Paris, depuis que les médecins étudient la suggestion à distance, les bornes du possible ont reculé. D'après une définition de Towianski, ce que nous appelons miracle n'est que l'effet d'une cause que nous ignorons encore alors qu'un autre que nous la connaît, et, quelle que soit l'opinion qu'on veuille avoir de lui, cet homme extraordinaire peut avoir été en thérapeutique psychique plus avancé que le sont actuellement les docteurs de la Salpêtrière. Nous ne nous proposons d'ailleurs ni de toiser Towianski, ni de préjuger l'influence future de ses œuvres, car, alors même que cela ne dépasserait pas les limites que nous nous sommes tracées dans ce travail, cela nous semblerait prématuré (1).

L'éloquence de Mickiewicz, malgré son étrangeté, séduisait jusqu'à ses collègues, comme le constate J. Bonkowski :

(1) Avant de mourir, André Towianski a préparé une édition de ses œuvres qui nous le montre sous l'aspect sous lequel il a voulu que la postérité l'envisageât. Les deux volumes publiés à Turin en 1882 par ses exécuteurs testamentaires ne contiennent presque aucun des documents d'après lesquels on l'a jugé jusqu'ici, mais renferment en revanche une série de pièces qui le classent au premier rang des théosophes de tous les siècles. Malheureusement ces volumes, tirés à un nombre minuscule d'exemplaires, ne sont accessibles qu'à de rares privilégiés, et tant qu'ils ne seront pas tombés dans le domaine public, on ne pourra formuler en connaissance de cause et avec compétence d'opinion définitive.

Assis à une leçon d'Adam Mickiewicz derrière Michelet et Quinet, j'entendis le premier murmurer au second : — Dites-donc, Quinet, il a créé une langue française plus jolie et plus expressive que celle que nous parlons (1).

Nous verrons que l'accent faisait passer ces juges difficiles sur certaines incorrections qui échappaient parfois, quoique rarement, au professeur étranger, et que nous signale un auditeur français. Nous citerons d'abord une lettre du gendre de Michelet, Alfred Dumesnil, adressée, le 22 juin 1843, à son ami Eugène Noël :

Je ne vous ai point écrit d'un interessant spectacle auquel j'ai assisté : c'est un dîner que M. Michelet a donné à Mickiewicz seul et où Mickiewicz (dont vous connaissez l'orthodoxie) nous a parlé des Jésuites comme de ce qu'il y a de plus contraire à la religion. M. Michelet est resté très impressionné de cette visite. Nous irons tous ensemble avec M. Quinet à la dernière leçon de Mickiewicz, mardi prochain.

Eugène Noël complète la lettre de Dumesnil par les reminiscences suivantes :

Ceux qui n'ont point entendu dans sa chaire l'auteur du *Livre des Pèlerins polonais* ne peuvent se faire une idée de cette éloquence à la fois mystique et sensée, sublime et familière. Debout, les mains sur sa canne, le corps en avant, l'œil inspiré, la voix émue et vibrante, avec les apparences d'un visionnaire céleste, c'étaient souvent les paroles du plus parfait bon sens et de l'esprit le plus pratique qu'il faisait

(1) **Lettre au Président de la ville de Cracovie.**

entendre. Alors que tant de voix dans les assemblées politiques et dans la presse parlaient sans cesse de déclaration de guerre en faveur de la Pologne, lui, Polonais, s'écriait : « Remercions Dieu que la France n'ait point marché sur l'Europe en 1830. » On ferait un recueil des mots, des cris passionnés et des nobles élans de Mickiewicz à son cours : « Ne vous reposez pas sur les perfectionnements de l'industrie : les machines n'ont point d'opinion, elles donnent raison au vainqueur. » Mais il fallait entendre ces paroles de la bouche même du poète, on pourrait dire du prophète, tant il en avait l'aspect et la majesté. La phrase quelquefois n'était pas française et l'accent ne l'était jamais ; cependant quelle éloquence vraie et pathétique ! Il s'écriait un jour : « La France ne pourrait-elle pas dire à la Pologne : moi aussi, *j'ai mouru* au quinzième siècle, sous l'invasion anglaise, *j'ai mouru* sous l'Espagne et la Ligue, *j'ai mouru* en 1815 sous l'Europe coalisée et toujours je suis ressuscitée. » Ce : *j'ai mouru* répété trois ou quatre fois ne donnait à personne envie de rire.

Malgré la différence d'esprit des trois professeurs : Michelet, Quinet et Mickiewicz, leurs trois cours se confondirent momentanément en une action commune : la guerre faite au nom de la justice à l'ultramontanisme, au jésuitisme. Une souscription s'ouvrit au Collège de France (1843), destinée à perpétuer le souvenir de cette lutte courageuse par une médaille sur laquelle se trouvent groupés les profils de Michelet, Quinet et Mickiewicz. On grava sur cette médaille le mot de saint Paul : *Ut omnes unum sint* (1).

---

(1) *Jules Michelet et ses enfants*, par Eugène Noël, 1878. Le 12 avril 1884, un agrandissement de cette médaille a été placé au Collège de France, dans la salle où parlèrent Mickiewicz, Michelet et Quinet. Ernest Renan qui, en qualité d'administrateur du Collège de France, présida cette cérémonie, a dit : « Michelet, Quinet,

Un autre contemporain, le docteur Clavel, ruminant le passé, écrira en 1862 :

« C'était le temps où, pendant une semaine, on retranchait la meilleure part de son dîner, pour avoir le prix d'une place de parterre à la Comédie-Française ou au Théâtre-Italien. Le lendemain on courait au Collège de France entendre des leçons passionnées. Le professeur (sa voix est muette aujourd'hui) parlait un peu de la littérature des Slaves et beaucoup de leurs infortunes. L'auditoire haletait. Tout à coup des proscrits polonais se levaient comme poussés par un ressort. Ils étaient pâles et des larmes pendaient à leurs longues moustaches. Les bras en l'air, ils criaient : Vive la France! et tous les Français de se lever et de crier : Vive la Pologne! Un grand Anglais restait assis et silencieux, pressant de ses deux bras son chapeau contre sa poitrine. Il pleurait comme les autres. Ah! c'était le bon temps! (1) »

Towianski ne tarda pas à être expulsé de France. Le

Mickiewicz furent associés, par l'admiration de leurs auditeurs, à une sorte de trinité qu'un médaillon bien connu a consacré. Suspendu au-dessus de cette chaire, avec l'expression écrite de votre piété, ce médaillon sera pour l'avenir le témoin des sentiments que laissa dans l'âme de toute une génération l'enseignement des maîtres qui nous ont précédés. » Renan, dans son discours, appelle Mickiewicz, « une sorte de géant lithuanien, plein de la sève primitive des grandes races au lendemain de leur éveil, fraîchement né de la terre ou plutôt récemment inspiré du ciel, joignant aux intuitions des prophètes parfois leurs illusions, mais toujours plein d'une imperturbable foi dans l'avenir de l'humanité et de sa nation, idéaliste obstiné malgré toutes les déceptions, optimiste vingt fois relaps. »

(1) *Statique sociale. De l'équilibre et de ses lois.*

cours de Mickiewicz fut suspendu. A une leçon où il parlait des misères et de la grandeur morale du paysan slave, il avait fait distribuer à l'auditoire une lithographie représentant un paysan polonais en haillons et une autre fois l'image de Napoléon Ier pleurant sur la carte d'Europe. Il expliqua plus tard ainsi sa conduite dans ces circonstances :

Il est quelque fois nécessaire de faire scandale pour frapper l'esprit. En distribuant l'image lithographiée de Napoléon pleurant sur la carte d'Europe, j'ai fait au Collège de France une chose tout à fait en dehors de tous les usages. On a oublié mes leçons, mais cela on ne l'a pas oublié. Avant de partir pour l'Italie, un peu avant février, à la suite d'une discussion politique, j'envoyais à un monsieur une feuille de soldats d'un sou comme on en donne aux enfants. Cela piqua sa curiosité et le fit réfléchir. Plus tard, il comprit ce que j'avais voulu lui marquer : que c'était de là que la solution devait venir, et la seule chose dont il eût à se préoccuper. C'est M. Villemain qui m'a suspendu au Collège de France. Je n'ai pas eu à me plaindre de ses procédés. J'attaquais les doctrinaires et j'invoquais Napoléon. Le ministre me fit venir et me dit que le gouvernement ne pouvait tolérer qu'on le niât, qu'on sapât sa base, et me demanda si je ne pouvais pas, à l'avenir, laisser ces questions de côté. Je répondis : — Vous êtes dans votre droit ; moi, mon devoir est de persister à dire ces choses-là jusqu'au bout (1).

Villemain lui offrit même une mission littéraire en Italie. « Mais il ne m'était pas plus possible de me dé-

---

(1) Entretiens notés par M. Armand Levy.

lasser alors à Naples qu'il me l'eût été pendant notre insurrection de 1831 de composer des poésies amoureuses en l'honneur de Maryla », a dit Mickiewicz à un ami polonais en lui citant ce fait.

Le ministre était harcelé au sein des Chambres. Ce furent les leçons de Michelet et de Quinet qui motivèrent les premières attaques et elles vinrent de MM. de Tocqueville et de Montalembert. Tocqueville s'excusait presque à la Chambre des pairs d'attaquer des hommes qu'il honorait profondément. Montalembert se défendait de vouloir une révocation. Villemain lui répondit qu'accuser les personnes, c'est faire quelque chose de semblable à une provocation de sévérité contre elles et que l'enseignement du Collège de France se trouvait placé sous une sorte de garantie très ancienne. (*Moniteur Universel* du 17 avril 1844.)

Le tour de Mickiewicz ne tarda pas. Le 9 juillet 1844, M. de l'Espinasse monta à la tribune et interpella le ministre en ces termes :

Je ne saurais laisser voter le chapitre sans appeler l'attention de M. le Ministre de l'instruction publique sur les scènes importantes, graves, qui se sont passées dans certains cours du Collège de France. L'année dernière nous avons voté pour le Collège de France une chaire de langue slave. Cette langue, qui devait être professée dans ce Collège, ne l'a été que très accesoirement jusqu'à ce jour. On s'occupe de toute autre chose que de cette vieille langue des peuples du Nord. Le professeur admis dans ce Collège pour y enseigner cette science s'occupe d'une religion nouvelle, qu'il professe au grand scandale de la population de Paris. De nombreuses personnes du sexe assistent à ces leçons et il s'y est passé à diverses époques les choses les plus inconvenantes. Oui, Messieurs, inconvenantes, et en m'exprimant ainsi, je me sers, croyez-le bien, du langage le plus modéré. Je redoute de toucher à une question brûlante et d'autant plus délicate en ce moment, que j'aurais à vous parler de deux autres professeurs du Collège de France. Il me suffira, je l'espère, d'avoir signalé à M. le Ministre tout ce qui s'est passé.

Villemain répliqua sans faiblesse :

Au commencement même de la session, j'ai eu à répondre à un orateur généralement aussi mesuré dans son langage que savant dans ses théories, et qui avait cette fois élevé de vives objections et des reproches contre l'enseignement de quelques professeurs du Collège de France. Je dus lui faire remarquer que cet enseignement qui est destiné à des adultes, qui n'est imposé à aucune classe d'étudiants, n'a point de rapports avec l'enseignement plus restreint, plus grave et plus surveillé de l'Université. Aujourd'hui l'honorable préopinant porte à cette tribune des accusations plus véhémentes encore. Il désigne, il inculpe un étranger auquel la générosité habituelle de la France et son respect pour le malheur et pour le talent ont donné une chaire dans le Collège de France. Messieurs, il est toujours difficile et il est souvent fâcheux d'accuser un absent et d'incriminer des fautes qu'on n'a point personnellement entendues. Je dirai que l'étranger célèbre, si vivement attaqué par l'honorable préopinant, est l'auteur d'un écrit intitulé : *le Pèlerin polonais*, écrit très religieux, qui fut publié et traduit avec enthousiasme par M. de Montalembert. Je dirai donc qu'au premier aspect nulle inquiétude exagérée, nul soupçon d'irréligion ne doit s'attacher au nom de l'étranger auquel le malheur, le talent et la poésie peuvent avoir communiqué un peu d'exaltation, mais dont les premiers écrits étaient tous empreints d'un caractère si religieux et consacrés par un si pieux traducteur. Je ne puis donc légèrement admettre des accusations dirigées contre un étranger, contre un absent, contre un poète. (*Approbation.*)

M. Glais-Bizoin. — Ces outrages sont des éloges.

M. le Ministre de l'instruction publique. — Je prends acte seulement de deux choses que l'impartialité et la haute raison de la Chambre apprécieront. Le Collège de France n'est pas un collège dans l'acception du mot; ce n'est pas un de ces établissements où toutes les paroles s'adressant à une jeunesse qu'il est important de préserver doivent être sévèrement pesées, sévèrement surveillées; c'est un établissement de haut et libre enseignement. Cependant, les professeurs de cet établissement, par cela seul qu'ils professent sous la protection de l'État, je ne dirai pas au nom de l'État, car chacune de leurs paroles n'est pas soufflée par l'État, mais parce qu'ils professent sous la protection de l'État, ont des devoirs très étroits, très impérieux, des devoirs de modération, de gravité, de réserve, des devoirs que nous n'oublierons jamais de leur rappeler au besoin.

M. de l'Espinasse. Je remercie M. le Ministre de l'instruction publique d'avoir accepté implicitement le reproche que j'adresse à l'étranger.

M. le Ministre de l'instruction publique.— Mais non, pas le moins du monde.

M. de l'Espinasse.—Dans la réponse qui vient de m'être faite à l'instant même et que j'accepte avec bonheur, parce qu'elle vient à l'appui de ce que j'ai signalé à la Chambre, M. le Ministre s'est appuyé principalement de la qualité étrangère du professeur dont nous parlons. Ce moyen a été le seul dont M. le Ministre a cru devoir se servir pour disculper celui dont j'ai attaqué les doctrines. Certainement, Messieurs, je serai le premier à appuyer le gouvernement toutes les fois qu'il accueillera les nobles infortunes, mais je ne veux pas que le bon accueil fait à des étrangers malheureux leur serve d'encouragement et de prétexte pour venir empoisonner notre nation. (Exclamations.) Le professeur dont il s'agit est l'auteur d'un ouvrage que M. le Ministre connaît sans doute mieux que moi et qui est contraire aux idées de morale et d'orthodoxie reçues jusqu'à ce jour. Cet ouvrage dont il est l'auteur aurait dû certainement suffire pour le faire repousser du choix que M. le Ministre a fait. Je ne désignerai pas cet ouvrage. M. le Ministre le connaît. (Dites-le! dites-le!) Cet ouvrage, puisque vous le voulez, puisque vous m'y forçez, est la négation de tous les dogmes, qui contient la plus triste des morales et dont les pères de famille interdisent toujours la lecture à leurs enfants; ouvrage, je ne saurai trop le dire, épouvantablement écrit. Le Collège de France n'est pas un collège pour les enfants, mais c'est un lieu d'instruction d'autant plus dangereux que c'est là où les hommes faits, dont la raison est en plein développement, vont prendre de mauvais principes de science erronée. (Nouveaux murmures.) (*Moniteur Universel* du 10 juillet 1844.)

Le livre si ridiculement attaqué par M. de l'Espinasse, c'était *les Pèlerins polonais*.

Le gouvernement de Louis-Philippe éloigna les professeurs qui passionnaient la jeunesse, et celle-ci se refroidit progressivement. A l'heure des désastres nationaux, il y eut quelques lueurs touchantes, mais la flamme nécessaire pour embraser les âmes ne brûla pas sur l'autel de la patrie. Les étudiants se garèrent des entraînements humanitaires, rien ne les détourna plus du soin de leur carrière, et leurs facultés d'enthousiasme se dépensent au Chat Noir et dans d'autres cabarets.

Michelet a toujours soutenu qu'en face de la Sorbonne qui représente la tradition, le Collège de France représente l'innovation, et que lui et ses collègues furent suspendus indûment et en violation de l'institution qu'on prétendait protéger. Frappé le dernier des trois, il imprima quelque temps les leçons qu'on ne lui permettait plus de prononcer, et on lit dans son cours de 1847 :

Il était curieux de savoir comment on s'y prendrait pour me suspendre. Les prétextes trouvés pour Mickiewicz et Quinet ne pouvaient plus servir ici. On sait que Mickiewicz, professeur en titre à Lausanne, appelé par la promesse d'un titre définitif à Paris, n'en eut qu'un *provisoire,* sous le prétexte qu'il était étranger. Mais M. Rossi et bien d'autres l'étaient au moment de leur nomination. Appel inhospitalier; on invitait l'Homère du Nord au foyer de la France, et à peine arrivé, on lui disait : « Vous n'êtes point d'ici. » On lui faisait quitter un abri sûr, un asile d'adoption, pour une hôtellerie ; on le faisait asseoir sur un siège brisé d'avance.

Après avoir exposé ce qui concerne Quinet et lui-même, Michelet cite sa lettre du 2 février 1848 à M. Letronne, administrateur du Collège de France, et dont voici quelques passages :

Pourquoi vouloir donner la couleur d'un évènement fortuit

à ce qui est le dernier terme d'une progression régulière et prévue? De Mickiewicz à Quinet et de Quinet à moi, c'est un coup d'état en trois coups. Mickiewicz avait allumé un flambeau sur l'Europe, fondé le mariage des peuples civilisés et barbares, de la France et des Slaves. Quinet avait donné la profonde unité des questions littéraires, politiques et religieuse, identiques au foyer de l'âme. Moi, j'avais, dans la chaire de morale et d'histoire, commencé une œuvre morale entre toutes... pacifiant, autant qu'il était en moi, la guerre de classes qui nous travaille sourdement. Maintenant qu'elle soit fermée cette salle, tandis qu'on ouvre des tribunes ou des chaires aux ennemis de la pensée ; elle n'en a pas moins rendu par le génie de mes amis, par ma grande et sincère volonté (je me rendrai ce témoignage), un esprit d'unité nouvelle qui ne périra pas demain.

Sur le déclin de sa vie, Michelet reviendra une fois encore sur ce passé, et il dira dans le *Paris-Guide* :

Ce qui a caractérisé le nouvel enseignement, tel qu'il parut au Collège de France, c'est la force de la foi, l'effort pour tirer de l'histoire non une doctrine, mais un *principe d'action*, pour créer plus que des esprits, mais des âmes et des volontés. Par un bonheur singulier et qui prouve que ces pensées n'étaient pas proprement miennes, mais le génie de notre âge, c'est que le même chemin fut suivi en même temps par deux esprits éminents, Quinet et Mickiewicz, venus des deux bouts du monde, d'imagination très diverse et cependant concordant entre eux et avec moi par le sens profond de la vie, de l'âme populaire. Dès longtemps Quinet et moi nous marchions parallèlement sur des lignes très rapprochées. Mickiewicz, sous des formes différentes, nous était uni par le cœur, par le fond de la pensée même. En reconnaissant l'action des sauveurs et des messies, ce qu'il croyait divin, c'était leur génie populaire. Tous pouvaient devenir Sauveurs de leur race, de leur patrie. Donc ce cours oriental par le langage et les figures se rattachait intimement aux nôtres, à l'inspiration des deux homme d'Occident; c'était l'appel à l'héroïsme, aux grandes et hautes volontés, au sacrifice illimité. La diversité extérieure n'en faisait que plus ressortir l'intérieure unanimité. Mickiewicz fut forcé de percer son nuage sombre pour cette France sympathique. Pour elle il tirait du cœur une lumière de révélation qui n'eût point jailli peut-être dans les profondeurs obscures de son nord lithuanien. Nous l'avons vu quelquefois plus qu'un homme. Une flamme vivante (sublime et douloureux spectacle), des larmes mêlées d'éclairs erraient dans ses yeux sanglants. Faut-il rappeler la guerre que nous faisait le clergé? Cela n'en vaut pas la peine. Ce qui l'irritait le plus, c'était notre sincérité, notre foi paisible et forte. Je ne rappellerais pas ces incidents ridicules, s'il n'était bon de consigner ce que les ministres d'alors, M. de Broglie, M. Villemain reconnurent, ce qui restera, le droit du Collège de France : « C'est que son enseignement s'adressant au grand public, aux hommes (non aux étudiants), doit participer aux libertés de la presse, que c'est un libre examen de toutes les grandes questions, que les professeurs n'ayant rien à craindre et rien à attendre ont la pleine indépendance. Nous ne voyons, dit encore M. de Broglie, que les membres de la Cour de cassation qui puissent leur être comparés. » Nous conservions un grand calme. Je recevais force lettres anonymes, mes amis étaient inquiets. Des Italiens, des Polonais, m'offraient de venir en nombre. Tels m'offraient des armes. J'ai ri, mais j'eus beaucoup mieux que des armes. Et ce jour du 11 mai 1843 fut un des plus beaux jours de ma vie. Quinet et Mickiewicz, l'un à droite, l'autre à gauche, assistèrent à ma leçon, proclamant notre concorde et donnant à cette jeunesse (qui plus tard put voir tant d'envies) le plus beau spectacle du monde, celui de *la grande amitié*. Saint nom de l'harmonie des cœurs, sous lequel heureusement nos pères mêlaient deux choses, la fraternité d'hommes, la fraternité de patrie ! Entre la Pologne et la France, ayant près de moi, devant moi, tant d'illustres étrangers, Italiens, Hongrois, Allemands, je me sentais dans la poitrine une âme : celle de l'Europe.

Mickiewicz se vit imposer pour suppléant Cyprien Robert, être nul qui prônait la reconstitution de l'Empire de Byzance, et qui, un beau jour, a disparu sans que personne ait su ce qu'il était devenu. Le pouvoir s'effarouchait fort des agissements du poète. Le 11 juillet 1845, Louis-Napoléon Bonaparte écrivait du fort de Ham à madame Hortense Cornu :

Les craintes du gouvernement viennent, à ce que j'ai appris, de l'existence d'une Société polonaise sous le patronage de M. Mickiewicz. (Il faisait un cours au Collège de France et avait pris l'Empereur pour son prophète.) Il paraît, je ne sais pourquoi, que le gouvernement a écrit à toutes les autorités des départements pour faire surveiller ces apôtres, parce qu'il suppose, bien à tort, qu'ils s'entendent avec moi.

Au lieu du grand public, Mickiewicz n'eut plus désormais d'autres auditeurs que ceux de ses compatriotes qui lui restaient fidèles et qu'il réunissait souvent pour traiter devant eux les problèmes les plus importants de religion, de morale ou de politique. Michelet et Quinet lui soumettaient leurs doutes et réclamaient ses encouragements. A l'adoration du nombre, Mickiewicz opposait volontiers la force incalculable de l'esprit, assurant que si peu qu'on soit, on soumettrait le monde à condition de réaliser la perfection morale nécessaire à l'obtention d'un pareil résultat. Madame d'Agoult fut frappée de ces assertions du poète et elle a dit :

> Goëthe revient fréquemment, dans ses écrits, à cet élément mystérieux qu'il appelle *das Dämonishe*. Le grand poète affirme avoir été à même d'observer plusieurs de ces phénomènes chez certains individus qui exerçaient une puissance incroyable non seulement sur leurs semblables, mais encore sur les éléments. Le poète polonais Mickiewicz croyait lui aussi à cette puissance occulte qui réside en certains hommes et leur soumet l'esprit, le cœur et la volonté des autres. Croyant reconnaître chez moi à un certain degré cet élément mystérieux, il me disait, un jour où nous avions beaucoup parlé de sa patrie, de la mienne, de leurs destinées futures, etc. : « Si, vous et moi, nous faisions, dans un grand dessein, une association secrète, ne dût-il y avoir dans cette association que nous deux, ce serait un tel foyer d'électricité qu'il attirerait bientôt à soi les hommes de bonne volonté de tous les points du monde (1). »

Tout en préconisant l'action, Towianski se borna à adresser aux grands de la terre une série de sommations d'avoir à se convertir que certes ni l'Empereur de Russie, ni le Pape, ni le baron James de Rothschild ne prirent la peine de lire. D'autre part, les pratiques de certains de ses disciples finirent par ressembler aux exercices spirituels d'Ignace de Loyola : on cherchait à provoquer artificiellement ou on simulait l'exaltation. Des dissentiments se produisirent sur la direction à im-

---

(1) Daniel Stern, *Mes souvenirs*.

primer à l'œuvre et Towianski donna tort à Mickiewicz. Mickiewicz qui avait sacrifié sa chaire au Collège de France et son bien-être, qui prodiguait son temps et son labeur moral aux adhérents de Towianski et partageait avec eux ses dernières ressources, n'abdiqua pas son indépendance. Si respectueux qu'il fût pour la personne d'André Towianski, il ne pouvait se décharger sur qui que ce soit de la responsabilité d'aucun acte en désaccord avec son sens intime. Il continua à puiser dans l'enseignement de Towianski ce qui lui parut applicable à sa situation et aux circonstances, mais il préféra à la direction des lieutenants de Towianski sa propre intuition. Le 3 décembre 1845, rencontrant Bohdan Zaleski qui lui représenta qu'aucune des prédictions de Towianki ne s'était réalisée, et que cela prouvait qu'on suivait une fausse route, Mickiewicz répondit :

« Celui qui a inventé la poudre crut qu'il ferait sauter le monde ; il ne l'a pas fait sauter. Mais la poudre est restée en usage ; il en est de même de notre vérité qui est moindre que nous ne l'espérions, mais qui n'en existe pas moins (1). »

La Révolution de 1848 gronda dans les âmes bien avant d'éclater sur la place publique. Une lettre de Dumesnil à Noël, du 13 mars 1846, nous transporte au Collège de France et peint fidèlement l'état des esprits :

Je ne puis vous taire l'entrée glorieuse que Charles (Michelet) a faite hier dans la vie publique. Son nom retentit aujourd'hui dans le Premier-Paris de la *Réforme* et sera béni

(1) Propos cité dans une lettre du 3 décembre 1845, de Valérien Chelchowski à Ignace Domeyko.

de tous les Polonais. L'auditoire était plus nombreux encore que de coutume, tous étaient venus de meilleure heure. A peine les portes furent-elles ouvertes que des cris : *Vive la Pologne!* retentirent et des quêtes s'organisèrent sur tous les bancs. Cinq gros sacs furent déposés sur la chaire et, quand M. Michelet entra, l'auditoire, passez-moi l'image, était comme une immense pompe aspirante. A l'agitation extraordinaire avait succédé un silence *avide*. M. Michelet leur dit net et avec une parfaite sérénité : « Le droit est éternel. » L'effet fut immense. Après un silence de quelques secondes, tant le saisissement avait été universel, il y eut comme un embrassement de tous les cœurs ; la salle aurait dû crouler sous les trépignements et les applaudissements. Puis, M. Michelet, sans autre allusion, reprit le sujet de son cours, la nationalité. Il profita de la ferveur de son auditoire pour réclamer, au nom de la morale, au nom du droit, contre la violence, contre la terreur, contre la doctrine du *salus populi :* « Ceux qui se vantent d'avoir sauvé le peuple par la terreur ne savent point si le peuple voulait être sauvé par l'infamie. Non, le succès n'est pas tout, le salut n'est pas tout. Il ne faut pas le salut du peuple, il faut le salut de l'honneur. » Ici développement sur la Révolution française. L'histoire semblait parler pour la première fois sur cette époque. « Notre histoire n'est point celle de la Restauration, l'école fataliste qui a glorifié le succès ; notre philosophie n'est point celle de la Restauration. » Et il cita un passage de Cousin que j'extrais textuellement de la neuvième leçon du 19 juin 1828, p. 37 : « J'espère avoir démontré, dit M. Cousin, que, puisqu'il faut bien qu'il y ait un vaincu et que le vainqueur est toujours celui qui doit être : accuser le vainqueur et prendre parti contre la victoire, c'est prendre parti contre l'humanité et se plaindre du progrès de la civilisation. Il faut aller plus loin, il faut prouver que le vaincu doit être vaincu et a mérité de l'être; il faut prouver que le vainqueur non seulement sert la civilisation, mais qu'il est meilleur, plus moral, et que c'est pour cela qu'il est vainqueur. » — « Non, s'est écrié M. Michelet, non, ce n'est pas toujours le meilleur ! Cette philosophie doctrinaire n'est pas la nôtre en cette chaire de morale. » Il a terminé ainsi : « Où est notre âme, Messieurs? » (Ici un frémissement inexprimable circule dans la salle.) « Elle n'est point sur la Seine, mais sur la Vistule. J'ai senti en approchant de cette salle le mouvement de vos cœurs. Eh bien! si ce grand peuple qui agit, dont nous n'avons point de nouvelles, si ce peuple n'obtenait pas la victoire que nous demandons au ciel, nous n'en croirions pas moins sa cause juste et sainte, sainte, c'est-à-dire éternelle, et devant, un jour ou l'autre, triompher dans l'avenir. » Comment vous représenter l'effet de ces paroles, interrompues par les applaudissements et reprises par M. Michelet avec une sérénité douloureuse. Je ne l'ai jamais vu si beau que ce jour-là.

Voilà un bien long préambule pour arriver aux célèbres actions de Charles. A peine M. Michelet eut-il quitté la salle, qu'une vingtaine de jeunes gens, députés par l'auditoire, se précipitèrent dans son cabinet. Ils le félicitèrent avec une cordialité touchante, et le prièrent, comme membre du comité de la *Réforme* pour la souscription polonaise, de vouloir bien se charger de transmettre à ce journal le produit de la quête, c'est-à-dire les cinq sacs. M. Michelet répondit que son fils ou son gendre allaient immédiatement les porter aux bureaux de la *Réforme*, et il envoya Charles chercher un fiacre, car ce journal est à près d'une lieue du Collège de France. Pendant que Charles était parti, les jeunes gens revinrent, disant qu'ils accompagneraient tous le fils de M. Michelet et qu'ils iraient à pied, qu'ils ne voulaient point de voiture. Quand Charles revint avec le fiacre, il fut comme enlevé par eux, mis à leur tête, et le fiacre resta là.

En prenant les sacs, Charles me dit : « Tu viens, n'est-ce pas, Alfred ? » Comme je ne m'en souciais guère, je restai avec M. Michelet. Voilà donc Charles marchant à la tête des étudiants, portant, le malheureux, les cinq sacs. Je lui laisse la parole : « Les jeunes gens suivaient trois par trois. Nous allions très doucement, ramassant sur la route les étudiants de la Sorbonne et de l'Ecole de médecine, de sorte que mille au départ, nous fûmes bientôt deux mille. Pour éviter les postes des gardes municipaux, nous avons pris le plus long. Le monde se mettait aux fenêtres et disait : « Ce n'est pas « un enterrement. Qu'est-ce ? » Les sergents de ville regardaient, les dames de la halle apostrophaient de quolibets la troupe et son chef. A tous les détours des rues, je m'attendais à une charge de cavalerie et je ne doutais pas de recevoir les premiers coups de sabre. Enfin nous arrivâmes sans encombre rue du Croissant. Un des jeunes gens alla demander un rédacteur de la *Reforme*. Aucun ne voulut descendre : à la fin il en vint un, et je fus prié d'offrir les sacs en prononçant un discours. Je me suis avancé un peu tremblant, tenant toujours les sacs dans les deux mains et j'ai dit à peu près : « Mon-« sieur, les auditeurs du Collège de France vous prient de re-« cevoir cette quête, faite au cours de M. Michelet, pour la « souscription polonaise. » Ici se place une autre version. Charles nous assurait ce soir qu'il avait parlé, mais si bas que ni le rédacteur ni aucun des jeunes gens n'avait entendu un mot. Ce silence ne fut que plus impressionnant. Bref, noble silence ou éloquentes paroles furent saluées des cris: *Vive la Pologne!* Un des jeunes gens prit la parole pour remercier au nom des étudiants le fils de M. Michelet, et l'on revint dans le même ordre. Mais Charles, cette fois, se mit au milieu de la troupe, trouvant qu'il s'était assez exposé (1).

(1) Eugène Noël, *Michelet et ses enfants*, Paris, 1878.

On ne saurait équitablement apprécier le cours de Mickiewicz en l'isolant de celui de ses deux collègues et sans tenir compte de l'effervescence d'alors. Mickiewicz recevait la plupart des proscrits italiens et des émigrés russes réfugiés à Paris.

J'avais de la vénération pour votre père, m'a écrit Ivan Golovine, et je m'enfermais avec lui dans un silence respectueux. Je me rappelle qu'en parlant de mon activité, il dit que quand il y a un fruit mûr sur un arbre on peut etre sûr qu'il y en a d'autres. Les fruits parurent sous les noms de Hertzen et de Bakounine, qui fut trop mûr pour moi!

Mickiewicz réconfortait les Italiens qui se croyaient condamnés à un long stage à Paris, leur répétant qu'ils reverraient bientôt leur patrie. L'Orléanisme lui paraissait un édifice de boue et de crachats qu'un coup de pied renverserait. On se demandait un jour devant lui comment finirait la Monarchie de Louis-Philippe :

De la manière la plus simple, répondit le poète en riant. Deux marchandes de la halle se prendront, par exemple, aux cheveux : un attroupement se formera autour d'elles, et Louis-Philippe sera chassé.

Le 21 janvier 1848, Adam Mickiewicz partit pour Rome, accompagné de son ami Edouard Giericz.

VI

CRÉATION A ROME D'UNE LÉGION POLONAISE. — MARCHE DE ROME A MILAN. — RETOUR EN FRANCE. — FONDATION DE LA TRIBUNE DES PEUPLES. — TRACASSERIES POLICIÈRES. — RÉVOCATION DU PROFESSORAT AU COLLÈGE DE FRANCE. — MICKIEWICZ A LA BIBLIOTHÈQUE DE L'ARSENAL. — SES RAPPORTS AVEC LES NAPOLÉONS. — IL PERD SA FEMME. — MISSION EN ORIENT. — MORT A CONSTANTINOPLE. — OBSÈQUES A MONTMORENCY.

Adam Mickiewicz affectionnait singulièrement Rome. Dès 1830, il écrivait à son ami Ignace Domeyko que, de toutes les villes étrangères, Rome seule pourrait le fixer toujours dans ses murs, parce que la Cité, sans les hommes, fournit pour nombre d'années un sujet de distraction et d'études. Il retrouva la Ville Éternelle dans une agitation extraordinaire. Le Pape semblait disposé à aider les peuples à se relever de leur avilissement. Maxime d'Azeglio écrivait :

Si Pie IX veut, s'il consent à être ce que l'opinion fait de lui, la papauté est définitivement la force dirigeante. S'il s'y refuse, je ne sais ce qui arrivera. La Providence n'offre pas deux fois une occasion telle que celle-ci.

Rien n'indiquait encore que Pie IX perdrait cette

occasion. Mickiewicz vit le peuple de Rome courir au palais de l'Ambassade d'Autriche et abattre l'écusson aux armes de cet Empire. Il attendait avec confiance une conflagration européenne que redoutaient presque tous les membres de l'aristocratie polonaise alors présents dans la capitale du monde chrétien. Les exhortations que Mickiewicz leur prodiguait d'avoir à se préparer en vue d'éventualités imminentes leur paraissaient une double hérésie religieuse et politique. La nouvelle de la chute de Louis-Philippe troubla leur quiétude. Mickiewicz, transporté de joie, conçut aussitôt l'idée d'appeler ses compatriotes à se réunir sous le drapeau polonais et à marcher de Rome en Pologne. L'Italie ne leur refuserait pas des armes. Ils payeraient leur dette de reconnaissance vis-à-vis d'elle en combattant l'Autriche. Une fois nombreux, il leur serait facile de s'enfoncer au cœur de l'Autriche et d'y chercher, au nom de la liberté, des alliés parmi les Slaves et les Hongrois.

Les adversaires de Mickiewicz taxèrent cette conception de chimérique. Ils se bornèrent à tâcher de s'enrôler soit dans l'armée du Pape qui ne se battit pas, soit dans l'armée Piémontaise où les Polonais obtenaient des avantages individuels, sans que la Pologne en bénéficiât aucunement. Il y eut même de ces politiciens soi-disant pratiques qui poussèrent leurs compatriotes à servir, à Paris, dans la garde mobile destinée à réprimer l'insurrection ouvrière de juin 1848 !

Mickiewicz n'eût eu qu'à revenir à Paris pour réoccuper sa chaire au *Collège de France*. Michelet, Quinet se réinstallèrent, au nom du peuple, dans cette École, dont ils avaient été exclus au nom du Roi. Ils n'oublièrent pas leur collègue.

Le 6 mars 1848, a écrit Michelet, nous eûmes le bonheur, Qninet et moi, de rentrer dans nos chaires par la République et la Révolution, par la victoire du peuple, des écoles, de la France. Pour cette fête de famille (la famille était nombreuse), nous fûmes obligés d'emprunter à la Sorbonne sa grande salle, la plus vaste de Paris. Nous avions dans la chaire fait placer trois sièges, dont l'un était destiné à Mickiewicz, absent malheureusement. Il est allé voir des révolutions en Italie, ne se doutant pas que pour en voir une belle, il n'avait qu'à rester chez lui, je veux dire en France.

En ceci, Michelet se trompe. Mickiewicz n'allait pas voir une Révolution en Italie. Il pressentait que l'Italie serait le pays le plus disposé à accorder aux Polonais leur drapeau, ce que l'avenir confirma pleinement.

Voici l'allocution de Michelet le 6 mars 1848 :

La France est chargée de donner la paix au monde, la seule paix qui soit durable, celle de la liberté, A quel prix ? il n'importe point, nous devons tout à une telle chose, tout, y compris notre sang.

Redoutable en ce moment à toute la terre, qu'elle siège entre les nations, comme médiateur armé qui n'impose pas un silence de terreur au monde, au contraire, qui rende la voix à toutes les nations muettes.

La France ne peut pas s'abstenir. Elle ne voit rien au monde, qu'elle puisse appeler étranger. Elle se retrouve et se reconnait, comme pensée et tradition, chez les nations lointaines... Et elles la regardent et s'y reconnaissent toutes.

Entre elles, une seule différence : les unes parlent et crient :
A nous ; les autres pleurent, et ce sont elles qui ne peuvent
parler encore, dont l'appel est le plus ardent.

Non, il faut l'unité du monde, il n'y a pas à s'en dédire,
unité libre, unité sainte, unité d'âme et de cœur.

Quel signe de cette unité que ce fauteuil resté vide ! C'est
celui de la Pologne, celui de notre cher et grand Mickiewicz,
le poète national de cinquante millions d'hommes, celui dont
la parole semblait une alliance du monde, une fédération
de l'Orient et de l'Occident, qui, du Collège de France, s'étendait jusqu'à l'Asie.

Ce fauteuil est celui de la Pologne.

Mais la Pologne, qu'est-ce que c'est ?

Le représentant le plus général des souffrances universelles. En elle, je vois le peuple souffrant.

C'est l'Irlande et la famine. C'est l'Allemagne et la censure, la tyranie de la pensée sur le peuple penseur entre tous.
C'est l'Italie, Messieurs, en ce moment suspendue entre la
vie et la mort, comme cette âme du *Jugement dernier* de Michel-Ange. La mort et la barbarie la tirent en bas, mais la
France la tire en haut. Elle est sauvée de ce jour... et que
personne n'y touche !

Oui, Messieurs, tous les drapeaux de l'Europe, je les vois
flotter sur ce siège. J'y vois dix nations en pleurs, qui sortent de leur tombeau.

Leur âme, leur souffle sont ici... Leurs drapeaux sont invisibles. Ils apparaîtront bientôt. Il faut à cela une autre enceinte bien autrement haute et vaste, le champ de la Fédération et toute la voûte du ciel. Puissions-nous, aux jours
solennels où la France appellera ses enfants, puissions-nous
y voir aussi toutes ces nations amies, mêlant si bien leurs
rangs aux nôtres que tous semblent concitoyens, qu'on ne
puisse, cherchant dans la foule, distinguer un seul étranger,

et qu'un moment, du moins, l'humanité ravie se dise : Je savais bien que j'étais une et qu'il n'y a qu'un peuple au monde (1) !

Vers cette époque, un ami de Mickiewicz, ayant accompagné la femme du poète chez Michelet, entendit celui-ci lui dire :

« Madame, quelles nouvelles avez-vous de votre mari de Rome ? Écrivez-lui de suite de revenir à Paris le plus vite possible, car nous ne savons ni que faire ni que devenir ; c'est lui seul qui est capable de diriger ce grand mouvement que Dieu a visiblement suscité et que lui nous prophétisait depuis longtemps (2). »

L'une des premières préoccupations de Mickiewicz fut de prier Michelet et Quinet de réclamer du Gouvernement provisoire l'abrogation immédiate des lois odieuses édictées contre les réfugiés polonais. Les membres du gouvernement répondirent qu'ils devaient laisser à la future Assemblée l'honneur d'abolir des lois caduques. Michelet et Quinet s'adressèrent sans plus de succès aux journaux et à la jeunesse qui ne comprirent pas l'importance de la question. La réaction retrouva dans l'arsenal de la République ces lois liberticides que les membres du Gouvernement provisoire n'eurent pas la prévoyance de briser. Michelet aurait du moins souhaité que ses amis maintenant au pouvoir reconnussent le droit de Mickiewicz de remonter dans sa chaire et régularisassent sa position en lui ôtant cette appa-

---

(1) Cours au Collège de France, 1847-1848.
(2) Lettre de J. Bonkowski au Président de la ville de Cracovie.

rence de provisoire qui, déjà à l'origine, alarmait Léon Faucher. Le 12 avril 1848, il écrivit à madame Mickiewicz :

Madame et amie, Quinet m'a dit vous avoir vue et vous avoir expliqué le peu de succès de nos démarches. Notre lettre et celle de Mickiewicz (1) avaient pourtant été envoyées aux deux journaux des Écoles et au club principal des étudiants.

J'écris à M. Reynaud qui, dans ce moment, réorganise le Collège de France, et je lui rappelle que M. Mickiewicz n'a pas le titre définitif. J'assure en même temps Reynaud que Mickiewicz revient ces jours-ci. Ai-je tort de l'assurer?

Hommage affectueux,
J. Michelet.

Mickiewicz, le 29 mars, formait à Rome le noyau d'une Légion polonaise. Quoi! Un poète, dira-t-on. Un autre poète n'a-t-il pas écrit :

> Mais quand il faut briser le joug des oppresseurs,
> Liberté, poésie et guerre sont trois sœurs.

Les douze jeunes gens qui se groupèrent les premiers autour de Mickiewicz signèrent un symbole politique polonais qui burinait les principes de la Pologne renaissante. Ils n'ont pas eu le bonheur de les implanter dans leur pays, mais ce symbole reste la colonne lumineuse que les générations suivront dans leur marche à travers le désert de la servitude jusqu'à la terre promise de la

---

(1) Lettre publiée dans le 2ᵉ volume de la correspondance de l'auteur.

Liberté. Mickiewicz y proclame que l'Evangile doit devenir la loi civile et sociale des Etats, que la Pologne, ressuscitée avec le corps dans lequel elle a été déposée au tombeau, assurera chez elle la liberté du culte et de l'association, l'égalité des citoyens devant la loi. Cette égalité de droits politiques et civils est reconnue aux Israélites et aux femmes. Cet acte fut envoyé à l'Imprimerie de la Propagande. Il reçut l'approbation du R. P. Ventura et de la censure ecclésiastique. Les Résurrectionnistes polonais, qui ignoraient ce détail, déblatéraient contre ce document. Mickiewicz vit deux fois le pape et le somma de se mettre à la tête d'une croisade européenne. Pie IX ne sut pas plus diriger le mouvement de 1848, que Louis XVI n'avait su diriger le mouvement de 1789. Mickiewicz fut accueilli avec enthousiasme par les populations italiennes. Sa marche jusqu'à Milan fut un triomphe. Il parla aux foules italiennes, il les électrisa. Il obtint du gouvernement provisoire de Milan les conditions les meilleures qu'un Polonais pût souhaiter. Si la Légion ne se développa point autant que ç'eût été désirable, la faute en est à ceux qui entravèrent le poète, sans faire eux-mêmes rien qui vaille. Si modeste qu'elle ait été, cette Légion versa son sang en faveur de l'Italie. L'Italie s'en est souvenue. Une plaque a été placée, « au nom du Sénat et du peuple romain », sur la maison de la via del Pozzetto où Mickiewicz habitait à Rome en 1848, et la municipalité de la Ville Éternelle a voulu que son buste figurât au Capitole.

Ce n'est qu'après avoir conclu sa convention avec les Lombards que Mickiewicz repassa les Alpes pour envoyer de Paris à la Légion des renforts en hommes et en argent. En son absence, l'émigration se délecta des ovations faites à Paris aux Polonais. Ces anciens soldats, au lieu de courir au seul endroit où ils fussent certains de s'organiser militairement, traversèrent l'Allemagne et se répandirent en Posnanie et en Galicie.

Dès que la réaction eut relevé la tête, elle eut vite raison d'adversaires qui avaient perdu de vue que l'essentiel n'était pas de regagner au plus vite le territoire polonais, mais d'y reparaître tambour battant, baïonnette au bout du fusil et enseignes déployées. L'émigration, refoulée en France, tourna les yeux vers l'Italie, quand ses communications avec ce pays se trouvaient coupées. Le faible contingent qui soutint, au Tyrol et à Rome, la réputation du nom polonais, fut à la hauteur de sa tâche. En Hongrie, d'autres volontaires polonais affirmèrent glorieusement leur qualité de champions de la nationalité, en versant leur sang pour rendre à autrui le bien que l'iniquité de Puissances néfastes leur avait ravi à eux-mêmes.

Mickiewicz arriva à Paris le 11 juillet, c'est-à-dire au lendemain de la répression de la terrible insurrection de Juin. Towianski, après s'être borné à désapprouver les tentatives des Polonais, quelles qu'elles fussent, sans recommander autre chose que la méditation de ses écrits, et qui de Suisse venait de rentrer en France mal à propos, fut arrêté le 12 juillet sur une dénonciation qui l'accusait d'avoir combattu sur les barricades ! Malgré la fausseté manifeste de cette allégation, il eût été déporté, si madame Mickiewicz n'eût arraché à

Cavaignac l'ordre de sa mise en liberté. Les Polonais furent alors exposés à de véritables persécutions policières.

Dès mars 1848, Mickiewicz exprima la conviction que la République en France ne durerait pas et que le pouvoir reviendrait aux Napoléons. Un de ses amis, le comte Grabowski, écrivait de Rome, le 7 mars 1848, au frère aîné du poète :

Selon Adam, le gouvernement républicain ne se maintiendra pas : c'est un régime transitoire ; une main puissante se saisira ensuite de l'autorité, pulvérisera et anéantira les bavards. Pour nous, nous gagnerons le ciel ou retomberons dans un abîme plus profond.

Le 9 mars 1848, Mickiewicz écrivait à un ami :

Le rejet par Lamartine du drapeau rouge est un mauvais signe. Il sait d'instinct et le peuple sait ce que ce drapeau signifie. Le ton du terrorisme ne se ressaisira plus de la domination, mais il y aura momentanément de terribles événements locaux.

Mickiewicz pensait que les peuples doivent, coûte que coûte, en solidarisant leurs efforts, changer au profit de l'humanité la face de l'Europe ; toutefois il ne se leurrait pas de l'espoir qu'aucun des pouvoirs établis favorisât cette évolution. Il sympathisait donc avec cette fraction de la démocratie avancée qui ne se confine pas dans des doctrines et s'expose courageusement pour essayer d'améliorer le sort du plus grand nombre. Mais la démocratie chevaleresque à la Barbès, toujours vaincue et perpétuellemeut en prison, lui semblait loin du triomphe. Il croyait que la force intrinsèque de la tradition napoléonienne pousserait au premier plan les parents de l'Empereur. Rien ne lui inspirait plus de dégoût que les déclamations contredites par les actes. Montalembert défendant la Pologne et l'Irlande loin du pouvoir et, lorsqu'après 1848 ses amis sont ministres, ajournant aux calendes grecques Polonais et Irlandais, l'indignait autant que ces libéraux du *National* et de la *Réforme* qui, après avoir reproché pendant dix-huit ans à Louis-Philippe son abandon des peuples, une fois qu'ils furent aux affaires, délaissèrent plus honteusement encore les causes nationales. A ses yeux, un Napoléon avait plus de chances que personne de changer la carte d'Europe, et la défaite des Empires nationalicides laisserait aux masses le loisir de résoudre la question sociale, insoluble jusque-là. Aussi recherchait-il volontiers les Napoléons et se lia-t-il d'abord avec le roi Jérome et son fils, qui furent autorisés par Louis-Philippe à rentrer momentanément à Paris. Le roi Jérôme ne cacha pas sa surprise d'entendre quelqu'un lui affirmer que sa famille était à la veille de présider aux destinées de la France et que les Napoléons devaient se préoccuper moins des procédés par lesquels ils prendraient le pouvoir que de l'usage à en faire. Mickiewicz, en louant la foi de Louis-Napoléon dans son étoile, déplorait son attachement aux errements dynastiques de son oncle. Il tenait en haute estime le prince Jérôme.

Le prince Jérôme, en homme supérieur, sentait, disait-il, les difficultés de notre temps, la nécessité de résoudre certains problèmes, la gravité de la question religieuse. Il plaignait Louis-Philippe plus qu'il n'enviait de le remplacer. « Pourquoi ne pas vous présenter pour la Présidence de la République ? » lui disait-on. « La France pourrait voir un obstacle dans mon ancien titre de roi. Et par là je pourrais ne pas servir à consolider le nouvel ordre des choses. Mon neveu y est plus apte. Il est jeune, capable, et il a déjà fait ses preuves d'énergie. » Louis Napoléon a commis la faute de douter de la force de sa tradition. Il voulut, pour arriver à la Présidence, s'apppuyer sur les vieux partis, au lieu de s'en fier à la seule magie de son nom. Il eût été plus libre et plus fort (1).

Il arriva un soir au prince Jérôme de venir voir mon père et d'être laissé seul quelques instants dans son cabinet. Un vieil officier polonais entra et, voyant un étranger avec une rosette à sa boutonnière, il lui demanda : « Monsieur, n'avez-vous pas été au service ? » — « Mais oui. » — « Vous avez peut-être fait la campagne de 1812 ? » — « Précisément. » — « Alors vous avez connu le lieutenant X. ? » — « Non. » — « Et le major Z. ? » — « Pas d'avantage ». — « Et le capitaine Y. ? » — « Non plus. » — « Qui diable avez-vous donc connu ? » Le prince Jérôme éclata de rire. Mon père survint et fit les présentations. Le prince Napoléon fut toujours parfait pour mon père. Il s'employa, ainsi que le prince Jérôme, en sa faveur, et, sans leurs sollicitations, mon père n'aurait pas été nommé bibliothécaire à l'Arsenal. Les ministres le qualifiaient d'esprit brouillon et de ré-

---

(1) Entretiens d'Adam Mickiewicz notés par Armand Lévy.

volutionnaire incorrigible. La police adressait des rapports, tissus d'inepties, dont nous donnerons à l'Appendice un spécimen remarquable. Même bibliothécaire, il fut espionné et tracassé par la police. Très vite convaincu de l'étroitesse d'esprit de Napoléon III et écœuré de l'indignité de son entourage, il se refusa à fréquenter l'Élysée et les Tuileries, quoique le chef de l'État eût plusieurs fois demandé la raison de son abstention et que cela lui eût été répété. Avec le prince Jérôme, il s'entretenait des affaires publiques le plus librement du monde, et leurs appréciations se rapprochaient souvent. Mickiewicz crut toujours au coup d'Etat. Je lis dans les notes d'Armand Levy :

Le 1er décembre 1851, il me dit devant M. Alexandre Chodzko : « Si le Président savait toute la force qu'il a dans son nom et par sa tradition, ce n'est pas d'un bataillon qu'il aurait besoin pour metttre ces bavards à la porte, mais d'une seule poignée de sergents de ville. » Il était dix heures du soir. Le lendemain, à 7 heures 1/2 du matin, je lui apprenais ce qui venait de se passer dans la nuit. Il fut tout surpris et, se retournant vers madame Adam, il lui raconta ce qu'il avait dit la veille.

A l'occasion du coup d'État, mon père me donna cinq francs pour mes menus plaisirs, en me disant de m'amuser ce jour-là :

Parce que l'événement qui venait de se produire mettrait infailliblement la France aux prises avec les puissances copartageantes de la Pologne.

Il scandalisa Michelet en répondant à ses doléances :

Vous alliez avoir les proscriptions d'Antoine, d'Octave et de Lépide. Vous avez Octave de suite. De quoi vous plaignez vous?

Le prince Jérôme et son fils déploraient avec Mickiewicz l'inféodation de Louis-Napoléon au parti réactionnaire et clérical. Ce qui manquait au prince Napoléon, c'est la foi dans une mission à remplir. Intelligence étonnamment compréhensive et ouverte, éloquence entrainante, instincts généreux, tout semblait lui présager un grand rôle. Seulement il doutait de lui-même, et un jour qu'il s'amusait à faire du scepticisme à outrance, Mickiewicz s'emporta et dit en revenant : « Je l'ai grondé comme un collégien. » Le prince Napoléon ne s'en formalisa jamais. Il eut le mérite de reconnaître en Mickiewicz un principe supérieur devant lequel il s'inclinait, et, le 27 avril 1852, il écrivait, au sujet de Mickiewicz, à Mme Hortense Cornu, sœur de lait de Napoléon III :

J'aime et j'estime cet homme rempli de talent, de cœur et de foi, ce qui est si rare de nos temps!

Et, le 22 avril 1853, il adressait à Piétri la mercuriale suivante :

Il est vraiment incroyable que les mêmes raisons de suspicion existant avant 1848 soient invoquées aujourd'hui, qu'elles devraient être des recommandations.

C'est en grande partie à son culte sincère pour la mémoire d'Adam Mickiewicz que les Polonais furent redevables de l'appui qu'ils trouvèrent auprès du prince Napoléon. Le Palais-Royal fut un véritable bureau des affaires polonaises. Le prince Napoléon ne se lassa jamais de protéger de son influence les émigrés. Lorsqu'éclata l'insurrection de 1863, il assista à leurs délibérations et les aida de sa bourse. Si Napoléon III, cédant aux instances de son cousin, eût dépensé au profit de la Pologne les millions et le sang français qu'il gâcha au Mexique, il ne serait pas mort à Chislehurst. Je me souviens d'avoir vu, enfant, arriver chez mon père Pierre Bonaparte, en uniforme, je crois, de chef de bataillon. D'opinions très avancées, Pierre Bonaparte professait la plus grande admiration pour la Pologne, il a chanté en vers son insurrection de 1863 et traduit des poésies de mon père. Mais il manquait des capacités de son cousin le prince Napoléon, n'exerça jamais d'influence et n'eut pas avec mon père de relations suivies.

Au lendemain de l'élection du 10 décembre 1848, il fut question d'un grand banquet à offrir à Louis-Napoléon. Rybinski, dernier généralissime des armées polonaises en 1831, pria mon père de lui composer le toast qu'il prononcerait en cette occasion et dont voici le texte tel qu'il s'est conservé écrit de la main de mon père :

Soldat d'une époque où les Polonais et les Français se sentaient le plus intimement unis ; d'une époque où les Polonais et les Français ont fait les plus grandes choses qui aient jamais illustré leur nation ; d'une époque où les noms de Polonais et de Français jetaient le plus vif éclat, je porte la santé de celui dont le nom nous rappelle cette époque. Puisse-t-il nous redonner ces sentiments dont le souvenir nous rend encore heureux !

Le banquet projeté n'eut pas lieu.

Au commencement de 1849, le Dʳ Mayer, recteur de l'Université Jagellonienne, fit des ouvertures à Mickiewicz en vue d'une chaire qui se trouvait vacante à Cracovie. Mickiewicz accepta en principe, sans se faire probablement de grandes illusions. L'Autriche d'alors ne pouvait admettre le récent promoteur d'une Légion destinée à la combattre, et n'eût pas toléré dans l'ancienne capitale de la Pologne un enseignement si vivant. A la même époque, Michelet annonça à Mickiewicz, auquel on venait d'imposer de nouveau la ridicule suppléance de Cyprien Robert au Collège de France, son intention de se remarier. Sa lettre est du 27 janvier 1849 :

Cher et illustre ami. J'ai le cœur brisé de votre nouvelle persécution. Ah! nous entrons *dans un âge barbare*, ennemi de la pensée! Je l'ai dit à mon cours. J'ai dit aussi que vous seul aviez été vrai prophète. Vous seul avez prévu.

Brisé d'abord, je me suis raffermi et j'ai reconnu Dieu, qui prodigue à ce point les épreuves aux héros et aux saints.

Depuis longtemps je voulais vous serrer la main et vous faire part, ami, d'un changement grave qui va se faire dans ma situation. Le changement est vraiment un acte de foi, à l'entrée des temps difficiles qui se préparent et sous un horizon si sombre.

Ma vie laborieuse, solitaire, vous le savez, a longtemps reposé sur deux personnes, mon père, mon gendre. — Mon père est mort, mon gendre est devenu décidément un homme, il a déployé de grandes ailes; il me reste de cœur, mais, de plus en plus, qu'il le veuille ou non, *il faut* qu'il s'éloigne de moi : — à ce prix il sera lui-même.

Voilà donc, mon ami, mon foyer divisé. Lot va à l'Orient, Abraham à l'Occident.

J'ai regardé alors autour de moi, et je me suis adjoint la personne qui, avec mon gendre, représente le plus ma pensée. Elle a été formée par mes livres, comme lui par mon enseignement.

Cette personne est une femme, une jeune demoiselle. — Je l'épouse, malgré la différence d'àge. *C'est ma fille, selon l'esprit*; — à ce titre, sa destinée était tracée, malgré l'erreur du temps; elle m'appartenait, et ne pouvait être qu'à moi.

Française et du midi, elle a une mère anglaise; sa grand'-mère était allemande. Elle a trois nations, un monde, en elle. Mais son cœur est plus grand.

Des circonstances, longues à détailler, décident actuellement ce mariage. Nous n'avons pas choisi ce moment, le moment où tout cœur halète, où la terre est sanglante, où toutes les grandes villes ont été foudroyées. Mais justement parce que le moment est si grave, parce que nous avons à attendre de grands événements, je n'ai pas voulu laisser plus longtemps mon amie seule. — Elle non plus, dans l'espoir de partager tout ce qui m'adviendra, si j'ai des devoirs périlleux, si quelque grande persécution comme la vôtre doit m'honorer un jour. Elle vient en retenir sa part.

Je voudrais vous la présenter, *si je savais l'heure* où l'on vous trouve, la présenter à madame Mickiewicz; — avec elle je vous amènerais une dame de grand cœur chez qui elle demeure avant son mariage, madame Bachellery, maîtresse de pension. Cette dame désire ardemment vous voir; elle me charge de l'introduire près de vous et de vous dire qu'elle serait bien heureuse si elle pouvait recevoir chez elle vos filles (sans intérêt bien entendu).

Je vous serre la main et de cœur.

J. Michelet.

Il y eut à ce propos un échange de lettres. Michelet

demanda à Mickiewicz de lui servir de témoin au mariage, qui fut purement civil. Les autres témoins, si ma mémoire ne me trompe, furent Lamennais et Béranger. Mickiewicz accepta par le billet suivant du 6 mars 1849 :

Monsieur et cher ami, je veux bien être le témoin d'un acte qui est pour vous une promesse de bonheur. Vous avez raison de penser qu'un tel acte ne doit pas être accompagné de formules stériles. Les magistrats de l'église sont aujourd'hui ceux qui comprennent le moins l'institution du mariage. Et c'est l'un des plus grands malheurs de l'époque actuelle.

Votre dévoué,
Adam MICKIEWICZ.

Le Collège de France se trouvait fermé à Mickiewicz. A la mi-mars 1849, il fonda, grâce au concours de son ami Xavier Branicki, le journal quotidien *la Tribune des Peuples*. Roumains, Russes, Hongrois, Italiens, venaient plaider leur cause dans cette feuille apostolique. Branicki, excédé de sollicitations, imposa à Mickiewicz quelques collaborateurs gênants. L'un d'eux, en insérant, le 13 juin, des appels insurrectionnels, provoqua la suspension du journal. Il eut la bonne foi de dégager la responsabilité de Mickiewicz en avouant avoir agi à son insu; mais quand le journal reparut le 16 octobre, le ministre Dufaure menaça Mickiewicz d'être expulsé du territoire français s'il y publiait une seule ligne. Sans cesse en butte aux vexations de la police, Mickiewicz, le 3 octobre 1849, s'était adressé au département de justice et de police du canton de Vaud. Rappelant que n'étant ni naturalisé français, ni professeur en titre au Collège de France, sa seule qualité légale restait celle de professeur honoraire de l'Académie de Lausanne, il ajoutait : « Les agents subalternes de l'autorité procèdent à l'égard des étrangers dont ils ne peuvent connaitre ni les précédents, ni le caractère, avec tout l'arbitraire propre à ces temps de discordes et de troubles. Des individus, qui d'ailleurs n'avaient pris aucune part aux affaires politiques, furent ainsi exposés au danger d'être mis en prison et sommairement jugés sans forme de procès. » Les autorités du canton de Vaud déférèrent au vœu de Mickiewicz, et le ministre à Paris de la Confédération Helvétique reçut l'ordre de lui délivrer un passeport suisse.

Le 12 avril 1852, un décret présidentiel révoqua Michelet, Quinet, et Mickiewicz, ce dernier sous prétexte qu'il était en congé depuis plusieurs années. Mickiewicz perdait ainsi le traitement de trois mille francs qu'il touchait. Mickiewicz répondit, le 18 avril, à Fortoul que les motifs qui l'avaient fait, comme professeur, sortir de la lettre de son programme étaient de la nature de ceux qui obligent parfois les hommes d'État les plus scrupuleux à sortir de la lettre de la loi pour en maintenir l'esprit, et que, quant à ses congés, ils lui avaient été continués malgré ses réclamations. Il fallut toute l'insistance du roi Jérôme pour qu'en novembre 1852, Mickiewicz fut nommé Bibliothécaire à l'Arsenal. Il y trouva heureusement, en qualité de conservateur, Laurent de l'Ardèche, homme excellent, qui lui épargna, autant qu'il fût en lui, les ennuis du service. Lors des prédications Saint-Simoniennes, Laurent de l'Ardèche avait élevé la voix en faveur de la Pologne. Historien de Napoléon I*r*, ses idées concordaient, sur beaucoup de points, avec celles de mon père, qui eut bientôt dans son supérieur hiérarchique un ami dévoué.

La vie militante de mon père a porté plus d'un de ses biographes à pousser ses peintures au noir. Les membres de l'aristocratie polonaise qui venaient voir Mickiewicz un peu comme une curiosité, et qu'en général il rabrouait durement et devant témoins, s'apitoyaient au retour sur sa misère et sur son entourage. Ils s'offusquaient que le poète témoignait plus d'égards à des émigrés aux habits fripés qu'à eux, gens titrés et irréprochablement mis. Ils attribuaient au mysticisme tout ce qui les avait choqués. La critique a accueilli ces récriminations. Il s'est créé une sorte de légende selon laquelle le poète aurait, de 1841 à 1855, vécu uniquement en compagnie de quelques compatriotes à l'aspect monacal et rébarbatif. Ce sont là des tableaux absolument fantaisistes. Dans les années matériellement les plus pénibles, Mickiewicz habita des logements confortables et gais, presque toujours une maisonnette entière avec jardin. Sa femme eut soin de lui réserver une grande pièce où les bruits du logis ne parvenaient pas. Peu soucieux du lendemain et enfant d'un pays dont l'hospitalité est proverbiale, il est rare qu'il n'eût quelque ami à dîner. D'autres amis passaient la soirée chez lui. Dès l'instant où Mickiewicz n'a témoigné aucune servilité vis-à-vis du Saint-Siège et qu'il a autant estimé

Barbès et Mazzini que méprisé Guizot et Metternich, il ne déplairait pas à certaine école d'accréditer qu'il eut un intérieur lugubre, des intimes faméliques et bornés, et que lui-même ne fut plus qu'un Titan foudroyé. En exaltant sa grandeur passée, de pseudo-apologistes déplorent hypocritement une prétendue éclipse qui n'a jamais existé. La vérité, c'est que Mickiewicz fut plus grand à la fin qu'au début ou qu'au milieu de sa carrière, et que c'est en pleine marche ascendante que la mort l'a surpris. Son œuvre est un temple aux degrés inférieurs duquel des gens s'arrêtent essoufflés en regrettant que l'escalier soit plus long que leur haleine. Mickiewicz vécut au milieu d'une élite intellectuelle dont les pédants qui le dénigrent seraient embarrassés de réunir dans leurs salons l'équivalent. Si son ami Bohdan Zaleski fut toujours un hôte rare, parce qu'il habitait les environs de Paris, il n'en était pas de même du poète Sévérin Goszczynski, d'Alexandre Chodzko, de Félix Wrotnowski, etc. D'entre les amis français, je citerai Michelet, dont Mickiewicz aimait beaucoup la fille Adèle qu'il avait connue enfant, et qui épousa Alfred Dumesnil; Quinet et sa première femme ; Henri Martin, etc. Sainte-Beuve le consultait sur des problèmes littéraires. Presque chaque semaine il dînait en ville, et passait plutôt deux soirées qu'une, au dehors, le plus souvent chez des amis polonais établis à Paris ou de passage. Charles Sienkiewicz, l'organisateur de la Bibliothèque polonaise à Paris, le réunissait fréquemment à sa table avec des écrivains polonais récemment arrivés et avides de le connaître. Presque tous les jeudis, il fut, pendant tout son séjour à Paris, le commensal de madame de Klustine. Il donna la preuve de son dédain des préjugés même nationaux, en choisissant pour marraine de son fils aîné cette dame, vénérable entre toutes, mais russe et schismatique... Outre le comte de Pons et M. Hippolyte Delaveau (le traducteur des *Mémoires de Hertzen*), il arriva souvent à Mickiewicz de rencontrer aux dîners du jeudi de madame de Klustine des personnages russes officiels auxquels il ne ménagea jamais la vérité, ce dont quelques-uns d'entre eux, non encore atrophiés par le Tsarisme, lui surent un gré infini. Les calepins d'amis de Mickiewicz permettent d'établir l'emploi de bien de ses soirées, et, s'il évita les réceptions du grand monde, il ne se claquemura pas. Restait-il au logis, sa femme, musicienne consommée, lui jouait ses morceaux favoris, ou encore il faisait à haute voix des lectures à ses enfants. Son étonnante sérénité résistait à l'adversité. Son âme fut comme un ciel de printemps traversé de nuages, sillonné même d'éclairs, mais où le soleil reprend ses droits. Le soir, la conversation passait des sujets les plus graves aux anecdotes et aux réminiscences, et ses enfants avaient peine à s'arracher de son cabinet pour aller travailler. Les visiteurs une fois partis, Mickiewicz voulait que son fils aîné, par exemple, lui récitât ses leçons et lui montrât ses devoirs qu'il corrigeait. Cette besogne terminée, il s'informait avec sollicitude des moindres détails de la vie de collège et lui contait ce que fut de son temps l'existence de la jeunesse en Lithuanie.

Les complications orientales, en 1853-1854, éveillaient dans les cœurs polonais les espérances les plus vives. Le jour où l'armée française débarqua en Crimée. Henri Sluzalski arriva avec le journal qui contenait cette grande nouvelle et la proclamation de Saint-Arnaud. « Que dit-il dans sa proclamation? » s'écria-t-on de toutes parts. « Oh! » répondit Sluzalski en parodiant la proclamation de Bonaparte en Egypte, « il dit aux troupes : Soldats, du haut de ces collines quarante mille moutons vous contemplent ! »

Mais si la guerre franco-russe ouvrait à Mickiewicz de riants horizons, la santé de sa femme lui causait les appréhensions les plus justifiées. La critique a souvent dénaturé le caractère de la femme du poète. D'un patriotisme ardent, d'un stoïcisme qui défiait les tortures du corps et de l'esprit, d'une charité qu'aucune ingratitude ne rebutait, elle n'entrava jamais son mari, chaque fois qu'il crut devoir sacrifier aux inspirations de sa conscience la sécurité matérielle de sa famille. Elle fut presque continuellement dans des situations exceptionnelles auxquelles elle ne tint tête qu'à force de courage et d'oubli d'elle-même. Son mari ne soupçonna pas toujours au moyen de quels prodiges d'énergie elle maintenait à flots une chaloupe où il embarquait parfois inconsidérément plus de passagers qu'il n'y avait de places. Quand vint Towianski, ses disciples s'imaginèrent souvent découvrir un don particulier chez les moindres d'entre eux; par humilité ils se rabaissaient eux mêmes ou rabaissaient autrui devant ce phénix d'un jour qui finissait par se montrer un oiseau fort ordinaire. Quelques lettres écrites dans des circonstances appréciables des seuls initiés peuvent égarer le jugement d'observateurs superficiels. Des médiocrités littéraires qui n'osaient même se présenter chez Mickiewicz ont, sous forme de *Mémoires*, vulgarisé des anecdotes d'estaminet ou de grossières inventions personnelles. L'avenir nous réserve sans doute d'autres surprises de ce genre. Quels que soient les mensonges qu'on forge, Céline Mickiewicz, si elle les eût prévus, les eût dédaignés. Elle aurait droit qu'on gravât sur son cercueil les beaux vers du poème de *Conrad Wallenrod* :

Où prendre son essor et à la recherche de quelles délices, quand on a connu le grand Dieu au ciel et aimé un grand homme sur la terre?

Elle supporta avec une constance inébranlable une maladie des plus douloureuses. Selon l'expression d'une lettre de son mari, elle se prépara à la mort avec autant de sang-froid qu'à un voyage.

Elle mourut, a écrit Alexandre Chodzko, au milieu de vives souffrances et avec un grand héroïsme. Son mari rappela souvent avec admiration ses derniers moments. « Elle s'est éteinte comme un soldat blessé », m'a-t-il dit. J'ai assisté à cette agonie. Adam, penché sur la tête de la mourante, pleurait et la ranimait, et, lorsqu'elle eut expiré, il courut décrocher un miroir, et l'approcha des lèvres de sa femme, mais elle ne respirait plus. Se tournant vers moi : « vois, ses yeux regardent encore. »

En la reconduisant au cimetière Montmartre, mon

père me dit qu'il la transporterait plus tard à Montmorency et qu'il voulait un jour reposer à jamais auprès d'elle.

En mai 1855, lors de l'attentat Pianori, le prince Adam Czartoryski imagina de rédiger une adresse dans laquelle il était dit que les Polonais bénissaient la Providence d'avoir protégé la vie de celui dont ils espéraient tant. Le prince alla chercher M. Mickiewicz et le pria de l'accompagner aux Tuileries, pensant qu'il pourrait y avoir là une occasion de placer un mot pour la Pologne. M. Mickiewicz s'y rendit. L'Empereur les reçut dans un salon où il y avait du monde. Il leur exprima d'un ton sourd ses sympathies pour la Pologne, puis élevant la voix pour être entendu des officiers de sa maison, il ajouta : « Je ne puis rien pour elle. » Cette duplicité dans l'accent, ce double langage fit mal à M. Adam. Il ne souffla mot. Mais le soir, en me racontant l'entrevue, il me dit : « Ce n'est qu'une âme vulgaire. » Il ajoutait en parlant de l'attitude du prince Czartoryski : « Le plus prince des deux, c'était le Polonais (1). »

Tout rappelait à l'Arsenal, au poète, la perte qu'il venait de faire. Le surlendemain de l'enterrement, il confia son plus jeune fils Joseph, âgé de quatre ans, à la femme d'un de ses amis. Il savait que Mme Falkenhagen-Zaleska, fille du romancier et dramaturge Korzeniowski et elle-même sans enfant, entourerait de soins l'orphelin. Laissant ses trois autres fils continuer leurs études et ses deux filles auprès de leur tante, Mlle Sophie Szymanowska, il méditait d'entreprendre un

(1) Entretiens d'Adam Mickiewicz notés par Armand Levy.

lointain voyage. Il se proposait d'aller servir en Orient sa patrie plus efficacement qu'il ne le pouvait de Paris. Il pensait retremper ainsi sa santé et trouver peut-être au retour une situation plus conforme à ses goûts et à ses charges nombreuses que celle de bibliothécaire.

Il n'était pas facile de décider le gouvernement français à lui confier nne mission dans les pays slaves. Adam Mickiewicz s'en ouvrit au prince Adam Czartoryski, le seul émigré bien vu aux Tuileries et l'intermédiaire obligé de tous ceux de ses compatriotes ayant affaire aux ministres de Napoléon III. Le prince Czartoryski s'entremit activement en faveur du poète, mais rencontra l'hostilité de certains ministres, notamment de H. Fortoul. En Orient, Mickiewicz allait plutôt dépendre du ministre des affaires étrangères, mais l'intervention du ministre de l'instruction publique devait surtout masquer le côté politique du voyage. Le 25 juin 1855, Czartoryski écrivit à M. Fortoul :

Monsieur le Ministre, conformément à ce que Votre Excellence m'avait dit, j'ai informé M. Mickiewicz qu'elle le recevrait volontiers et que quatre heures était le moment de la journée qui lui donnerait le plus de chance d'être reçu. Il s'est présenté plusieurs fois au ministère à cette heure, mais je crois que son nom n'a pas été porté. D'après les réflexions que vous m'avez faites, monsieur le ministre, au sujet de la mission de M. Mickiewicz, il a rédigé l'écrit ci-joint qu'il se proposait de vous remettre. Veuillez, monsieur le Ministre, en prendre connaissance et me faire savoir le jour et l'heure où vous pourriez accorder à M. Mickiewicz un quart d'heure d'audience, ou bien il attendra vos ordres directs. Je ne doute pas qu'après une ou deux conversations, vous ne changiez d'opinion à son égard. C'est réellement une justice qui lui est due. Pour ma part, c'est mon amour-propre national qui me fait attacher un grand poids à ce que vous preniez, monsieur le Ministre, une opinion favorable et, j'ose le dire, méritée d'un homme qui jouit d'une réputation hors ligne non seulement en Pologne, mais dans tout le monde slave. En tous cas, je puis garantir deux choses, savoir : que dans la mission que S. M. l'Empereur veut lui confier, M. Mickiewicz rendra de bons services à l'instruction publique et à la France, et qu'il se tiendra strictement aux instructions qu'il aura reçues.

Veuillez, monsieur le Ministre, agréer l'assurance de ma haute considération.

A. Czartoryski.

Voici la note dictée par Adam Mickiewicz à M. Armand Levy et remise à M. Fortoul. Le poète fournissait lui-même au ministre de l'instruction publique le canevas des instructions qu'il allait recevoir :

Depuis les réformes introduites en Turquie par le Sultan Mahmoud et que le gouvernement actuel ne cesse de développer, il s'est établi des rapports de plus en plus fréquents entre les chrétiens de la Turquie ainsi que les habitants des principautés Danubiennes et les peuples de l'Occident. Les événements actuels laissent prévoir que ces rapports auront un nouveau caractère plus intime encore, — et qu'ils s'affermiront.

On a vu déjà des savants et des employés haut placés dans l'instruction publique de ces pays venir étudier en France les questions concernant l'établissement des Ecoles, des Bibliothèques, des imprimeries, etc. Les voyageurs français, de leur côté, ont eu l'occasion de visiter et d'observer avec plus de liberté que cela n'a été possible jusqu'ici ces pays si intéressants sous tous les rapports. Un commerce considérable de librairie trouve déjà des débouchés jusque dans les contrées éloignées de Bosnie et de Bulgarie. L'Occident scientifique et littéraire est appelé à exercer une nouvelle influence sur ces peuples.

Le Ministère de l'Instruction publique désirerait avoir des renseignements précis sur la nature et l'étendue de cette influence, ainsi que sur les centres principaux des populations chrétiennes où elle s'exerce, où elle apparaît plus manifeste.

1° Il désirerait avoir le tableau exact des établissements scientifiques et littéraires qui existent maintenant chez les chrétiens habitant la Turquie et les principautés du Danube;

Avoir connaissance de leurs lois d'organisation;

Quelles sont les méthodes suivies dans les Ecoles publiques et les livres classiques maintenant en usage;

Quels sont les auteurs occidentaux les plus connus et les plus populaires, et les livres que l'on y a traduits;

Comparer la proportion des écrivains allemands et français pour les livres traduits;

Quel est à peu près le nombre de livres exportés de la France, quel chemin prend ce commerce, quelles sont les lois de la censure et de la douane.

Y a-t-il dans les Bibliothèques quelques manuscrits, soit anciens soit du moyen âge, qui concernent la littérature classique de l'Occident?

La personne chargée de cette mission se rendra d'abord à Constantinople. Elle trouvera là, auprès de l'ambassade française, des renseignements utiles sur la matière qu'elle complètera par l'examen des Bibliothèques et des imprimeries chrétiennes établies à Constantinople, ainsi que par les éclaircissements qu'elle pourra puiser tant auprès des étrangers que des chrétiens turcs établis dans la capitale.

2° De Constantinople, elle se rendra par la Bulgarie à Widdin, centre de ce pays. Un court séjour dans la Bulgarie suffira pour prendre connaissance de tout ce qui peut importer, avoir trait à la présente mission. Le lieu le plus intéressant sous tous les rapports sera Belgrade. On ne doit même pas se borner à profiter des ressources scientifiques qui se trouvent dans cette capitale de la Serbie. Le pays serbe est si intéressant au point de vue historique et littéraire qu'il serait utile d'en visiter toutes les villes un peu plus considérables. Dans celles de la frontière de Bosnie, on pourra prendre des informations sur l'Hertzegovine et la Bosnie, dans le cas où il serait impossible par suite des circonstances, de pousser l'excursion jusqu'à ce pays, et jusqu'au Monténégro.

De la Serbie on ira en Moldavie et Valachie par la Dobroutcha (1).

Mickiewicz trouva un accueil plus courtois auprès du comte Walewski qu'auprès de H. Fortoul. Cependant, ce diplomate, qui jadis avait fréquenté le salon du poète en qualité d'émigré polonais, le reçut en se félicitant de faire la connaissance d'un homme aussi éminent. Mickiewicz se comporta également comme s'il eût vu Walewski pour la première fois. Ce ministre recommanda instamment à Mickiewicz d'éviter ce qui pourrait compromettre la France. « Si j'avais à prendre, lui répon-

---

(1) Le lecteur trouvera dans l'*Appendice* cette note telle que H. Fortoul la retourna à Mickiewicz après l'avoir modifiée.

dit Mickiewicz, une initiative du genre de celle que redoute votre Excellence, Elle peut tenir pour certain que je lui aurais adressé ma démission la veille. »

Le poète se proposait de prendre la route de terre. L'adhésion d'André Towianski à l'action qui se préparait eût entraîné celle du colonel Charles Rozycki, le plus fervent de ses disciples, et que Mickiewicz considérait comme l'homme le plus capable de mener à bien une formation militaire. De Suisse, où Towianski résidait, Mickiewicz se serait rendu en Posnanie, auprès de son frère François qu'il n'avait point vu depuis 1832. Or des difficultés s'élevaient à Constantinople entre Michel Czaykowski, créateur, sous le nom de Sadyk Pacha, d'un régiment de Cosaques Ottomans, légion polonaise déguisée, puisque les cadres en étaient presque exclusivement polonais, et le comte Ladislas Zamoyski, qui entendait reléguer Czaykowski au second plan et prendre lui-même le commandement d'un second régiment plus exclusivement polonais et à la solde non plus de la Turquie, mais de l'Angleterre. Mickiewicz renonça avec chagrin à son plan primitif pour lui substituer la traversée par mer, en compagnie du prince Ladislas Czartoryski que son père dépêchait en Orient.

Le 9 septembre 1855, le prince Adam Czartoryski donna en son palais de l'hôtel Lambert un dîner d'adieu à l'occasion de ce double départ. Adam Mickiewicz porta un toast au vieux prince, à sa constance qui résiste à toutes les déceptions. Le Prince répondit que, contrairement à ses espérances, il n'avait encore obtenu l'assentiment ni de la France ni de l'Angleterre à la création de légions polonaises; qu'il envoyait son plus jeune fils à Constantinople en témoignage de l'intérêt porté par lui aux Cosaques Ottomans et qu'il se félicitait de ce que le gouvernement français eût confié une mission en Orient à Mickiewicz. « Son nom, s'écria le prince Adam, et la coïncidence de son départ avec celui de mon fils donnent à ce voyage une importance nationale. »

Mickiewicz pressentait que des complications surgiraient peut-être de la simultanéité de sa présence et de celle du prince Ladislas sur le théâtre des événements. C'est l'idée qu'il exprima à son ami Alexandre Biergiel en se rendant le 11 septembre au déjeuner d'adieu qui eut lieu au restaurant de la Tour-d'Argent, quai des Tournelles. Vingt-cinq personnes y participèrent. Théodore Morawski, ancien ministre des affaires étrangères de Pologne, porta la santé du prince Adam, qui n'était pas présent au banquet. Adam Mickiewicz porta celle de Sadyk Pacha en le justifiant, ainsi que Bem, de s'être servi de l'Islamisme comme du dernier moyen de servir la Pologne.

En retraçant le voyage à Constantinople, les suprêmes efforts et la fin d'Adam Mickiewicz, nous céderons le plus souvent la parole à ses compagnons de route.

Le 11 septembre 1855, Mickiewicz embrassa une dernière fois à la gare de Lyon ses enfants, qui ne devaient plus le revoir, et partit en compagnie de Henri Sluzalski. Un ami français, Armand Levy, le rejoignit en chemin. Nous avons les lettres d'Armand Levy à nous et celles de Henri Sluzalski à mademoiselle Sophie Szymanowska, belle-sœur du poète. Henri Sluzalski tint en outre un journal auquel nous ferons des emprunts. Il nous sera difficile, en puisant dans la correspondance de gens suivant le même itinéraire, d'éviter quelques répétitions. Heureusement elles seront de peu d'importance, car les mêmes objets éveillent dans les âmes les impressions les plus diverses. Henri Sluzalski ne manquait pas d'instruction et il était doué d'une verve peu commune. Né dans le royaume de Pologne du Congrès de Vienne et épris de l'Ukraine, il se persuada à la longue et finit par persuader un peu aux autres qu'il avait vu le jour dans les steppes. Sa mémoire fourmillait d'anecdotes qui s'entre-croisaient dans d'interminables récits, émaillés d'expressions étranges et de dénouements imprévus. Adam Mickiewicz disait de la faconde de Henri : « C'est un parlage innocent et qui me repose. » On pouvait en effet s'abstraire un quart d'heure d'une narration de Henri et l'écouter de nouveau sans pâtir de cette distraction, tellement il changeait souvent les figures de son kaléidoscope. On pouvait même ne pas l'écouter du tout, et il ne s'en apercevait même pas, grisé par ses improvisations. Primitivement mon père songea à emmener un autre ami, Alexandre Biergiel, qui, alors en province, déclina cette offre pour raison de santé. Sluzalski avait déjà rempli en 1848, auprès de mon père, le rôle de factotum, et c'est de rechef sur lui que mon père comptait se décharger de la prose du voyage, c'est-à-dire du choix des hôtelleries, de la surveillance des bagages, etc. Enfin il s'agissait de pérégrinations en Orient, et Henri possédait plus d'un talent utilisable sous la tente. A peine en wagon, il consigne sur son calepin sa résolution d'être l'historiographe de l'expédition.

Je me propose, dit-il, de tenir le journal de notre voyage. Vers trois heures du matin, au milieu d'un demi-sommeil, le *Janissaire polonais* (1) me galope par l'esprit comme un tsigane à travers une foire. Qu'un Kozak polonais note donc ce qu'on a fait et où on a été. Qui sait si un jour sur cette Sicz (2) renaissante, il ne circulera pas autant de fables que sur le loup-garou. Il sera alors permis d'invoquer un témoin oculaire qui aura consigné au jour le jour ce qu'il aura entendu, mais modestement, par égard pour le papier. Ce n'est pas la première fois que j'ai conclu de pareils contrats avec moi-même, seulement ils sont toujours restés à l'état de bonne intention. Déjà à Szczebrzeszyna, en quatrième, j'eus la fantaisie de noter mes impressions enfantines que je cousais au fur et à mesure dans mon uniforme pour les dérober aux regards inquisiteurs du prêtre qui nous surveillait. Plus tard, Dieu m'est témoin que je n'en eus plus le loisir, car où l'homme ne s'est-il pas trouvé, et voici qu'aujourd'hui cela promet. C'est pourquoi je ne négligerai point de tout écrire. Si j'avais commencé plus tôt, nos préparatifs eussent rempli un volume. Avec quelle joie au cœur je bouclai nos malles! Mon tour est venu, le Seigneur m'a fait signe du doigt : va, mon fils! je te joue du violon pour que tu n'aies pas de nouveau à recommencer dix-huit années pareilles. Les flottes

---

(1) Les mémoires d'un Polonais enlevé par les Turcs, incorporé dans les Janissaires, et qui assista à la prise de Constantinople, constituent un des monuments les plus anciens de notre littérature. J'en ai publié la traduction intégrale dans le journal l'*Espérance* qui paraissait à Genève. (Numéros du 7 au 18 novembre 1859.)

(2) Capitale des Kozaks Zaporogues détruite en 1775 par ordre de Catherine II.

engagées, une première étape à Malakof, puis sus sur Sébastopol, ne sont-ce pas là de joyeux pronostics ? En traçant ces lignes, j'entends résonner le sabot des chevaux, trois escadrons défilent, quand verrons-nous nos propres cavaliers ? A cette pensée, je crains qu'une larme ne salisse mon papier. J'aperçois de l'artillerie et la musique du sabot des chevaux me tinte de rechef aux oreilles.

Le lecteur n'oubliera pas que ce sont les épanchements d'un émigré polonais que le repos ronge et que la seule perspective de l'action enivre. En traduisant la prose d'Henri Sluzalski, nous respecterons plus d'une excentricité de langage, car, sous nos retranchements, l'originalité du personnage disparaîtrait entièrement.

11 et 12 septembre 1855.

Une journée tout entière passée à faire des adieux et des courses. Dans la matinée eut lieu un déjeuner, terminé par des discours. Notre départ s'effectua à huit heures en compagnie du prince Ladislas Czartoryski et de sa jeune femme, semblables à un couple d'hirondelles en partance. A Lyon, j'ai admiré dans le roc une statue de la Vierge entourée de lierre qui m'a rappelé le Lion de Lucerne. Sur le pont, nous avons rencontré des voitures chargées de blessés revenant de Crimée. M. Levy nous a rejoints à l'embarcadère. A Marseille, nouveaux tracas avec les dernières emplettes et le transbordement des bagages ; j'ai erré par les rues comme à travers des nids de castors. En mon absence, il est arrivé à M. Adam une comique aventure. Je ne sais quel Polonais se présente à lui à l'hôtel en lui offrant un manuscrit versifié. M. Adam reçoit ce messager avec des remerciments d'autant plus vifs que, fort affairé, il était plus pressé d'en être débarrassé ! Dans la soirée, il jeta les yeux sur le paquet et s'aperçut que c'était simplement un pamphlet rimé contre lui ! Il le jeta au feu sans le lire, mais en riant de bon cœur des politesses faites au drôle qui l'avait apporté.

Un incident analogue se produisit à Paris peu de temps avant son voyage. Il eut à la Bibliothèque de l'Arsenal la visite d'un artiste qui sollicita humblement qu'il voulût bien poser quelques instants, et tout en parlant il crayonnait sur ses genoux. Adam Mickiewicz lui répondit qu'il n'était pas libre, mais qu'il mettrait volontiers à la disposition de l'artiste son buste par David d'Angers. L'artiste refusa et sortit en se confondant en excuses. Mickiewicz sut plus tard qu'il ne tenait à l'esquisser que pour faire figurer sa caricature dans le Panthéon de Nadar, où elle parut en effet.

Revenons au journal d'Henri :

Marseille, 12 septembre, 11 h. du soir.

M. Levy a trouvé une place à bord, quoique ce ne fût pas facile. M. Adam a également pris une première. J'espère une fois en route faire admettre par le capitaine que mon service m'appelle aux premières auprès de M. Adam. M. Adam, bien que de cœur avec vous, est disposé et allègre. Nous nous embarquons demain matin à 8 heures sur le *Thabor*, qui sortira du port à 9 heures et demi. Tout fait présager un vent favorable.

Henri reprend le 13 septembre :

Depuis le matin nous nous préparions à nous envoler par

delà les mers comme des vanneaux, avec la différence qu'au lieu d'emporter un gland dans le bec ce sont trois malles, une selle et une tente qu'il nous faut trainer. A peine avais-je mis le pied sur le navire que je dus me glisser le long d'une corde à fond de calle comme Orphée à la recherche d'Eurydice; mes mains se ressentirent de cette première leçon, mais une autre fois j'imiterai moins maladroitement les araignées. Nous avons trouvé à bord le capitaine, le docteur, quelques Polonais qui vont s'enrôler dans les régiments kozaks, 23 soldats, 3 officiers et le colonel Lagondie, recemment délivré par voie d'échange de la captivité moscovite : il est grassouillet, visiblement les Russes ne l'ont pas nourri d'harengs saurs, il a une vue très courte qui l'a fait prendre, des moustaches cirées, une fourrure moscovite, deux chevaux médiocres, dont l'un est aveugle. Notre navire se nomme le *Thabor*, j'ignore pourquoi; il est bon marcheur, il possède cinq officiers. Au beau milieu du déjeuner, nous avons ressenti ce balancement si singulier pour des novices. La première malade fut une infirmière polonaise qui a jadis servi en cette qualité dans notre armée, qui est décorée de la croix de Pologne, et se propose de dorloter les Kozaks; de jeunes soldats suivirent son exemple, j'ai jusqu'ici échappé à cette contagion, je ne sais si c'est d'une manière définitive. C'est un bien grand spectacle que celui de la mer! Si mon fusil n'était pas emballé, j'aurais tiré les oiseaux qui nous ont longtemps accompagné. Nous n'avons rencontré que deux navires chargés de fourrage et cinglant vers l'Algérie. Dans la nuit du 13 au 14 nous avons dépassé un vapeur parti de Marseille deux heures avant nous. L'appétit progresse et s'il devait augmenter dans la même proportion, nous avalerions le navire et viderions la mer. Nous avons longé la Corse en laissant la Sardaigne à notre droite. J'ai quitté le pont à minuit pour m'empaqueter, la première fois de ma vie, dans ces tiroirs de bois très commodes s'ils étaient plus longs et si les locataires des étages supérieurs n'étaient point malades.

Le journal d'Henri continue à refléter beaucoup des sentiments inséparables d'une première navigation. Une traversée, si l'on a un tempérament qui vous mette à l'abri du mal de mer, réserve au touriste une foule de surprises agréables. Chaque jour, on s'initie à un nouveau détail de la vie à bord et, dans l'isolement relatif où l'on se trouve, une rencontre de navire ou le passage d'une bande d'oiseaux occupe la pensée.

« A 4 h. 1/2 du matin, écrit Henri le 14 septembre, je suis monté sur le pont qu'on lavait en ce moment. Nous étions entrés dans le détroit de Bonifacio. On aperçoit une ville découpée dans un fromage et posée sur un guéridon taillé dans le roc; tout le paysage est hérissé de rochers dénudés, aucun oiseau dans l'air. C'est à peine si un canard sauvage semble un moment voler vers nous, M. Adam me le montre. En sortant du détroit, la mer devient houleuse, notre navire s'agite davantage, une Américaine et une Italienne qui représentent le beau sexe parmi nous s'abandonnent au mal de mer, mais avec infiniment de discrétion. La chaleur nous décide à ne plus passer les nuits que sur le pont.

J'ai parcouru, six ans après la mort de mon père, la même route que lui, depuis le port de Marseille, où il s'était embarqué, jusqu'à la maison de Constantinople où il expira. En une semaine, sous un ciel splendide, ce trajet d'Europe en Asie s'accomplit comme un rêve charmant. Presque chaque jour, c'est un nouveau spectacle ; chaque station laisse entrevoir une merveille de l'Italie, de la Grèce ou de l'Orient, évoque les plus grands souvenirs historiques et grave durablement les plus riantes impressions. Rien ne saurait rendre la magie de ces nuits méditerranéennes pendant lesquelles le voyageur que berce le roulis du navire ne sait s'il doit admirer la limpidité du ciel ou le sillon lumineux qui découpe les flots. Henri dut voir ces méduses qui paraissent des lampes multicolores projetant sur les vagues leurs blafards rayons. Il prit surtout plaisir à suivre les ébats des marsouins, et le 15 septembre, en face de Marsala, avant de consigner ses observations, il dessine les gambades de ces poissons bizarres.

Dès le matin, écrit-il, nous distinguâmes à notre droite l'île de Maritima, et à notre gauche, dans un plus grand éloignement, la Sicile que nous avons longé quelque temps. Sur la cîme de Maritima se dresse, comme pour marquer au voyageur qu'il a sous les yeux les États du roi Bomba, une prison juchée sur un rocher sauvage, et en face, sur une autre sommet plus élevé, une seconde prison qui semble très vaste. Sur la côte brille un village aux blanches maisons et les bateaux de pêche s'entre-croisent en tous sens. C'est dans ces parages que j'ai fait connaissance avec le marsouin. Un de ces animaux exécutait des culbutes comme s'il eût été payé pour cela. Nous avons entrevu, sur notre gauche, Marsala, célèbre par ses vins qu'hélas on ne nous fit point goûter, puis Girgenti; le rivage était de plus en plus bordé de blanches maisonnettes. Les barques que nous avons rencontrées étaient en général destinées à la pêche au homard, ce qui m'a remémoré certains déjeuners parisiens où je n'ai pas été sans acquérir quelque renom par ma manière d'accommoder ces crustacés.

Nous perdîmes enfin de vue la Sicile et, sur le soir, la lumière des phares nous annonça notre prochaine arrivée dans le port de Malte. Nous jetâmes l'ancre devant la quarantaine. Une espèce de rosse mecklembourgoise en paletot et en chapeau nous aborda à l'instant et nous déclara du haut de son canot qu'un cas de choléra s'étant déclaré à Marseille, nous ne serions pas admis à descendre à terre. On déposa au moyen d'une boite fixée au bout d'un bâton les dépêches du courrier de la reine d'Angleterre qu'on avait eu toutes les peines du monde à réveiller. Cette bête allemande daigna nous notifier que S. M. la Reine s'opposait à notre débarquement, parce que S. M. la reine craignait le choléra, que S. M. la Reine (car il n'omit pas une fois cette formule) verrait plus tard s'il lui convenait de se relâcher de sa rigueur, après quoi il se déchaina en injures contre un matelot qui eut la maladresse d'éteindre dans la lanterne de S. M. la Reine une chandelle de S. M. la Reine, et il s'éloigna avec le *Galignanis Messenger* que sur sa demande on lui avait jeté par-dessus le bord. Notre capitaine s'alla coucher, nous nous étendîmes sur le pont, une rosée abondante mouilla les planches comme si elles eussent été arrosées à grandes eaux, mais nous ne nous ressentîmes aucunement de cette humidité.

A cette date se place la première lettre du second compagnon de voyage de mon père, d'Armand Levy. Deux systèmes s'offraient à moi aux débuts de ce travail : fondre les matériaux que je possédais en un récit qui me fût propre ou m'en tenir aux documents originaux. Ce dernier mode m'a paru préférable. Les inconvénients qu'il présente et qui consistent dans un ordre moins rigoureux et certaines redites sont compensés et au delà par l'avantage de ne pas substituer son jugement à celui du public qui reste ainsi libre de former son opinion d'après les pièces mêmes. C'est sur la correspondance d'Armand Levy avec moi que s'édifie principalement ce chapitre. Je continuerai à respecter le cachet individuel des citations qui sont la trame de mon récit, car la narration n'est complète qu'autant qu'elle caractérise en même temps le narrateur. Sluzalski jetait des notes à la hâte : un rien absorbait son attention. Armand Levy s'adressant à moi était amené nécessairement à parler davantage de mon père. J'ai élagué de ces épanchements de l'amitié tout ce qui était trop personnel. Il ne subsiste de détails uniquement relatifs à mon ami ou à moi, que ceux dont l'omission eût rompu l'harmonie de la lettre elle-même. Ce sont de ces cas où de deux maux on choisit le moindre : les admirateurs de mon père me pardonneront plus aisément trop de minutie que trop de sécheresse. En élucidant successivemeut les diverses phases de la vie de mon père, je facilite la besogne de futurs biographes. Il appartiendra à ces écrivains à venir de dégager de la multiplicité des renseignements les traits essentiels.

Mon cher ami, m'écrivait en pleine mer Armand Levy, le 15 septembre 1855, hier matin nous avons franchi le détroit de Bonifacio, là même où il y a quelque temps a sombré *la Sémillante.* Nous avons pu tout à loisir admirer les côtes arides de Sardaigne et saluer de loin celles de l'île où naquit l'homme du siècle. Il est impossible d'avoir un temps plus beau. Nul d'entre nous n'est malade. Nous trouvons même un certain charme au bercement du navire. Nous avons la nuit dernière délaissé le lit de la cabine, Henri, ton père et moi, pour rester étendus dans nos manteaux sur le pont, dormant peu, mais jouissant de la brise, de la vue des étoiles et du bruissement de la vague. Le coucher du soleil avait été magnifique et nous l'avons vu reparaître splendide à l'horizon. Henri, dans sa verve poétique, ne parlait que de Ῥοδοδάκτυλος Ἠώς (1) et braquait la lunette sur tous les points de l'horizon pour ne rien laisser d'inexact en son journal. Il l'écrit, fidèlement chaque jour, dans le secret, quand chacun dort encore. Si, sans notes prises antérieurement, il a pu ne pas tarir si longtemps dans ses récits, juge de ce que seront ceux-ci, où sa mémoire sera aidée par de volumineux cahiers. Lui qui n'avait guère fait qu'entrevoir la Pologne et qui pourtant en parlait sans cesse et d'une manière si variée, songe à ce qu'il racontera cette fois où tant de choses et si nouvelles vont se dérouler sous ses yeux. Il est radieux. Ton père lui trouvait un peu de fièvre, mais c'est la bonne fièvre, celle des cœurs chauds. Le soir, à Marseille, il a essayé de la calmer par tout un litre de bière frappée à la glace; y est-il parvenu, je l'ignore; je sais seulement qu'il a passé une partie de la nuit à écrire aux amis, et notamment à Kwiatkowski : heureux ceux qui liront ces impressions fantastiques !

Je n'ai pu t'écrire qu'un mot avant de quitter Marseille, tant j'ai été pressé; je n'ai pu que t'envoyer mes embrassements. Je veux aujourd'hui te donner quelques détails. Nous avons retrouvé ton père à Lyon à la gare, et nous avons fait route ensemble. Arrivés à Marseille, je laissai ma sœur avec ton père et pris voiture pour courir avant tout voyageur retenir ma place aux Paquebots. Heureusement j'ai pu me procurer une assez bonne cabine et mes visas n'ont souffert aucun retard. Ton père a répondu à Félicie, qui me recommandait à lui au nom de maman, que nous nous recommandions aux

(1) L'Aurore aux doigts de rose.

soins l'un de l'autre. Le lendemain matin jeudi, Félicie nous a accompagnés jusqu'au bateau. En disant adieu à ton père, elle l'a engagé à venir en Bourgogne au retour, lui offrant tous ses vœux les meilleurs. Ton père lui a baisé la main, à la polonaise. Nous étions tous très émus. Puisse Dieu nous protéger tous! C'est singulier comme tout se mêle en la vie, joies et douleurs. Nulle de nos joies n'est exempte de peines. Cependant, loin de me plaindre, je remercie Dieu des faveurs qui me sont accordées, et certes la bonne amitié de ton père en est une. Cette absence avec lui est une chose précieuse. Notre vie habituelle en est moins changée et le profit moral du voyage est plus grand pour moi. Et tu sais combien je serai heureux de lui épargner une peine ou un ennui : j'aime ton père comme j'aime le mien. Le cœur se réjouit et s'épure au contact des bons. Les événements que nous avons ne sont que le prélude d'actions plus hautes encore et plus extraordinaires. Ce siècle, qui a commencé par une série de miracles, ne peut s'achever dans le calme, nous marchons à des miracles nouveaux ; puisse la Providence nous faire la grâce de nous associer aux grands actes qu'elle destine à notre génération! Allons donc sans regarder en arrière, en faisant effort pour renouveler notre âme et accroître ses forces de façon à être à la hauteur de la mission réservée aux fils de cette génération! Toi aussi tu viendras nous rejoindre vers Pâques. Sans doute d'ici là les événements auront marché, et tu arriveras juste alors au bon moment. Je suis bien content qu'Henri soit parti avec nous, car il rend à ton père plus d'un service utile et de si bon cœur.

Henri se borne dans son journal au simple tracé de l'itinéraire parcouru par lui.

Nous nous sommes réveillés, écrit-il le 16 septembre,

à cinq heures du matin, en vraies salamandres, les oreilles pleines de la poussière qui s'échappe avec la fumée de la cheminée de notre navire et dont le vent nous gratifie avec une générosité par trop grande. Si l'on ajoute aux froides rosées de la nuit la sueur de journées brûlantes, on comprendra qu'un pareil régime endurcît le corps. Le port où nous abordons en précède, parait-il, un autre plus vaste que nous n'apercevons même pas. Nous ne voyons qu'un banc de sable, à droite les tours d'une église, une colonne, les toits d'une ville, trois moulins à vent; plus loin de vieilles forteresses, à gauche un hôpital français où trottinent de véritables fourmis moitié rouges et moitié blanches (nous apprenons que ce sont des fantassins français), puis les bâtiments de la quarantaine. Des barques nous entourent, on nous offre de très médiocres cigares, du vin français frelaté, des melons d'eau qui ne sont pas mûrs, des chemises à très bas prix. Ces respectables négociants sont ce qui reste des chevaliers de Malte. Un navire que nous avions dépassé dans la nuit du 13 nous rejoint dans le port. Il est à destination d'Alexandrie. A bord se trouvaient deux Polonais, un M. Cochin qui se rend à Zanzibar en qualité de résident français, et un grave Lithuanien, Malinowski, qui est chirurgien à bord. Le Lithuanien m'a dit qu'il n'y a pas une des villes que nous côtoyons, qui ne possède quelque Polonais. Les heures se passent à voir charger du charbon de terre sur notre navire, des parcelles s'en attachent à notre peau et nous donnent un teint maltais. Nous avons embarqué des passagers et plus de homards que de passagers. A 6 heures, nous avons repris la mer. J'ai distingué alors quatre aigles en papier accrochés à des pics en apparence inaccessibles : il doit y avoir force étudiants à Malte. En nous levant de table, nous avions perdu Malte de vue. Si j'avais pu débarquer à Malte, j'aurais renouvelé sur le tombeau des anciens chevaliers le serment auquel je commence à craindre de ne pas rester fidèle jusqu'au bout.

A la même date, Armand Levy écrit de Malte :

Dimanche 16 septembre 1855.

Nous pensions aujourd'hui débarquer à Malte et visiter l'église et les tombeaux des chevaliers. Le frère du grand poète Jean Kochanowski y fut chevalier. Beaucoup de Polonais l'ont été. Mais à une heure du matin, un instant après notre arrivée, le commissaire nous fit connaître que nous étions en quarantaine à cause de quelques cas de choléra existants à Marseille d'où venait notre bateau. Les Maltais sont moins difficultueux ordinairement, mais ils sont contraints à cette rigueur par le gouvernement napolitain qui les y mettrait eux-mêmes, et cela nuirait à leur commerce qui est considérable avec la Sicile. Nous voici donc toute la journée au port et nous repartons ce soir pour Scyra où nous serons dans cinquante heures, puis à Smyrne, Metelin, Gallipoli et Constantinople, où nous serons, je pense, samedi matin. Nous avons passé encore la nuit sur le pont dans nos manteaux : la nuit était belle, quoique sans clair de lune. La bonne humeur d'Henri ne se dément pas. Son amour littéraire l'emportant, il sollicite ton père de le faire passer pour son secrétaire dans l'étude et interprétation des langues mortes, son attaché spécial pour la partie scientifique, ce qui ne l'empêche pas de relever sa moustache et de jurer par son sabre. Il regrette énormément de n'avoir pas la faculté de tirer les goelands, qui nous suivent durant plusieurs heures à chaque fois que nous quittons terre : il s'est un peu consolé en admirant les courses des marsouins qui ont à peu près la timidité des carpes de Fontainebleau et filent avec la rapidité de l'éclair. Nous en avons vu courir à fleur d'eau et plus vite que notre vapeur. Et Henri enviait cette vie libre et sans souci des droits électoraux : cela lui semblait l'idéal du vrai citoyen. Nous faisons tous bon ménage. Nous sommes dix-huit seulement aux premières : il y en a un plus grand nombre aux dernières places, deux cents militaires qui vont à Sébastopol. Nous causons avec ton père comme à l'Arsenal, nous nous promenons sur le pont, nous lisons un peu de turc dans le *Drogman* de M. Alexandre Chodzko, et je fais aussi du polonais. Je ne t'ai rien dit de mon trajet jusqu'à Marseille. La chaîne des collines qui bordent le Rhône sur toute sa rive droite et qui formait notre horizon est magnifique, d'une belle teinte grise violacée, les mûriers sont nombreux dans la campagne et plus nombreux encore les oliviers aux feuilles d'un vert pâli qui prêtent à la nature une certaine mélancolie. Ton père va parfaitement.

Nous n'aurons plus, jusqu'à Constantinople, que le mémorial humoristique d'Henri.

Depuis le matin, écrit-il le 17 septembre, nous voguons en pleine mer avec un vent contraire qui nous ballotte rudement. Nous croisons en route beaucoup de navires ; à un moment nous en avions en vue cinq à la fois, une frégate anglaise vogua quelque temps de conserve avec nous, puis disparut je ne sais où. Dans l'après-midi les flots nous balancèrent tellement que presque tous les passagers tombèrent malades. Le prince Ladislas, sans être formellement malade, était loin d'être à son aise. Il aura pris froid sur le pont. Des trente personnes qui s'asseyaient à notre table, il n'en resta que neuf, y compris les cinq officiers du bord : voilà les tours que joue le mal de mer. Il n'aurait pas osé s'attaquer à M. Adam, mais je n'étais pas sans craintes en ce qui me concernait. J'en ai été quitte, et M. Adam et moi n'avons éprouvé qu'un redoublement d'appétit : si les requins sont fameux par leur voracité, c'est qu'ils ne cessent de se promener en mer. Je me suis surtout appitoyé sur un pauvre petit capitaine d'artillerie qui luttait contre la maladie comme Saint-Arnaud contre la mort. Il voulait manger à toute force, mais il dut, hélas, capituler. Il n'est pas question des femmes à bord, qui se dissimulent toutes, parce qu'elles sont malades ou honteuses. Chez notre infirmière décorée la croix a pâli et, ce qui est plus étonnant, la langue a cessé de fonctionner. Une dame splendidement belle a fait son apparition au milieu de nous à Malte, on aurait juré que c'était la déesse de l'île de Cythère dans le voisinage de laquelle nous naviguons. Nous l'avons admirée à table, je l'ai ensuite entrevue dans une cabine, lorsqu'elle passait d'un lit à un autre, puis elle s'est en quelque sorte évaporée, comme si, après nous avoir enchantés, elle avait regagné Cythère. Peut-être est-elle simplement malade et se dissimule-t-elle pour ce motif. Deux tourterelles ont passé la nuit sur notre navire; les matelots en ont saisi une, l'autre depuis le matin voltige autour du bâtiment, sans doute qu'elle se noiera de desespoir. Quel bel exemple d'amour conjugal offert par ce pauvre oiseau ! Le pont est désert comme si la peste y avait passé. L'orage m'a empêché de fermer l'œil jusqu'à minuit.

18 septembre.

L'orage continue. Les vagues ont à plusieurs reprises visité l'avant du navire. Les malheureux soldats n'ont point échappé à ce baptême : c'est comme si Neptune, l'ancien roi de ces mers, avait voulu donner un signe de son immortalité. Qui sait s'il n'est point détenu dans ses palais cristallins, à des centaines de lieues de profondeur, par un dieu plus fort que lui? De même que notre émigration est destinée à surgir inopinément de l'abîme, de même s'élancera-t-il peut-être un jour à la surface, et alors les temples peupleront de nouveau les rivages déserts que nous contemplons. Nous contournons la presqu'île de Matapan, l'ancienne Lacédémone, aux montagnes classiquement sauvages, tombeaux des nymphes, nous distinguons de loin une dizaine de villages. Les cimes fauves, comme si elles étaient recouvertes de peaux de léopard, recèlent dans leurs flancs abruptes les feux auxquels se sont chauffés tant de héros. La physionomie de ces parages où de si grands drames se sont déroulés pendant de si longs siècles est encore étrangement mélancolique. On est ému à l'aspect de ces côtes inhabitées, mais immortalisées, on se prend à comparer le présent au passé, Paris à Lacédemone. Qu'on me laisse le choix, et je répondrai qu'il vaut mieux, pour un émigré polonais, gravir ces monts rocailleux que faire queue à la Préfecture de police. A notre droite, l'île de Cythère nous semble très vaste, sa crête est boisée, elle est découpée de ravins profonds, où s'étendent les frais ombrages, jadis asile des nymphes. Au beau milieu de l'île se dresse un triste rocher, peut-être la reine de cette île a-t-elle été ainsi pétrifiée en punition de la dureté de son cœur. Si ce châtiment mythologique se pratiquait de nos jours, le monde disparaîtrait à moitié sous une avalanche de pierres. Sur tout le versant occidental de l'île, on n'aperçoit aucune habitation, sauf un couvent. Il ne doit pas en exister où les moines soient exposés à de plus violentes tentations. Un Grec me dit que l'île compte 60 villages et trente mille habitants. Il assure que l'autorité y est présentement confiée à des mains féminines. C'est conforme aux traditions antiques et je souhaite secrètement qu'une tempête nous y jette pour vérifier certains points. Je vois serpenter une route et rien de plus, sinon des monticules; je me figure que les soupirs des martyrs de l'amour ont produit ce gonflement du sol. Les habitants de Cythère se sont insurgés contre les Anglais. Acculés au rivage, ils ont franchi la baie à la nage au nombre de quarante-deux et aucun n'a péri. Polonais ! apprenons à nager. Le golfe, en tirant un peu l'imagination par l'oreille, prend ici la forme d'une courge. A deux heures de la nuit nous jetons l'ancre à Syra.

19 septembre.

Syra est une ville blanche comme le lait, ses maisons se ressemblent toutes et se terminent en terrasse. Elle se partage en deux ; la ville catholique, avec son couvent, est tout à fait distincte de la ville basse qui longe la mer et qu'habitent les Grecs et les étrangers. La contrée est sauvage, de rares arbustes s'y montrent, la ville possède plusieurs moulins à vent dont les ailes entoilées ont la forme de bleuets. Sur un monticule qui domine la ville, s'élèvent des ruines qu'on nous a dit dater des croisades. On nous a de nouveau régalés d'une quarantaine ; un soldat nous était mort dans la nuit, cela a sans doute contribué à nous faire interdire l'entrée de la ville. Vers dix heures le navire alla jeter l'ancre à Delos où l'on débarqua une passagère grecque avec son enfant : elle est condamnée à un stage de douze jours. Or cette île qu'habita Jupiter, où naquirent Diane et Apollon et qui abrita pendant la guerre contre Xercès les trésors de la Grèce entière, est aujourd'hui déserte. C'est à peine si quelques cabanes de pêcheurs s'y rencontrent et si quelques bergers hantent l'intérieur de l'île. Au pied de la montagne, on enterra le soldat décédé en l'enroulant dans les couleurs nationales et en plaçant une croix sur sa tombe. En face de nous deux petites îles, l'une célèbre par ses vins que nous n'avons pas goutés. Minos, un petit Grec de Smyrne, attrape sur le rivage deux douzaines et demi de hérissons de mer qu'il nous accommode : c'est un détestable régal. La quarantaine se compose d'un bâtiment qui n'a que les quatre murs et devant lequel monte la garde une sorte de brigand. J'ai peur que la Grecque n'y expire non de maladie, mais de faim. Notre paquebot se remet en marche.

20 septembre.

Le 20 fut l'une des plus intéressantes journées de notre traversée. Depuis quatre heures nous voyons déjà les îles des lapins parsemées d'arbres. La mer est couverte de navires auxquels nous ne prêtons plus aucune attention. Sur la rive s'étale une forteresse turque, blanche, carrée, et d'une structure singulière. Plus loin des bouquets d'arbres, des peupliers, des cyprès énormes : c'est Smyrne. Nos regards furent attirés avant tout par les ruines d'une antique citadelle génoise qui surplombent le port. Le cimetière est une vraie forêt de cyprès plus grands que nos peupliers. Cette fois on nous permet de débarquer. La santé de M. Adam est parfaite. Nous n'étions pas depuis une heure à terre que nous avions déjà rencontré trois caravanes de chameaux dans les étroites rues de la ville. Je suis comme un homme amené pour la première fois à une Exposition et qui a besoin d'un peu de temps pour se rendre compte des objets. Ici, hommes, animaux, bâtiments, tout est si différent ! Je regrette vivement de n'être pas en uniforme, car un Européen au milieu d'Orientaux fait l'effet d'un bâton dénudé qu'on planterait au milieu d'un parterre de fleurs. Nous avons un guide Juif qui est un second exemplaire de nos courtiers de Berdyczew. M. Adam et le prince Ladislas rendirent d'abord visite au consul de

France. Quels beaux kawas il possède! Ils portent sur le ventre un arsenal suffisant pour un escadron, et c'est à peine si, sous les pistolets et les poignards, leurs moustaches se font jour; ils y ajoutent des pincettes démesurément longues pour saisir les charbons du brasero oriental. Quoiqu'il n'ait pas plu depuis de longues semaines, la boue des rues m'a rappelé nos villes polonaises. Nous avons déjeuné chez un Juif. L'eau-de-vie de Smyrne est excellente. Nous avons pris le café dans un estaminet turc, assis sur des coussins; au centre de l'établissement une fontaine et partout la fumée des pipes et des narghilés. Parmi tous les va-nuds pieds qui nous entourent, nous apercevons deux officiers turcs dont l'un savait au moins que les Polonais sont une nation éternellement en guerre avec les Russes. Notre guide nous a conduits chez lui; il nous a présenté sa femme, une poupée de douze ans très originale, entortillée du cou jusqu'aux genoux dans des chaînes de Vénise et la ceinture agraffée par des ducats de la grandeur de soucoupes de tasses à café. Les femmes juives se promènent en babouches jaunes; on nous a servi sur des tabourets de bois des confitures délicieuses. Nous avons visité deux Synagogues où des vieillards d'une gravité classique lisaient les Écritures, et un couvent où un capucin tirait du vin. Quel contraste des deux religions! Nous avons admiré le tombeau du général Pac en marbre blanc et avec des inscriptions latines et polonaises. Le prince Ladislas a donné au capucin, pour dire une messe à l'intention de Pac, une monnaie qui a disparu dans les plis de sa robe comme dans l'anfractuosité d'une montagne. On nous a mené ensuite à l'habitation de l'Iman turc et au bazar où les cordonniers sont en majorité. Les soldats turcs ont un air gauche, on voit que leur uniforme les gêne, leurs officiers ont des damas richement montés et des ceintures entretissées d'or; mais qu'il y a loin d'eux aux kawas grecs et aux bachi-bouzouks! Nous avons vu un de ces derniers qui, outre ses pistolets, ses poignards et ses pincettes, devait porter un canon enroulé dans sa ceinture, car c'est à peine si la rue était assez large pour lui, les jambes nues jusqu'aux genoux, cuivrées et par place recouvertes d'une écaille de piastres. Nous avons rencontré des femmes, un masque noir sur le visage et enveloppées dans des draps blancs, pour ainsi dire en religieuses. Au milieu d'une fourmilière tellement disparate, personne n'est curieux, personne ne vous accroche. Les marchands se tiennent gravement dans leurs boutiques, sans même jeter les yeux sur les passants. Des chiens jaunes circulent librement par les rues, je ne les ai pas encore entendus, j'ignore par conséquent comment ils aboient en turc. Nous étions, à 3 heures, de retour à bord, de peur de nous mettre en retard. Nous embarquons beaucoup de voyageurs, quelques femmes grecques, une belle jument anglaise qui, la pauvrette, s'est blessé les reins. J'ai vu la manière dont les Grecs préparent les figues : ils les lavent dans une composition qui a la couleur de l'eau de mer, les tordent comme du linge, les enveloppent et les empilent. Une vingtaine de gaillards sont autour d'une table occupés à cette besogne. Ils m'ont rappelé Bar-le-Duc où se préparent les confitures si célèbres en France ; mais en France, au lieu de garçons moustachus et cuivrés, ce sont des pelotons de jeunes filles qui, avec des épingles, fouillent des groseilles. J'oublie, certes, plus d'un détail digne d'être noté : qu'y faire, puisque par malheur je foule pour la première fois le sol de l'Asie !

21 septembre.

Non loin de l'île de Ténédos, nous faisons notre entrée dans la mer de Marmara. Nous apercevons distinctement le tombeau d'Achille à Troie, mais nos regards cherchent en vain celui d'Ajax. Dans le détroit des Dardanelles nous voyons trois campements de bachi-bouzouks, notre navire s'arrête au pied d'une ville que protège une forterese, et je songe à la délivrance de Vienne par Sobieski. Nous ne prîmes terre quelques heures qu'à Gallipoli, ville plus orientale encore que Smyrne. Un corps de garde français se trouve près de la mosquée. Les derviches accomplissent leurs étranges cérémonies religieuses, une dizaine d'entre eux dansent sur un seul rang, ils avancent, reculent et écument comme des vagues furieuses, pendant que le derviche qui se tient devant eux rugit comme un possédé et que la sueur ruisselle des fronts. A l'entrée, dans des chambres situées sur la droite, des Turcs ronflent de fatigue, et dans un autre coin sont gravement assis des fumeurs de narghillés parmi lesquels j'ai remarqué un soldat français d'infanterie, vieux gascon à trois chevrons et avec la croix, et qui semblait l'ancien de ces derviches. Les Français se sont donné la peine d'écrire quelques noms au coin de certaines rues. Nous avons retrouvé sur le navire cinq Polonais de Gallipoli, un certain Menkalski, marchand de bœufs, j'ignore la profession des autres. Ils ont fait le plus cordial accueil à nos candidats kosaks. La mer est splendide, les navires plus nombreux que les barques de pêcheurs et des forteresses partout. Je n'ai vu sur aucun théâtre de plus merveilleux décors que ces environs où les arbres abondent, mais où on n'aperçoit pas de terres cultivées. Visiblement ces bons Turcs n'aiment pas estropier le sol. A Gallipoli, on nous a fourré, à bord, 130 convalescents, si bien qu'il devient malaisé de se promener sur le pont.

22 septembre.

Dès cinq heures du matin, le paquebot ralentissait sa marche pour arriver de jour à Constantinople. A 6 heures, nous aperçûmes Stamboul. Ce n'est pas une ville, c'est une merveille. Comment la décrire, puisque toutes les peintures qui en ont été faites ressemblent à Constantinople comme un poing à un nez. Le soleil oriental dorait les fenêtres et les minarets de cette cité vraiment enchanteresse. Des bandes d'oiseaux rasent les vagues, des marsouins nous ont longtemps escortés. Je suis frappé d'étonnement à la vue d'un couple d'immenses vaisseaux de guerre turcs, dont la proue est ornée de lions singuliers, Je n'ai jamais rencontré de bâtiments tellement gigantesques, ce doit être des souvenirs du sultan Amurath, ils servent aujourd'hui d'hôpital. Nous avons perdu deux heures avec nos bagages. Un officier kosak vient au-devant du prince Ladislas. Le docteur Drozdowski nous donna à nous un Turc qui nous installa chez lui avec nos malles. Nous y rencontrâmes un prêtre polonais qui y demeure, mais auparavant une bonne femme italienne, ce qui est de bon augure.

Maintenant le journal d'Henri s'arrête, mais ses lettres vont alterner avec celles d'Armand Levy et d'Adam Mickiewicz lui-même.

Mon cher Ladis, m'écrivait Armand Levy le dimanche 23 septembre 1855, nous voici à Constantinople. La traversée a été excellente comme temps et comme santé. Nous sommes presque les seuls qui n'ayons pas souffert du mal de mer. C'est hier matin au point du jour que nous avons aperçu le Bosphore. Le reflet du soleil sur la ville était d'un grand effet. Nous voyons pour ainsi dire naître Constantinople, sortant de l'ombre et du brouillard. Nous avons dû attendre longtemps pour obtenir nos bagages. Pendant ce temps nous admirions la mosquée d'Achmet, puis le Sérail et Sainte-Sophie, qui domine la colline sur laquelle s'élève Constantinople. Une barque nous emmena sur les rives du faubourg de Galata, où nous sommes allés chez un docteur polonais qui était venu engager ton père à bord ; nous y avons déposé nos malles. Puis un heureux hasard rendant libre un logement dans la maison, nous nous y sommes casés, à la grande joie de Henri qui ne rêvait qu'à trouver une cour pour y dresser la tente, qui pensa un instant la dresser dans la chambre et finalement en fit des quasi-paillasses. Nous sommes très simplement, mais très bien. Nous nous décivilisons à qui mieux mieux, mais avec une facilité et un plaisir qui nous étonnent. Nous revenons à la nature. Le sauvage des Charmettes nous porterait envie. A ce propos, je te dirai ma première impression en mettant le pied sur le sol de l'Orient, celle qui m'a de suite saisi à Smyrne, c'est que je me sens épris de l'Orient, de sa nature, de son soleil et de sa vie. A voir combien peu leur suffit, combien ils sont loin des soucis qui dévorent nos Occidentaux, je me suis senti pris de pitié pour ces pauvres gens qui se murent dans un petit coin et s'y courbent et s'y rident au milieu des plus insipides occupations pour arriver à quoi ? à gagner un peu d'argent qui ne satisfasse qu'une bien faible partie de leurs désirs ou des besoins de convenance qu'ils se sont créés. Ici l'homme est sans ride et il marche droit. Il a souvent des guenilles sur le corps, mais il porte la tête haute. S'il est sale, il répondrait volontiers comme ce Polonais qui, parlant de la propreté allemande, disait : « Ces pauvres gens, il est bien naturel qu'ils attachent tant d'importance aux choses de cette vie, puisqu'ils n'en auront pas d'autre. » L'homme qui croit à l'autre vie peut quitter celle où il est facilement. Que cela peut-il faire de perdre ce qu'on a si l'on sait le retrouver au triple comme réalité ! Nous n'avons nos besoins que pour les autres. La civilisation a mis les hommes sous le joug des couvenances. Ce serait déjà un progrès que de s'en débarasser un peu. Je me fais bien à cette existence. Nous sommes campés et je n'en dors pas moins. Ton père est content et se porte à merveille. Henri sait si bien dire une chose gaie qu'il ferait rire un mort. Nous sommes donc toujours en bonne humeur. Hier nous avons peu couru, mais reposé un peu après notre installation faite. Ce matin, après avoir été dire le bonjour au prince Ladislas, qui est dans un grand hôtel au faubourg de Péra, nous avons été, avec un guide polonais qui parle turc, visiter le vrai Constantinople, de l'autre côté de l'immense pont de bateau jeté sur le bras de mer qui sépare la ville de ses faubourgs. Nous n'avons pu encore qu'en prendre une idée générale. Mais nous avons été tout étonnés des éloges donnés à Péra, quand nous comparions l'étroitesse et la saleté des rues de Péra avec la quasi-propreté de Stamboul. Que sont devenues ces vastes places, ces grandes rues de Byzance, tous ces grands souvenirs que les Empereurs y avaient accumulés, après les avoir tirés de tous les coins du monde ? Tout a disparu. Les Croisés ont détruit, les Vénitiens ont emporté, les Turcs ont enseveli le reste. On dirait un camp établi sur les places, le long des rues et qui s'est immobilisé. Peu à peu les tentes solidifiées ont resserré entre elles et étouffé l'ancienne cité. Les faubourgs de Péra et de Galata présentent le spectacle d'une double invasion, celle des marchands de toute nation superposée à celle des barbares. Ton père n'a pas l'air de ressentir la moindre fatigue. Toute cette vie campée qui en abattrait d'autres semble pour lui naturelle. Henri prétend que c'est un faucon tenu en cage qu'on a rendu à la liberté.

Ce même jour Henri n'a que le temps de tracer quelques lignes :

Nous campons à Galata et nous avons déjà à soutenir

une lutte contre tout le monde. Il y a ici un ramassis d'Européens qui prétendent imposer aux Turcs je ne sais quelle civilisation superficielle et qui font les fanfarons. Nous vivons à la turque, en adoptant la poule au riz, ce qui nous revient bon marché, mais scandalise chacun. A la façon dont ils se trémoussent, on dirait les Polonais plus nombreux que les Turcs : ils politicaillent pis encore qu'à Paris.

Le 27 il date sa lettre de Galata, mais il n'y a ni numéro ni nom de rue, ajoute t-il.

Les gens se pressent ici comme dans une foire, cela n'a d'analogie avec aucun pays de ma connaissance. M. Adam a vu les ambassadeurs de France et d'Angleterre, nous ne nous rendrons chez Sadyk que la semaine prochaine, à cause des effets destinés aux Kozaks et qui ne viennent que d'arriver. Nous avons vu peut-être le dernier Ataman Kozak : Hanczarew, qui est venu avec le pain et le sel chez M. Adam; nous avons pleuré en le voyant, et j'ai regretté que vous ne fussiez pas ici pour transmettre ses traits à la postérité. Il nous attendra chez lui, il nous invite à l'aller voir. Il a fourni 500 Kozaks à Sadyk, il veille sur ses enfants, il se rend au milieu d'eux, il les gronde au besoin. M. Adam a reçu Iskinder-Pacha et Skinder Bey, une de ses anciennes connaissances, et qui a défendu Silistrie avec tant de gloire. Ce sont de fameux Polonais qui ne sont pas perdus pour leur patrie, dont ils maintiennent le nom en honneur jusque dans l'extrême Orient. Je m'étonne de la vigueur avec laquelle M. Adam supporte cette vie plus dure que la vie ordinaire des camps. Si Dieu donne qu'il continue ainsi, tout ira bien.

Dorénavant les lettres d'Armand Levy plus explicites nous initieront davantage que celles d'Henri aux démarches d'Adam Mickiewicz, elles dépeindront même avec plus de détails quelques-uns de ces types bizarres qui semblent suspendus entre l'Occident et l'Orient :

Péra, jeudi 27 septembre 1855.

Mon cher ami, la santé de ton père est excellente et la nôtre également. Nous avons vu le fameux Iskinder-Pacha (Ilinski), jadis employé au chemin de fer d'Orléans et aujourd'hui l'un des premiers généraux de l'armée turque, le chef des bachi-bouzouks (ce qui en turc veut dire : têtes folles). Nul homme plus simple. J'ai vu sa terrible blessure au front, une entaille à laquelle nul autre n'eût survécu, et cela n'a pas même affecté son cerveau. Un doigt coupé, et deux autres blessures au ventre ; au demeurant, se portant à merveille et partant pour Eupatoria rejoindre la cavalerie turque. C'est lui qui fut vainqueur sur le Danube à Kalafat. Les rapports russes ont parlé du nombre considérable de troupes auxquelles on n'avait pu résister, et en réalité Iskinder n'avait que huit cents hommes avec lesquels il fit la charge, plus deux cents en observation. Mais la charge fut impétueuse, le colonel fut renversé du premier choc et les milliers de Russes furent vaincus. Il voulait sauver la vie au colonel Karamzin, le fils de l'historien, mais il arriva trop tard ; un bachi-bouzouk lui avait déjà enfoncé son sabre dans la gorge et il vit jaillir le sang comme d'une fontaine. Il a raconté que, dans un engagement avec les Russes, les Turcs ne voulaient pas combattre sans avoir fait les ablutions prescrites par le Koran ; il leur dit : Plongeons-nous tous dans le Danube, ce sera plus tôt fait et marchons à l'ennemi. Un bachi murmure. Il demande qui. On se tait. Il dit que c'est un lâche alors puisqu'il a peur. Le bachi sort des rangs. Et lui il le fait mettre à genoux et lui tranche simplement la tête, puis il dit : « Les ablutions sont faites : le sang a tout effacé. Marchons à l'ennemi. » Tous le suivirent et furent vainqueurs. Une autre fois il leur disait : « Si je me retourne, tuez-moi, et j'en ferai autant de vous. » Et tous s'élançaient. On raconte que quand il harangue ses bachi-bouzouks, il les émeut beaucoup : il leur parle de sa maison, il pleure, et tous pleurent avec lui. Et il dit qu'il n'y a pas d'hommes plus doux ni plus obéissants et faciles à conduire : et pourtant c'est ce que les civilisés appelleraient un ramassis de gredins. N'est-ce pas curieux de voir les hommes de l'ordre ancien, les défenseurs de la civilisation la plus développée et la plus exquise faire appel aux barbares pour les défendre, soit aux mobiles et aux zouaves, soit aux bachi-bouzouks ? Ceci nous explique tout un côté de l'histoire de l'ancienne Rome. Les bachis n'ont pas de solde et ils vivent Dieu sait avec quoi ; mais il leur faut si peu ; et quand on leur dit que le Sultan n'a pas d'argent, ils le plaignent et disent : le pauvre homme ! Quand à Iskinder-Pacha, il n'a qu'un défaut, celui de jouer et de boire : or comme boire est défendu par le Koran, il possède un Koran magnifiquement relié qu'il porte toujours et baise souvent : car le Koran est plein de la plus excellente eau-de-vie, et un petit trou imperceptible, quand il est pressé, désaltère le brave dévot. Pour le jeu, il ne peut s'en tenir : on dit qu'on ne l'a jamais vu dormir, toujours se battant, jouant ou buvant. Sa Hautesse lui avait donné un superbe sabre enrichi de diamants à l'occasion de sa victoire de Kalafat : aucun de ces diamants n'existe plus ; l'avant-dernière nuit il a perdu 20,000 piastres (il est vrai que la piastre ne vaut que le 5ᵉ du franc), et le Polonais qui a gagné disait : « Il vaut mieux que ce soit un Polonais qui ait gagné qu'un Anglais. » Le capitaine Pasek des anciens jours reconnaîtrait encore le Polonais d'aujourd'hui. Si maint défaut a résisté aux siècles, la vertu suprême aussi est demeurée, plus grande s'il est possible, une valeur indomptable. — Une autre figure très remarquable est celle de Skinder-Bey, aujourd'hui chef d'état-major du commandant de l'armée Egyptienne. C'est lui qui défendit Silistrie avec tant de courage. Combien ces hommes qui ont montré tant de cœur ont de simplicité et de bonté visible! La physionomie ferme, la parole nette, l'atmosphère chaude. C'est à leur approche que l'on comprend ce mystère : comment un acte vrai et grand nous allume intérieurement, nous purifie et fait par tous nos pores jaillir une lumière, comme autour de la tête une auréole. Skinder-Bey est venu plusieurs fois, il a passé avec nous la soirée entière hier. Il a été au camp de Sébastopol. Canrobert, à ce qu'il paraît, était bon pour le soldat et affable avec ses subordonnés, mais il n'y a qu'un mot sur Pelissier : qu'il est terrible! C'est ce que j'ai aussi entendu dire sur le bateau. — Il y a trois jours est venu un homme simplement vêtu d'une robe de drap bleu, avec un chapeau gris rond, offrant à ton père un pain. C'était le bonjour antique, le pain et le sel de l'hospitalité. Cet homme était l'Ataman des Kozaks de la Dobroutcha. Il avait l'air d'un saint. Je ne savais point d'abord qui il était, mais je fus impressionné comme à l'approche d'un homme de Dieu. Je ne comprenais pas tout, mais je saisis ce que signifie le don des langues, cette langue universelle que nous comprendrions tous, si nous étions plus élevés, la langue des esprits, indépendante des mots. Il y a certaines manières de dire qui sont entendues de tous : et c'est là la vraie parole. Or Hanczarew faisait à ton père l'effet de la dernière apparition du génie slave : c'est peut-être le dernier, disait-il. Et l'Ataman lui-même semblait le sentir et en être triste, car il racontait les efforts qu'il avait faits, mais en vain, pour trouver quelqu'un qui puisse le continuer, qui s'initie à sa tradition et comprenne la situation; il ne croit pas que son fils puisse le suppléer, et c'est ce qui l'afflige. Des mœurs si simplement patriarchales

16.

ne se recréent pas, quand elles s'en sont allées, et quand elles s'en vont, comment les retenir? Ces Kozaks occupent sur le Danube une position importante. Nicolas voulut se les attacher, il appela à Petersbourg l'Ataman Hanczarew, mais celui-ci, loin d'être séduit, ne vit dans l'Empereur qu'une bête sauvage. Il nous a fait la description de son pays, et ton père en était enchanté. En partant, il nous a serré la main en nous engageant à l'aller voir, ce que nous ferons. — Avant-hier, j'ai été faire dans la journée une longue course dans Péra, puis à Top-hané (Arsenal : mot-à-mot fonte de canons, *top*, canon, c'est assez expressif), à une nouvelle mosquée de Dolma-Baché, bâtie près du nouveau palais que l'on vient d'achever pour le Sultan, et je suis revenu par les hôpitaux où j'ai cherché un blessé, mais il venait d'être renvoyé en France, guéri après amputation. Au retour, j'ai été en bateau avec ton père et Henri voir une famille polonaise à Be-bek, à une heure de Constantinople, en remontant le Bosphore vers la mer Noire. Le soir, en rentrant, nous avons trouvé à la maison le prince Ladislas, qui était venu de Térapia où il demeure. Hier nous y sommes retournés ensemble. Térapia est la demeure des ambassadeurs de France et d'Angleterre, aussi sur le Bosphore, un peu plus loin que Be-bek. Pendant que ton père était chez l'ambassadeur d'Angleterre, j'ai été faire une promenade sur les hauteurs qui dominent le Bosphore et d'où l'on aperçoit l'entrée de la mer Noire : c'est une vue magnifique. Puis nous avons parcouru les jardins de l'ambassade française d'où l'on jouit d'une vue très belle aussi, jardins qui sont comme un panorama. Le bateau à vapeur étant parti, nous sommes retournés à Constantinople dans le caïque d'un colonel polonais au service de la Turquie, Jordan. Le caïque est un bateau très long et très étroit où l'on tient peu de monde, deux, trois au plus, et couchés dans le fond du bateau sur des coussins (Henri n'était pas venu à Térapia). Cela rappelle les gondoles de Venise, mais c'est moins commode. Elles sont d'un bois doré et jolies, et elles filent vite, quand le vent gonfle la voile. Nous sommes revenus de Térapia presqu'aussi vite que par le vapeur. Ce Bosphore est délicieux. On dirait une série de lacs qui se rouvrent et se ferment, bleus comme le Léman, grands comme le lac de Zug et bordés de maisons tout le long du rivage, maisons en bois dont la couleur rouge, ou jaune, ou grise donne les plus beaux reflets au soleil, et les hauteurs sont boisées. J'apprends quelques mots turcs, mais je m'attache surtout au polonais. Henri commence à être édifié de moi et déclare, avec cet air que tu lui connais, qu'on peut faire quelque chose de moi. Cette déclaration vient de bien faire rire ton père. Ton père vous embrasse.

Avant de laisser Armand Levy reprendre la parole, arrêtons un moment notre attention sur les personnalités singulières dont il nous a ébauché la physionomie. Un émigré, c'est un homme qui poursuit le relèvement de sa patrie à travers les milieux les plus différents. Il est irréprochable tant que sa patrie reste son unique mobile, il cesse de l'être dès qu'un intérêt personnel influe sur ses actes. Les Polonais apportent partout l'expérience douloureuse d'un siècle d'infortunes, et une force de projection qu'ils doivent au passé politique et à la mission historique de leur nation. Ils ont le mépris de la vieille société, la foi dans le prochain avènement d'un monde nouveau. Seulement il n'y a tradition si vigoureuse ni caractère si énergique qui se préserve entièrement des influences délétères de l'air ambiant. En traversant des races, des climats, des mœurs et des religions divers, en imprimant son impulsion, on reçoit en revanche soi-même plus d'une empreinte étrangère. Le héros à la Byron à la longue frise l'aventurier. Ce n'est pas que le mot d'aventurier nous épouvante. Les croisades ont été d'héroïques aventures et nous vivons à une époque d'ignominies si raisonnables que les âmes sont tourmentées de la soif de l'inconnu et prêtes à tout subir pour échapper au règne d'un prosaïque égoïsme. Toutefois les Polonais, en rendant d'éminents services en Orient, l'ont fait souvent au détriment de leur intégrité morale. Mais ils ont mené des existences plus invraisemblables que les romans les plus osés. Pour nous borner, l'un des deux noms que nous trouvons sous la plume d'Armand Levy, Ilinski était impliqué à quinze ans dans une tentative de soulèvement contre les Russes et contraint de quitter sa patrie. Il combattit dans les troupes de la reine Christine en Espagne, passa au service de Don Pedro de Portugal, assista en Perse, en 1838, au siècle d'Herat, rejoignit en 1848 le corps de Bem en Hongrie, se réfugia en Turquie avec le général, y parvint au rang de pacha, et il se fit de son vivant une sorte de légende autour de son nom. Je le vis à Constantinople en 1861. Son ami Michel Czaykowski (Sadyk Pacha) habitait à Kabatach dans un quartier proche de Péra : il y vivait à l'Européenne. Ilinski demeurait au cœur de Stamboul et menait une existence orientale; il avait pour femme une bosniaque musulmane et par conséquent cachée dans un harem. Il nous reçut dans un vaste salon meublé de larges divans turcs, nous fit apporter le café et les pipes d'usage et entama des récits, dont la sténographie seule eût pu donner l'idée. Tout à coup un petit être mignon et enturbanné s'approcha d'Ilinski : « Je vous présente, me dit le Pacha, mon fils Emin Bey. » En embrassant la frêle créature, je dis au père : « Votre garçon est joli comme une demoiselle. » Ce que je croyais un compliment naturel et banal se trouva être une offense. Ilinski perdit subitement sa bonne humeur, nous prîmes congé de lui et, dès que nous fûmes en selle, Sadyk me dit : « Le pauvre Ilinski a désiré ardemment un fils et il lui est né une fille. Lorsqu'elle a été en âge de marcher, il s'est persuadé qu'il avait un garçon, il l'a habillée en homme, et c'est raviver une plaie vive que de contredire sa marotte. Quel bizarre personnage! ajoutait Sadyk. Nous avons même rang et même traitement. Ce traitement suffit à peine au train modeste que je mène. Ilinski s'est mis sur un grand pied. Il est vrai qu'il ne paie pas ses nombreux domestiques qui lui sont très attachés, tandis que je paie les miens qui me servent médiocrement et quittent souvent mon service. Je tombe un matin chez Ilinski et je le trouve pris de vin et occupé à fustiger à coups de tuyau de pipe un nègre qu'il avait attaché par les pieds à une poutrelle du plafond. Je m'empresse de couper la corde et je reproche chaleureusement à Ilinski son inhumanité. — Puisque Sadyk Pacha prétend que je te maltraite, exclame Ilinski au nègre, va chercher un autre maître. — A ma grande surprise, le nègre me reprocha de vouloir le priver sans motifs d'un maître si excellent, il se jeta aux genoux d'Ilinski et je dus joindre mes supplications aux siennes pour qu'il consentît à garder ce malheureux. Explique qui pourra ce phénomène!» Ilinski mourut quelques années après à Constantinople. Kuczynski (Skinder Bey) périt aux environs de Bagdad sous la lance d'un Arabe. Si certains de ces pachas polonais gardaient plus d'un travers occidental et cédaient à plus d'un entraînement de l'Orient, il leur sera beaucoup pardonné, car ils ont beaucoup aimé la Pologne.

Samedi 27 septembre 1855.

C'était hier vendredi, écrit Armand Levy; donc jour férié chez les Turcs. Je me faisais par avance une joie d'assister à leurs cérémonies. J'entre dans une mosquée, mais je ne tarde pas à entendre le mot *gatch*, qui veut dire en turc : *va-t-en*, et je sortis. Mon guide ne m'avait point averti que pendant la prière les vrais croyants sont seuls admis. J'ai vu Sainte-Sophie : c'est une magnifique église. Constantinople m'a rappelé Venise, mais Sainte-Sophie surpasse autant Saint-Marc que la Corne d'Or le grand canal.

Venise, c'est Constantinople en miniature. J'ai visité d'autres mosquées encore; quand il n'y a pas de réunions de fidèles, on entre sauf à donner un baktchich en cadeau aux gardiens. Encore me dit-on que cette facilité n'existe que depuis la guerre actuelle. Autrefois il fallait un firman du Sultan qui s'obtenait assez difficilement et coûtait assez cher : aussi se réunissait-on toujours un certain nombre. Mais depuis que nous protégeons sa Hautesse, la curiosité anglaise s'est passée de permission et s'est satisfaite d'elle-même. Et tous ont fait comme les Anglais. Mais chacun y apporte un respect que l'on est loin de garder dans Saint-Pierre de Rome. Le culte n'est pas encore regardé ici comme cérémonie théâtrale ; il n'en est pas descendu là ; mais grâce à la civilisation, cela peut bien arriver prochainement. En attendant, je rends hommage au sérieux que les Musulmans apportent dans leur culte. On sent, en franchissant le seuil de la mosquée, qu'on est dans un lieu saint. Mon impression première fut celle-ci : Je me sentis incliné vers terre, et c'est en effet là la posture de tout Musulman, l'homme résigné à la volonté de Dieu (telle est la signification du mot Musulman); on ne se sent pas porté en haut comme dans les cathédrales gothiques aux nefs resserrées et aux voûtes élancées. C'est un sentiment réellement religieux, mais terrestre. Et, comme toujours, l'architecture répond à la pensée intime du culte. Une coupole soutenue sur quatre piliers peu élevés, tel est en général l'aspect de la mosquée. Dans l'Église catholique, tous les fidèles, les uns à la suite des autres, se voyant peu, ont chacun les regards fixés sur le sanctuaire, sur le prêtre et l'hostie, cherchant le médiateur. Dans la mosquée, tous ensemble, sans distinction, accroupis sur les nattes et invoquant Allah ; nulle parole que celle du Koran. Il n'y a pas une image, pas une statue : rien qui trouble la solitude de l'homme avec Dieu. C'est un commerce tout de contemplation entre la créature et son créateur : elle prie et se résigne. Privée des médiateurs que Dieu donne dans les saints, elle s'élève plus difficilement. Elle ne peut renouveler sa vie et, comme notre Occident, être toujours jeune. L'Islamisme a été une énergique protestation contre l'efféminisme chrétien et contre l'oubli de l'unité de Dieu à une époque de querelles théologiques et d'adorations outrées pour les saints. Mais il n'avait pas un principe de développement en lui. Aussi, quand son œuvre de lutte fut finie, il a vite dégénéré et sans donner aucun germe pour une vie nouvelle. Voilà pourquoi les Turcs se sont trouvés livrés tout affaiblis à la civilisation occidentale, qui ne peut que les dissoudre. Dans notre état moral actuel que pouvons-nous leur apporter : à quoi croyons-nous nous mêmes ? Le vieux Turc peu à peu s'en ira et le nouveau ne sera qu'un esprit fort, ni chrétien ni musulman. On observe que déjà, depuis la réforme turque, plusieurs des qualités du Turc s'en vont et rien ne les remplace ; pourtant faut-il regretter les mœurs qui accompagnaient ces qualités, les terribles massacres accomplis soit chez eux, soit contre les Grecs ? Ils avaient les qualités de leurs défauts, c'est incontestable, mais ceux-ci ne pouvaient plus être tolérés. Quand la peine méritée par nos fautes est assez grande, il faut bien que le fléau s'en aille... Notre drogman qui, comme je te l'ai dit, est un vieux Polonais établi depuis quarante ans ici, raconte de temps en temps des anecdotes. Il a vu tant de choses ! Il a assisté au massacre des Janissaires : il était au service de l'un d'eux. Et c'est un hasard heureux qu'il ait échappé, on tuait non seulement les Janissaires, mais leur famille, leur domesticité, jusqu'à leurs marchands attitrés, tout ce qui avait tenu à eux. Quarante mille ont péri. La veille, ils étaient tout-puissants. Le Sultan obtint contre eux un decret d'excommunication : on le lut dans les mosquées, le peuple se jeta sur eux et ils furent anéantis. Le Sultan se délivra de ses maîtres-serviteurs, mais en même temps il perdit une force contre l'étranger. Terrible alternative des Puissances qui sont en décadence. Ce qui avait été l'appui des Sultans était désormais pour eux un danger, car ils n'avaient plus la force morale de s'en faire obéir. Les Janissaires furent détruits non seulement à Stamboul, mais dans les autres villes de l'Empire. Ce massacre rappelle à l'esprit celui que Mehemet-Ali fit des Mamelouks en Egypte : d'abord il les flatta beaucoup, les invitant, allant lui-même chez eux. Et un jour il les convia à une grande fête. Pour arriver au kiosque où elle était préparée, il fallait passer par une petite allée entre deux hautes murailles : quand ils furent tous engagés dans ce passage, on ferma les portes aux deux extrémités et le massacre commença : des hommes avaient été apostés derrière la muraille et tiraient à l'abri. Nul moyen de se défendre. Tous furent tués, un seul échappa qui s'élança avec son cheval d'une hauteur prodigieuse. Ils étaient quatre cents. Quelles mœurs!... Sais-tu la cause de la guerre actuelle dans l'esprit des hommes du peuple turc? L'Empereur de Russie proposait au Padischadh de lui donner Odessa, à condition qu'il pût bâtir une maison à Buiukdéreh (petite ville sur le Bosphore, à mi-chemin de Constantinople). Or le Padischahd, qui est malin, comprit qu'une maison fortifiée à Buiukdéreh valait cent Odessa. Il ne voulut pas. Et voilà pourquoi la guerre est venue. Ils ont été contents de la prise de Sébastopol, mais, m'assure-t-on, ils disent que ce sont eux qui l'ont pris. J'ai dîné hier avec un colonel polonais au service Turc, Przewlocki, qui racontait sa conversation avec un officier russe prisonnier nommé Rich : le prince Mentchikoff s'attendait si peu à voir forcer le passage de l'Alma qu'il n'avait fait prendre aucune précaution pour la levée du camp. Aussi, quand la déroute commença, tous les chariots, tentes, etc., firent un encombrement tel que le ravin qu'il fallait traverser pour passer se trouva barré : or il n'existait pas d'autre passage entre les montagnes. L'encombrement dura deux heures, et pendant ce temps les Russes eurent grande frayeur : ils se crurent pris, mais on ne les poursuivit pas. Que devient l'histoire du manque de cavalerie? Et il ajouta : la démoralisation était telle que si l'on eût poussé sous Sébastopol, on y entrait. Donc la nouvelle du Tartare était vraie : eux voyaient la ville déjà prise. Notre manque d'initiative a tout perdu. On a oublié cette parole de Napoléon, que la victoire dépend d'une seconde d'inspiration, d'une étincelle morale. On a tout voulu soumettre aux calculs de la froide raison et réduire la guerre en problèmes d'école. Le même colonel était à la défense de Silistrie. Fortifications faibles, 5,000 hommes dans la place (sans compter les corps volants pour ravitailler et faire diversion), 120,000 assiégeants, deux mois de siège, et les Russes n'ont pas même enlevé une batterie. La démonstration de l'Autriche fit lever le siège, mais le colonel croit qu'ils n'auraient pas pris la ville. Il dit que Sadyk-Pacha a rendu là de grands services aux Turcs, qu'il a montré une grande habileté, beaucoup de finesse dans les ruses de guerre, trompant les Russes par de fausses démonstrations toujours nouvelles, parfois simulant des forces considérables et finalement entrant dans la ville. Et pourtant Sadyk avait peu servi autrefois, il n'avait été que le simple lieutenant Czaykowski. Nouvelle preuve que l'on peut être sous-officier sans avoir pâli dans les écoles spéciales. Elles sont bonnes, elles donnent le talent ; le génie, Dieu seul le départit en raison de nos mérites antérieurs à cette vie. On nait général. — Demain mardi 2 octobre, nous irons probablement rendre visite à Sadyk, à son camp de Bourgas, où nous resterons deux ou trois jours, puis reviendrons ici. On a beaucoup crié contre lui, mais il a organisé déjà deux régiments. Pour relever le drapeau, il faut exister, et puis nul droit n'arrive qu'après un devoir accompli. Accomplissons notre devoir et soyons sûrs que notre droit ne tardera pas à être respecté. Ce que l'on n'eût pas permis aux démocrates polonais, on le lui laisse faire. Peu importe qui relève le drapeau, pourvu qu'il le soit. La cause polonaise est assez grande pour que tous trouvent leur place. D'autres ont fait un grief de l'abjuration. On a trop oublié l'enseignement que contient l'abjuration de Bem et des siens. Puisque la Russie schismatique, la Prusse protestante et la catholique Autriche ont partagé la Pologne, et que le Saint-Siège a maudit son insurrection, recommandant par le bref du 9 juin 1832 soumission des Polonais aux Puissances légitimes, des hommes de cœur ont été amenés à embrasser pour seul signe religieux l'épée qui pourrait combattre l'envahisseur. En réalité, ce ne sont pas eux qui ont délaissé l'Eglise, c'est l'Eglise qui les a rejetés eux et leur patrie. Et vraiment le héros et martyr Bem est plus près de Dieu que ceux qui l'accusent lui et ses compagnons d'armes. Si l'Eglise veut qu'on revienne à elle, qu'elle embrasse donc de nouveau la cause des nations, qu'elle réchauffe les nations de son haleine, surtout la nation fidèle et martyre. Mais quelle parole a-t-elle tenté de prononcer pour éclairer l'Europe dans les circonstances difficiles de ces années-ci, dans les ténèbres au milieu desquelles on se débat? Le palais de l'ambassade russe à Péra domine tous les autres palais d'ambassade; on le voit depuis le Bosphore sur le sommet de la colline : or ce palais est bâti sur un terrain de la République de Pologne. Même après le partage, le Sultan ne permit pas à la Russie de l'occuper, mais seulement en 1815, quand l'Empereur obtint du Congrès le titre de roi de Pologne. Ce palais, qui reçut l'ambassade arrogante de Mentchikoff, est maintenant hôpital français : les blessés sont soignés au lieu même d'où partit le signal de guerre, et par un singulier jeu de la fortune, l'un des officiers qui accompagnaient le prince dans son ambassade y est revenu comme prisonnier blessé. L'une des jolies îles de la mer de Marmara, à l'entrée du Bosphore, l'île des Princes, est occupée aujourd'hui par les prisonniers russes, et c'est un Polonais d'origine écossaise, Stuart, qui leur est préposé; nous l'avons vu, ainsi que Kossilowski qui lui est adjoint comme secrétaire et que je me rappelais avoir vu à Paris chez ton père, quand il était secrétaire, je crois, à l'Ecole polonaise. Le jeune colonel polonais Sigismond Jordan, avec qui nous sommes revenus l'autre jour de Térapia, est celui qui, dès le commencement de la guerre, s'est distingué à la prise du fort Saint-Nicolas. Combien de Polonais dans les commandements supérieurs turcs! — La ville de Stamboul est reliée aujourd'hui à Galata par un grand pont de bateaux, avec deux petites arches pour la circulation des caïques. Il s'ouvre quelquefois pour laisser passer les navires. Le port est admirable. Il contient bien cent bâtiments sur les bords seulement. Autrefois, avant que le pont ne fût établi, on n'allait au faubourg que par des caïques : aussi les bateliers formaient-ils une corporation puissante. Maintenant le nombre en a bien diminué, grâce surtout aux bateaux à vapeur qui font plusieurs fois par jour le service du Bosphore. Le pont a été construit par un Américain, et il est si beau, dit notre guide, que quand cet Américain est retourné aux États-Unis, ses compatriotes l'ont tué de dépit. Pourquoi? Je ne sais, notre guide a toujours des réticences. Il dit avec le plus grand sérieux aussi que le Sultan habite dans son palais une chambre toute garnie de pierreries tellement brillantes que la nuit il y fait jour comme à midi. Idée turque. Personne ne l'a vu, mais ils le croient. Anecdote sur les Anglais. Une ambassadrice anglaise ayant été insultée, les Anglais exigèrent réparation et demandèrent beaucoup d'or. On en remplit tout un vaisseau, mais les habitants ne voulaient pas le laisser partir. On parlementa avec ceux qui gardaient les forts du Bosphore, et pendant ce temps l'individu qui montait celui des vaisseaux chargés du trésor s'enfuit avec le vaisseau et le trésor, sans que jamais on ait pu savoir ce qu'il était devenu. C'était un homme très-fin, dit-il. Mais assez d'anecdotes pour aujourd'hui. Je vais terminer en vous donnant des nouvelles de ton père qui va très bien et vous embrasse. Henri vient de recevoir une lettre de Paris et il déclare que le Sultan n'a jamais reçu lettre écrite par de plus jolies mains.

Nous dirons rétrospectivement l'ordre d'idées dans lequel travailla Adam Mickiewicz. Nous essayerons en attendant d'interrompre le moins possible l'enchaînement des lettres de ses compagnons de voyage.

Il y a une semaine que nous sommes ici, écrit Henri le 1ᵉʳ octobre 1855, au milieu d'un incroyable tourbillon de Polonais que le diable semble avoir rassemblés de tous les coins du monde. Après-demain, c'est-à-dire mercredi, nous partons dans l'après-midi pour Bourgas, où M. Adam veut rendre visite à Sadyk-Pacha. Quels gens nous voyons ici, rien que de ces Pachas polonais célèbres par tout l'Orient. Plusieurs de nos officiers s'en vont aujourd'hui au milieu des Kurdes; ils ont l'ordre d'y former un troisième régiment de Kozaks avec les déserteurs polonais. Levy étudie le polonais et le turc, il pioche énormément. Quant à moi, je n'ai pas de ces goûts colimaçonesques pour les bouquins. Je me fie à mes oreilles, je m'oriente assez bien à Constantinople et je m'y fais comprendre par signes.

Il ajoute le 3 :

M. Adam va à merveille. Nous employons nos moments à nous familiariser avec l'Orient. Nous nous mettons demain en route pour Bourgas. Non pas Dieu, mais quelqu'un d'autre assurément a attaché à nos trousses une vieille qui porte une croix et qui est elle-même une lourde croix à porter. Elle est possédée de la rage de devenir chirurgien des Kozaks, elle jouit de soixante-dix printemps, c'est précisément l'âge de s'engager dans une armée ! Le sabre auquel je faisais allusion a été fabriqué en Angleterre pour le colonel Kamienski, il est orné de la devise : *in hoc signo vinces*, et se trouve en la possession du comte Branicki. M. Adam l'a eu en Italie et me répétait qu'aucune arme n'allait mieux à sa main, mais il m'ordonne maintenant de laisser là mon idée relative à ce sabre. Vous nous parlez de l'intention où serait M. Zmorski de s'adjoindre à notre caravane. Comment admettez-vous la pensée d'attacher une pierre pareille au cou d'un homme en qui Dieu a déposé ce que notre patrie a élaboré de plus généreux et de plus sublime? Nous devons ici chasser les importuns comme des mouches, ce soin m'a été confié. Si M. Adam se perdait dans ces bagatelles, les affaires importantes qui le réclament en souffriraient grandement.

Ce même jour Adam Mickiewicz adressait à sa fille Marie sa première lettre de Constantinople.

Vos lettres m'ont encore trouvé ici. Vous faites bien de me donner fréquemment de vos nouvelles : les dernières m'ont réjoui. Ne vous occupez plus du sabre. En en parlant, je ne prévoyais point qu'Henri songerait à le faire venir. Nous avons assez de bagages sans cela. Nous partons aujourd'hui pour Bourgas. Pendant mon séjour ici, il n'est rien survenu d'important. Nous vivons le plus simplement du monde. Henri ne cesse seulement de témoigner son enthousiasme pour l'Orient. Il voit tout à travers des lunettes en diamant; il se livre à des récits fantastiques : je lui abandonne par conséquent la description pittoresque de notre voyage. Je vous en noterai cependant les stations principales. Quand les enfants, le dimanche, reviendront du collège, qu'ils suivent sur une carte le chemin que nous avons parcouru, ce leur sera un examen de géographie. Eh bien donc, après avoir quitté Malte, nous nous sommes dirigés vers les rives de la Laconie, en apercevant dans un lointain horizon la Crète et le mont Ida; nous avons contourné la presqu'île de Matapan. Alexandre doit savoir quelle appellation classique elle portait et quel temple s'y élevait ? Nous avons laissé sur notre route l'île de Cythère, et nous avons vogué au milieu des Cyclades vers Paros et Syra. On ne nous y a pas accueillis, parce que nous avons à bord des malades et un mort qu'on enterra dans l'île de Delos. C'est une localité aujourd'hui déserte et des sentinelles s'y promènent le long d'un lazaret. Plus loin, entre l'île de Chios et le continent, nous avons viré vers Smyrne. En en revenant et en nous rapprochant du rivage vers Lesbos et l'ancien Pergame, nous avons vu au loin l'ancienne Ida troyenne où les Dieux grecs tinrent conseil si souvent. Au pied du mont Ida s'étendent les plaines de la Troade. Nous étions trop éloignés pour distinguer l'embouchure du Xanthe et du Simoïs, mais le tombeau d'Achille est placé dans une position si heureusement choisie que, longtemps visible de divers côtés, il règne sur tout ce littoral. Le tombeau d'Ajax, situé un peu plus loin, s'aperçoit moins nettement. Le détroit des Dardanelles est si large qu'il serait difficile de croire qu'on le puisse traverser à la nage, si Byron de nos jours ne l'avait accompli. Le Bosphore est plus étroit, mais j'ai observé qu'il y règne de forts courants. Notre compatriote Louis Zwierkowski l'a jadis franchi à la nage, ce dont les Turcs se souviennent encore. On peut donc le considérer, après Léandre et Byron, pour un troisième archi-nageur. L'endroit où nous campons est aussi plein de souvenirs. Nous sommes dans le voisinage de la Jasonie, fameuse parce que Jason y séjourna quelque temps avec les Argonautes; de l'autre côté, c'est Ajantion où se célébraient des jeux annuels en l'honneur d'Ajax, fils de Télamon. De tout ceci, il ne reste que la tradition, et encore consignée dans les livres. La fourmilière turque a tout accaparé et effacé. Les Grecs même d'ici ignorent l'antiquité. Depuis notre départ, nous avons eu un beau temps constant et de fortes chaleurs. Il pleut aujourd'hui pour la première fois. Nous nous rendons sous peu d'instants au paquebot.

Mes souhaits de bonne santé et mes embrassements,
Adam Mickiewicz.

Armand Levy me transmettait sous le pli de la lettre de mon père le billet suivant :

Nous partons dans quelques instants pour visiter les Kozaks polonais au camp de Bourgas. Nous ne savons pas encore quel temps nous resterons à Constantinople. Je profite le mieux possible de notre séjour ici. Que n'es-tu avec nous ! Dépêche toi donc de finir tes études. Je me réjouis par avance de nos excursions prochaines à travers la Bulgarie, la Serbie, au milieu des populations slaves. J'avais vraiment quelques dispositions à la décivilisation. Je me trouve bien de notre régime de campement. Henri est toujours gai et excellent comme tu l'as connu. Il te regrette. Notre ménage est toujours parfait. Quelque beau que soit ce voyage, cela ne m'empêche pas d'être bien souvent en France par la pensée. Ton père va très bien. Il me semble, en étant auprès de lui, vous avoir moins quittés. Rapprochons-nous encore un peu en nous écrivant souvent. Nous avons eu hier le temps le plus admirable, pas un nuage au ciel; puis il a plu cette nuit, et de nouveau voici le ciel serein, et sans doute nous aurons belle mer jusqu'à Bourgas. Henri est dans le ravissement à la pensée qu'il va revoir des Kozaks, le noyau des futures légions polonaises. Sans doute elles reparaîtront avec les Aigles nationales : ce sera un beau jour. Si nous nous trouvions bientôt sous le drapeau, frères d'armes ?

Le 7 octobre, Henri exhalait sa joie dans les lignes suivantes :

Au camp des Kozaks, à Bourgas.

Quoique je ne sois pas encore devenu fou de bonheur, Dieu sait ce qu'il adviendra de moi. Comme j'aime ma patrie et comme l'honneur m'est cher, il n'y a pas de régiment au monde plus solide que le premier régiment kozak. Je jette le gant à chaque Polonais qui, bien que ses forces le lui permettent, ne se prépare pas à s'aller engager dans les Kozaks, et je maintiendrai mon défi. Il n'existe ni langue ni plume capables de décrire ce que nous voyons et touchons ici. Peut-être votre pinceau réussirait-il à fixer sur la toile cette aube de la Pologne renaissante. Nous sommes partis le quatre de ce mois à huit heures du soir de Constantinople, nous avons passé la nuit sur le bâtiment qui ne s'est mis en marche qu'à cinq heures du matin. C'était un navire anglais, *Patrick;* le prince Ladislas fit arborer au mât ce pavillon polonais banni des mers depuis si longtemps et que M. Adam prit plaisir à voir flotter dans les airs. Nous remorquions deux barques, dont l'une ne tarda pas à sombrer, à notre grande satisfaction, puisqu'elles retardait notre marche. Dans le camp de Bourgas des tentes hospitalières étaient dressées pour nous. Après nous avoir reçus, Sadyk Pacha partit à la chasse et en rapporta au bout de deux heures trois biches et un lièvre. Il y a ici une foule de lévriers admirables et de Kozaks plus admirables encore. Un de nos gentilshommes a vendu ses biens et sert comme simple soldat, un autre de Posnanie a quitté la position d'officier d'artillerie prussienne pour celle de Kozak et se déclare parfaitement heureux. Il est à croire que le temps approche où rien au monde ne sera supérieur au Kozak. Le général est de retour, un banquet nous réunit tous, les officiers s'assoient à sa table comme à celle d'un père, nous y figurons à titre d'hôtes et l'on nous gâte, les sotnias défilent l'une après l'autre, la musique éclate, les danses commencent. Ce matin messe en plein air, entre deux lacs et non loin de la mer. Pendant que le prêtre du second régiment récite ses prières, des centaines de pélicans passent au-dessus de sa tête et des grues sautillent au pied de l'autel. Nous avons eu ensuite une revue du 1er régiment. Quels hommes et comme ils manœuvrent! Les cent-gardes français sont dépassés. M. Adam est heureux d'avoir revu son vieil ami; le général ne se possède pas de joie; demain nous chasserons au sanglier avec des épieux. Le paysage est des plus pittoresques.

Le mercredi 9 octobre, Armand Lévy écrivait de Bourgas :

Je profite d'une excursion à cheval que nous venons de faire du camp au village pour t'écrire deux lignes pendant une halte que nous y faisons. Nous avons eu une superbe chasse au lévrier. De sept heures du matin à midi, course dans les steppes. Le lièvre part, les chevaux sont lancés au grand galop, les lévriers suivent, le lièvre est forcé, pris et tué et on se remet à la recherche d'une autre bête. Quel appetit nous avions au retour, et point de fatigue, quoique la chaleur fût bien forte. Ce matin, revue des deux régiments et promenade militaire : cela a duré toute la demi-journée. Nous avons déjeuné dans une ferme où tout avait été préparé par les soins du pacha. Au retour sieste d'une demi-heure, puis course nouvelle. Le cheval était excellent. Quel galop ! Nous menons une vie vraiment plus rapprochée de la nature : c'est un bonheur. On se sent revivre et rajeunir. On respire à pleins poumons. Demain chasse dans le bois au chevreuil et au sanglier, car l'état-major ne vit guère que de sa chasse. Aussi avons-nous déjà mangé force chevreuils, bécasses; le pays est très giboyeux. La fertilité du sol est surprenante : c'est une terre de jardin qui n'a pas besoin d'être fumée et qui produit pour peu qu'on la remue, mais le pays est désert. Ainsi l'ont voulu les guerres de religion. Et l'orge y est semé au travers des buissons. Ah! si nos paysans français avaient à leur disposition une si vaste étendue de terrain! Ton père va toujours à merveille. Cette vie à l'état libre est bien plus conforme à sa nature. Et puis chacun ici est si bon! C'est un pronostic heureux en faveur de leur courage. Les plus courageux sont aussi les plus doux. Nous allons rentrer sans retard à Constantinople. Nous pensons toujours à vous tous.

Le 18 octobre, Armand Levy écrit :

Ton père va assez bien. Il a été un peu indisposé, mais seulement comme il l'est quelquefois à Paris.

Le 20 octobre, Henri Sluzalski décrit avec sa verve ordinaire l'épisode le plus riant de ce voyage qu'assombrirent bientôt la vue de discordes intestines :

« Déjà nous apercevions du pont de notre navire le va-et-vient des Kozaks. Ils avaient été avisés de notre prochaine venue, mais, selon l'ordinaire des gens qui s'imposent une attente prolongée, ils se laissèrent surprendre par notre arrivée. Nous passâmes quinze jours sous la tente hospitalière de Sadyk-Pacha. En aucun lieu du monde un Polonais ne saurait éprouver félicité pareille. Quelle joie que de contempler ces gens créés exprès pour des missions providentielles des plus extraordinaires! Voici l'emploi de notre temps. A 5 heures du matin, on sonnait la Diane; aussitôt retentissait comme le tonnerre la voix de l'Ataman qui est le dernier couché et le premier levé, les ordres se croisaient, la chasse succédait aux exercices; venaient ensuite des revues et des promenades militaires, si bien que la journée s'envolait avec la rapidité d'une balle de pistolet. Le second régiment qui, avant d'avoir reçu les effets d'équipement que nous lui avons apportés, avait un aspect un peu délabré, sembla, douze heures après, sortir de la mer drapé si poétiquement dans ses manteaux blancs que les cygnes et les pélicans en glapirent d'envie. Ajoutez au tableau les reflets rouges des kolpaks et de l'étendard du premier régiment et vous avouerez que c'est au-dessus de toute description. Les grues qui nuit et jour traversent la plaine par bandes ne sont ni aussi élégantes ni disposées dans un aussi bel ordre. Le second jour, nous avons assisté à une messe, au milieu du steppe, entre deux lacs. Une messe semblable n'a pu être dite que lors de la création de la Pologne. A l'autel, un prêtre vénérable et simple, les soldats en carré, au centre une brillante jeunesse, en tête des chefs blanchis par les ans et les fatigues, dans les airs, des nuées d'oiseaux. Le silence était tellement solennel que j'ai remarqué de petits oiseaux qui s'approchèrent de l'autel en sautillant. Cette simplicité poétique et élevée a dû présider à la naissance du monde, puisse-t-elle avoir été l'aurore de la renaissance de notre patrie ! Je puis dire en ce qui me concerne que cette fois-là j'ai pour la première fois de ma vie prié en toute élévation d'âme, sans formuler aucune prière. Que de cœurs cruellement éprouvés battaient là à l'unisson ! Le lendemain, nous avons vu manœuvrer le régiment. M. Adam laissa machinalement son cheval l'emporter devant le front de ces sotnias du Kouban et de la Dobroutcha qui possèdent jusqu'à aujourd'hui l'étendard que leur offrit jadis la République de Pologne. Que ne sais-je dessiner ! J'ai tenté de portraiturer des marsouins et je me suis, comme on dit, brulé les doigts. Nous avons pris part à plusieurs chasses à courre, M. Adam a supporté la fatigue à l'égal des autres chasseurs. Nous sommes chaque fois revenus avec plusieurs lièvres. Selon moi aucun Polonais par le temps qui court ne devrait vivre autrement que sous les armes et en uniforme kozak. Nous avons eu un défilé militaire de toute la brigade kozake qui s'est déployée en ligne de bataille et s'est avancée ainsi l'espace de deux lieues. A quels rudes gaillards l'ennemi aura affaire ! Depuis deux ans, ils n'ont pas couché sous un toit, toujours en marche ou au combat : il y a six mois qu'ils campent ici à Bourgas. J'ai vu là de beaux échantillons de notre pays. Deux riches propriétaires du royaumes, dont l'un a laissé femme et enfants, servent en qualité de simples kozaks. Deux autres de Posnanie font de même. L'un de ces derniers se mourait déjà, il n'avait pu se guérir à Paris de ses spasmes nerveux, il s'était traîné pendant de longues années à je ne sais combien de stations thermales ; or, après avoir goûté deux mois de la vie kozake, il a la vivacité d'un chat sauvage et se trouve si bien de ce régime essentiellement hygiénique qu'il s'est promis de n'en jamais changer. Un autre est un officier prussien en congé et, quoiqu'il soit sujet à des accès de fièvre, c'est un militaire d'une si belle prestance qu'aucun cent-garde français ne soutiendrait la comparaison. La fraternité règne et la gaieté se lit partout, la misère elle-même y brille davantage que si on l'enchâssait dans l'or et les diamants. Il y a deux repas par jour, à dix heures du matin et à cinq heures de l'après-midi. Tous les officiers, à l'exception de ceux qui sont de service, s'asseoient à la même table. Dans chaque sotnia, des chants égaient le repas et puis viennent les danses kozakes dont aucun ballet de l'Occident ne saurait approcher. Souvent les officiers produisent leurs chevaux favoris : il y en a de turcs, d'arabes, de circassiens, de curieuses bêtes montées par de vaillants cavaliers. Ces scènes originales et ces mœurs sont l'opposé de ce que prise ce grand monde occidental qui parfumé, endormi, pâle et sot esclave dans des chaînes dorées et des prisons de marbre, est incapable de concevoir un pareil état. Ce n'en est pas moins une réalité et la première de toutes pour les Polonais, car il n'y a que la lance et le sabre qui puissent venger nos injures. On dit que chaque chose se peut envisager sous deux aspects : je n'en vois qu'un seul. Lorsque je considère les Kozaks, on pourrait m'enfoncer dans le cœur un clou incandescent que je ne le sentirais pas. Je me suis mis corps et âme à la disposition de Sadyk-Pacha qui a daigné m'enrôler dans les Kozaks qu'on appelle irréguliers, mais qui sont de vrais Kozaks de la Dobroutcha et qui ont la réputation d'être des plus réguliers au combat. J'ai obtenu la permission d'accompagner M. Adam jusqu'à ce que quelque besoin urgent réclame ma présence au régiment. Il faut conclure de tout ceci que l'heure est venue d'échanger Paris contre l'Asie pour parvenir de la sorte à Varsovie. C'est ce qu'enseigne la géographie le plus récemment amendée. Qu'il erre dans les steppes de la Caspienne et du Kouban ou qu'il foule les neiges du Caucase, le Kozak ne périra pas misérablement, soutenu qu'il sera par l'étincelle que jusqu'à sa mort son cœur entretiendra pour ses amis. La patrie, ne sont-ce pas les hommes, les compagnons, les amis, les souvenirs, les joies, les malheurs même, et du reste est-ce qu'on ne fond plus de balles ? Chaque existence a un mite qui la ronge. Le prince Ladislas Czartoryski a quitté le camp deux jours avant nous, parce qu'il a pris la poste. Il paraît qu'un plus long séjour ne nous était pas non plus destiné, puisque M. Adam a eu une légère indisposition hémorroïdale. Nous aurions différé notre départ, mais au camp les journées sont chaudes et la nuit la rosée est froide, nous pouvions être surpris par les pluies. Le 17, à deux heures et demie du matin, un coup de canon, tiré dans le port, nous annonça l'arrivée du bâtiment. A ce signal répondit l'ordre du Pacha : « Mahmoud, les chevaux ! » En quelques minutes, nous étions à bord du navire autrichien *Persia* qui nous débarqua à Varna, où nous passâmes sur le paquebot français *le Périclès*. Le 18, nous rentrâmes heureusement dans le port de Constantinople. M. Adam, dans le moment où j'écris cette lettre, est en parfaite santé. Cette affirmation serait superflue si, dans son désir de se reposer un peu, il n'avait résolu de ne pas accueillir tous les visiteurs : ceux qu'il ne reçoit pas écriront peut-être à Paris que M. Adam est malade, ce qui pourrait vous effrayer. Or je vous répète que la maladie est passée. Nous occupons notre ancien logement de Galata, mais nous en cherchons un dans le voisinage, à la campagne, sur le Bosphore, pour faire tranquillement nos préparatifs en vue de la continuation de notre voyage. J'aurai plus de temps à donner à ma correspondance. Vous me parlez de deux de nos compatriotes qui, d'ici, veulent aller se battre en duel à Paris, quand il est d'usage, en Pologne, de vider ces sortes d'affaires à la première auberge, au coin du bois. M. Adam leur conseillerait de prendre rendez-vous sous Sébastopol. Combien de fois n'avons-nous pas songé à Ladislas, surtout pendant les chasses! Ses sœurs auront un jour la peine de broder des drapeaux pour les Kozaks : en attendant ce sont les dames moldaves qui s'acquittent de ce soin. M. Adam a lu cette lettre et m'a dit que vous pouviez en donner connaissance au prince Adam. Il a ajouté que je pouvais vous faire savoir, ce que je n'eusse osé faire, que, lors de ma présentation aux Atamans de mon irrégulière sotnia, je m'étais acquitté convenablement des saluts d'usage. J'étais déjà en uniforme et en kolpak. Seulement ma barbe fut à ce point éclipsée par ces barbes sénatoriales que je faisais la figure d'un enfant placé en face de sapeurs. Néanmoins, après m'avoir examiné et tâté, après avoir refléchi et hoché la tête, les chefs m'admirent comme kozak. Il est vrai qu'il n'y en a jamais eu de chauve parmi eux, mais on a attribué ma calvitie aux effets d'une blessure à l'arme blanche. »

Le 20 octobre, Armand Levy revient une dernière fois sur cette excursion de Bourgas, pendant laquelle mon père éprouva un vif rassérénement d'esprit au spectacle d'un commencement de réalisation de l'idée polonaise, en même temps qu'il y ressentit les premières atteintes du mal qui devait l'emporter :

Je voudrais te raconter en détail notre expédition de Bourgas, mais je ne sais comment cela se fait, chaque jour amenant avec lui ses préoccupations entraîne la veille dans l'ombre, et souvent nous nous demandons quel mois et quelle semaine nous sommes. Je te dirai donc les choses sans ordre et telles qu'elles se représenteront à l'esprit. C'était un jeudi, le 4, à ce que dit Henri qui a consulté son mémorial. Dès le matin nous sommes prêts à partir. Par quel bateau et à quelle heure, c'est ce que nous ne savons, car ici c'est le pays où les indications font le plus défaut. Pourtant nous pensons qu'on nous préviendra. Vers le milieu du jour, on nous dit que c'est un remorqueur qui doit nous emmener et que probablement nous aurons à coucher sur le pont, à la belle étoile. Sur quoi nous entassons nos manteaux et paletots, et de plus Henri bourra le carnier de biscuits marins et remplit de vin et de rhum les trois gourdes. On vient nous prévenir en toute hâte, nous laissons notre valise pour ne pas nous charger inutilement sur le bateau. Et nous voilà dans la Corne-d'Or. Il était 7 heures du soir. Le prince Ladislas arriva à dix. Nous passons la nuit à bord. Nous levons l'ancre le matin seulement. Ce devait être à 5 heures; ce ne fut qu'à 8. Mais nous avons été amplement récompensés de notre sobriété intentionnelle et de notre stoïcisme anticipé, car le bâtiment s'est trouvé être un beau vapeur, bon lit dans les cabines et bon repas sur la table. Et ce qui mieux est, nous avions pour patron du bateau la plus excellente figure d'homme, non anglais, mais irlandais. Et irlandais aussi était le navire, sous la protection du Saint national de la pauvre Irlande. Ainsi vont les choses. La première fois que la Pologne recommence à vivre, c'est l'Irlande qui sert à porter les armes de ses soldats. Singulière réunion de circonstances. Et c'est l'Angleterre qui met ce bateau à disposition pour transporter l'équipement que la France fournit aux Polonais sous un nom étranger. Nous retraversons tout le Bosphore, depuis la pointe du Sérail jusqu'au Phanar de la mer Noire. Ces rives nous paraissent plus belles encore. Nous voyons de plus près, cette fois, la côte d'Asie, elle est bien riante aussi. C'est à hésiter entre les deux continents, on pourrait longtemps errer dans le Bosphore sans savoir à quels bords donner la préférence. Nous avons revu à Dolma-Batchi le nouveau palais du Sultan sur le bord même de la mer, il ne manque pas d'une certaine originalité, seulement je le voyais avec peine descendu de la colline. On a tout exprès aplani la montagne, et le palais autrefois eût été placé au sommet, témoin le Sérail-Bournou et le vieux Stamboul. Puis, ce qui a dû attrister les vieux Turcs, c'est de voir leur Padischah déserter les murs sacrés pour passer sur la rive des Infidèles, au bas de la colline des Pérotes. Le Sultan actuel habite ordinairement un palais, aussi sur le bord du Bosphore et même un peu plus loin que Dolma-Batchi, et dont le centre a un faux air de temple grec. Je t'ai déjà parlé de Térapia et de Buiuk-déreh où les ambassadeurs étrangers vont habiter l'été. Sur la rive opposée, on voit un grand palais auquel de longs gradins conduisent du bord de la mer : il était destiné à Méhémet-Ali, pacha d'Egypte; sa mort a interrompu les travaux et il a été un peu mesquinement achevé. Nous sortons du Bosphore. Nous voici dans la mer Noire que les anciens représentaient inhospitalière. Je ne sais si c'est un effet d'imagination, mais la rive de cette mer m'a paru plus sombre. Cela me fit le même effet que quand je passai du riant golfe de Naples dans celui de Salerne. Le temps était assez gros et la mer grise reflétait un ciel plombé : car le ciel donne sa teinte à la mer, toujours la même en réalité, pourtant elle en subit aux yeux toutes les impressions; de même à peu près la nature nous semble triste ou gaie d'après l'état de notre âme. Nous traînions deux petites barques destinées à Varna, l'une d'elles a sombré, mais elle était vide. Et ce fut un petit incident que les inutiles efforts faits pour la sauver. Nous eûmes un long retard, nous pensions ne mettre que douze heures, nous en mîmes presque le double. C'est un très grand golfe que celui de Bourgas. Au fond, sur la plage, mais encore assez loin, nous apercevions les tentes. Avant d'arriver, nous avions hissé le Blanc-Rouge polonais, et le prince Ladislas, en le saluant, disait : « Nous sommes sur un bateau à nous, sur sol polonais. » Parmi nos passagers, il y avait une vieille dame polonaise, venue avec nous de France comme aide-chirurgien, décorée de l'ordre national *virtuti militari ;* elle a montré, dit-on, beaucoup de courage en plus d'une circonstance. Elle se nomme Rostowska, et chacun la désigne du nom de *Baba*. C'est la bête noire d'Henri qui en dit à chaque instant les plus amusantes choses du monde. Elle-même, il faut l'avouer y prête quelquefois : elle nous a raconté elle-même avec beaucoup de détails son combat sur le bateau avec un rat ; nous avons eu beau lui dire que la présence des rats sur un bateau était le meilleur augure, puisqu'ils étaient très fins et ne s'aventuraient qu'à bon escient, cela ne calmait point ses frayeurs. Mais survint le mal de mer qui l'absorba tout entière. Or, pour débarquer, voulant éviter le présage si mauvais pour les Kosaks et paysans polonais de la vue première d'une vieille femme, nous eûmes besoin de beaucoup de diplomatie pour la laisser en arrière. Nous arrivons au camp qui est à une demi-lieue de la petite ville. Le général, qui avait désespéré de nous voir arriver ce jour-là, était parti pour la chasse dans la forêt. Ses capitaines d'état-major nous firent les honneurs et l'on dressa pour nous une tente près de celle du général. L'un des capitaines qui étaient là me frappa beaucoup par ses yeux qui brillaient extrêmement et une physionomie toute différente des nôtres : c'était un véritable ukraïnien. Il a parcouru toute l'Europe sans se trop civiliser :

c'est toujours l'histoire de ce Kosak qui, revenant de vendre son blé se replonge dans une cuve de goudron avec ses beaux habits neufs pour redevenir Kozak. Un jour, près de Tours, une dame de la diligence, intriguée de son costume (déjà il portait le costume kozak), se hasarda à le lui demander. « C'est étonnant, répondit-il, que vous ne le connaissiez pas : c'est le costume kosak. » — « Mais vous parlez bien français pour un Kosak ». —« C'est assez naturel, Madame, puisque je suis resté en France depuis 1814. » Et tous de se reculer, sans faire attention qu'il ne pouvait pas même être né en 1820. Nous examinâmes les chevaux. Le cheval favori du Pacha est une très belle bête arabe, elle est très triste quand elle voit mettre à une autre la housse rouge du général, tant le cheval, comme le chien, est déjà élevé dans l'ordre des animaux, comprend l'homme et en a souvent même les passions. On nous disait qu'un cheval ne s'est jamais laissé approcher par celui qui le soigne sans qu'il fût bien habillé ; sale il le mordait, et les chiens aussi crient après les gens déguenillés. Le cheval est ici la grande affaire. « Qu'est-ce qu'un cavalier, si son cheval est malade ? » me disait un soldat. Et un autre : « Pour que votre cheval vous aime, il ne faut pas se borner à lui donner, comme en France, à boire et à manger, mais lui causer, le visiter, le caresser, coucher auprès de lui : alors ce vous est un ami sûr. » A l'importance que j'ai vu attacher aux chevaux ici, j'ai mieux compris pourquoi les fils du Tzar Nicolas, en visite à Rome, s'extasiaient sur l'agilité et la vigueur des chevaux, sans faire grande attention aux hommes. Cet éloge exclusif aux bêtes avait un peu piqué nos officiers de l'armée d'occupation : en réalité, c'était un trait national. Les chevaux ici vivant à l'air libre, chacun est attaché sur une ligne formée devant les tentes. Et chaque sotnia forme une ligne. Les chevaux kosaks sont petits, mais rapides. Le même qui file si vite sous la pression de son maître, l'instant d'après, libre et sans bridon, vient à la voix se remettre à sa place. C'est une association d'hommes et de chevaux. Gérard disait : « Ceux-là ne connaissent point le lion qui ne l'ont vu que dans nos ménageries, sans crinière et la tête basse comme un lapin de choux, et ne l'ont jamais contemplé en plein air, l'œil en feu, nourri et grandi au désert. » Il en est de même du cheval. Qu'est-ce que nos piteux chevaux de cabriolet! Pour un Européen, le cheval est une chose ou moins encore, un esclave. Ici il a l'air d'une personne. C'est que dans les steppes, le cheval se sent vraiment citoyen et libre, non soumis à un maître, mais uni à son ami. Que la selle cosaque est légère et petite! On la tient d'une seule main, il n'y a de fer que la boucle, nulle couture dans la peau. L'étrier est court. Le cavalier, presque droit sur l'étrier, se lance en avant avec une incroyable rapidité et sait s'arrêter tout court. Le petit fouet dont il se sert est une tresse de peau. Et si le chef s'en sert sur son soldat quelquefois, celui-ci ne se sent pas humilié d'être traité comme son cheval, ou bien comme un enfant. C'est un peuple enfant, et il a les défauts comme les qualités de l'enfant, et c'est pour cela qu'il en supporte sans trop se plaindre les punitions. La susceptibilité intérieure n'étant pas encore éveillée chez lui, le châtiment moral est difficile, impossible encore. — Le général est revenu : deux chevreuils l'avaient précédé. Ton père et le général se sont jetés dans les bras l'un de l'autre. Ton père m'a présenté comme son ami, et le lieutenant Sluzalski comme officier kozak. Nous sommes entrés sous la tente, et nous avons dîné, porté des santés. Puis sont venus les chants nationaux des bataillons, ainsi que je te l'ai raconté. Les soldats chantent beaucoup d'airs russes qu'ils chantaient au régiment : il y a un fond de tristesse. C'est un rythme analogue à celui de nos paysans, un peu lent. Je retrouvais aussi même intonation ici chez un aveugle dernièrement. Tous les chants de la campagne auraient ainsi comme un air de famille. Mais n'est-ce pas singulier que quand les chants ont cessé partout, en France comme en Italie (durant mon long voyage dans la péninsule je n'ai pas entendu un chant dans les campagnes, sauf une seule chansonnette partout répétée contre les curés et les frères-moines *i preti i fratri...*), ce soit ici chez les Kosaks que le chant existe. Le chant, c'est le signe d'une vie réelle, ce n'est pas autre chose qu'une explosion de l'âme. Quand l'homme s'animalise, son chant cesse. Ton père a reconnu beaucoup d'airs qu'il connaissait déjà et qui lui ont rappelé la patrie. Ce fut pour lui une excellente soirée de rafraîchissement national. Ces chants ne sont pas écrits. Pourquoi l'auraient-ils été? On ne note que ce que l'on a la crainte d'oublier. Joseph de Maistre a fait sur les dates des dogmes de l'Eglise une excellente remarque : « Vous m'apportez la discussion de tel dogme avec le décret du concile comme signe de son origine : dites donc plutôt que c'est alors que l'on a commencé à en douter. » De même les chants ne s'impriment et ne se collectionnent que quand leur force vivante a déjà cessé. Ce n'était pas par extraordinaire que l'on est venu chanter devant la tente. Souvent ils le font le soir entre eux. Je me suis quelquefois promené le soir près des tentes et je voyais par exemple un groupe de quatre Kosaks, l'un jouant du violon, l'autre frappant un tambour de basque, alors que deux autres pour leur propre plaisir chantaient. C'était une chanson malo-russe sur le regret de rester sans combattre : « Mon cheval est prêt; si les autres mettent leur plaisir dans les jouissances et les richesses, notre plaisir à nous, notre joie, c'est le sang des combats. » Mais il faudrait tout comprendre. Que d'histoires racontées le soir entre eux, et chacun se tait et écoute. Le général en sait un grand nombre. Il a, en 1837, écrit des contes kosaks que ton père trouve empreints d'un sentiment vrai (1) : lui-même est de famille ukrainienne. Il y a vingt ans, il ne parlait que de Kosaks démocrates et chacun riait de lui. Et aujourd'hui le voici à la tête de Kosaks tout autres que ceux de l'Autocrate. Nos rêves ne sont souvent que des pressentiments. Je t'ai dit la messe sous la tente : tous ces braves, la tête inclinée sur leur sabre et beaucoup avec un livre à la main ; il y avait plus de sentiment religieux là qu'à l'Assomption. Quand les proscrits peuvent déjà prier pour la patrie les armes à la main, ils peuvent espérer pouvoir bientôt combattre pour elle. La revue du 1er régiment a été très belle. Les Kozaks irréguliers de la Dobroutcha et du Kouban sont magnifiques. On les dit irréguliers, car ils sont habillés à leur gré, avec des chefs qu'ils se donnent et ne restent qu'un an sous le drapeau. Après quoi, d'autres viennent les remplacer ; ils ne paient aucun tribut à la Porte, mais lui doivent tant d'hommes en cas de guerre. Ce fut là le noyau premier de Sadyk. Il a pu rendre de grands services sur le Danube : le Pacha avait peu d'hommes, mais il mettait chacun d'eux à la tête d'une centaine de bachi-bouzouks pour les enflammer et les conduire. Ton père admirait beaucoup la force simple de ces Kozaks incivilisés. Inutile de dire que c'est là qu'Henri a choisi sa place, et un de ses camarades qu'il a retrouvé ici, avec lequel il a combattu en l'année 1848, disait en riant : Le proverbe est vrai, on a beau faire, toujours le loup retourne au bois. — Nous avons assisté à l'essai des chevaux, chacun voulant faire briller le sien. Quels cavaliers nous avons vus ! Une souplesse incroyable ! — Le jour de la fête du colonel du 1er régiment, il y eut réjouissance : une grande table a été dressée, les officiers des deux régiments y ont pris place. On a porté des toasts au Pacha, au prince Adam, à l'union des deux régiments, etc. Ton père, Sadyk,

(1) J'ai publié une traduction française de ces contes à Paris en 1857.

le prince Ladis, les colonels ont parlé. Et moi aussi, à la fin, j'ai porté un toast en disant à peu près ceci : « Permettez-moi comme seul Français ici, de porter un toast à l'union de la Pologne et de la France. » (Et comme je touchais une corde sensible, il y eut un grand hourrah.) « Longtemps vous avez combattu pour nous. Ce sont de ces dettes qui ne s'acquittent point par des paroles. Espérons que bientôt nous pourrons à notre tour verser notre sang à vos côtés. Je porte aussi la santé du brave organisateur de ce corps kosak : c'était l'une des choses les plus importantes qui pût être faite aujourd'hui, la seule possible et la plus utile, vrai noyau des légions nationales. Vienne le jour où, changeant le refrain du *Jeszcze Polska* (1), tous puissent s'écrier : Conduis-nous, Sadyk, de Turquie en Pologne. » — Puis le Pacha, ton père, le jeune prince, les colonels et le Français furent enlevés sur les épaules devant les soldats groupés autour de la tente, et de formidables hourrahs! prononcés. On se serrait la main, on s'embrassait. « Et moi aussi je veux vous embrasser, » me dit un Kosak, « car j'ai vu la France et je l'aime beaucoup. » Il y eut entre tous, officiers et soldats, un courant réel de fraternité. Après vinrent les danses kosakes. Habituellement, ils ne dansent que pieds nus, car les bottes appartiennent au Sultan et ne doivent pas être usées pour rire. Mais, en raison de la circonstance, ils gardèrent les bottes, les éperons résonnaient; quelle légèreté! je n'en ai jamais vu de pareille, une grâce très grande comme on n'en rencontre pas dans nos salons de Paris. Et l'on voyait si bien qu'ils s'amusaient pour eux-mêmes, sans aucune préoccupation extérieure. Puis chacun est rentré sous la tente ; une couverture sur du foin, voilà le lit et sur soi son manteau. Nous nous sommes peu déshabillés durant un long temps, et n'en avons pas moins bien

(1) Hymne national, dans lequel les premières légions polonaises auguraient leur marche d'Italie en Pologne.

dormi. Souvent j'ai vu lever le soleil : sous la tente, le froid du matin vous avertit qu'il faut se lever; dans une chambre, la chaleur accumulée pendant le renfermé de la nuit vous engourdit la grasse matinée et dans une atmosphère peu saine. Vivent donc les tentes et les camps! J'ai vu enfin ce que c'est que des steppes, d'immenses plaines avec quelques broussailles sans chemin tracé. Nous les avons parcourus tantôt en briczka polonaise, le plus souvent à cheval et, quand c'est au galop, c'est très agréable. Que de gibier et que de belles chasses! Quel plaisir quand le lièvre part et court de lancer son cheval à toutes brides au travers de la plaine! Le deuxième régiment nous a fêtés aussi. Et vers la fin pour le Français, on entonna le : *Mourir pour la patrie* et *la Marseillaise*, comme le premier jour on avait chanté : *Allons, dragons, vite en selle*. Ici le Pacha m'appelait toujours : monsieur Armand, les colonels : Monsieur Levy et tous *Francuz* (1). J'aurais bien des causeries à te raconter, des remarques à te communiquer, mais ma longueur de correspondance commence à scandaliser Henri, il trouve que c'est trop pour un Kozak. Tu as reçu sans doute ma lettre du 18 où je t'annonçais ma détermination de m'engager dans ce corps. D'ailleurs Henri fait aussi une longue épître pour chez vous. Il s'en acquitte toujours avec beaucoup d'esprit. Ton père a reçu des cheveux de ton plus jeune frère avec grand plaisir. Il a ri de la raison pour laquelle tu ne lui écris pas, écrivez-lui donc un peu. Il vous aime tant, il est si sensible aux témoignages d'affection! Mes amitiés à nos amis. »

Le 21 octobre, Adam Mickiewicz donnait lui-même de ses nouvelles à son ancienne et excellente amie Madame de Klustine:

(1) Le Français.

J'ai eu par Marie des nouvelles de votre santé, je m'en réjouis beaucoup. Ladis vous a parlé de mon voyage. Il a été jusqu'à présent heureux et agréable. Je ne vous parlerai pas des magnificences extérieures de Constantinople; vous les connaissez par les descriptions et vous en avez vu probablement le diorama; il n'en est pas de même quant à l'intérieur. Il faut avoir des sens bien démocratiques et fort robustes pour supporter les premières impressions d'une cité orientale. Je m'y suis cependant promptement habitué. Je vous avoue même que ce n'est pas sans un certain plaisir que je m'arrêtais dans quelques quartiers de la ville qui me paraissaient parfaitement semblables à ceux de ma petite ville natale de Lithuanie. Imaginez-vous par exemple une place publique couverte d'une couche de fumier et de plumes, où se promenaient tranquillement des poules, des dindons et toutes sortes de bêtes au milieu de groupes de chiens qui faisaient la sieste; mais pour arriver de cette place chez nous, il fallait suivre des ruelles, que j'ai trouvées si primitives et si pittoresques que je vous en épargne la description. Décidément je ne vous engagerai plus à faire un voyage en Orient. Quant à moi, je m'y suis, comme je vous l'ai dit, parfaitement habitué. D'ailleurs, je n'affronte qu'une fois par jour ces passages à travers des tas de rats crevés et de chats éventrés, et d'Anglais ivres-morts et de portefaix turcs qui barrent hermétiquement les deux côtés de la ruelle. Une fois sur le Bosphore, on prend un bateau, et comme les personnes à qui j'ai affaire habitent les rives, mes courses n'ont rien de désagréable.

Il y a une chose ici qui vous plairait certainement, c'est l'honnêteté et la modestie des marchands. J'ai pensé à vous en traversant les vastes bazars de cette capitale. Personne ne m'invitait à entrer, pas d'amorces ni de réclames. Je m'arrêtais, j'examinais les marchandises, sans que le débitant eût l'air de s'apercevoir de ma présence. Interpellé, il m'a dit le prix de l'objet et est retombé dans ses méditations : comme j'ai eu de l'embarras avec la monnaie turque, on m'offrit de me donner les marchandises à crédit. Pour la première fois de ma vie, j'ai eu envie de faire des achats. Excepté cette course au bazar et la visite aux monuments publics, je n'ai encore rien fait à Constantinople. Maintenant je me trouve ici établi pour quelques semaines, et je suis à la recherche d'un logement plus commode. Nous faisons notre cuisine chez nous. Au moment où je vous écris, mon compagnon de voyage coupe avec son poignard le cou à un petit poulet et nous y ajouterons du pilaf, ce qui fera un dîner confortable. Cette manière de vivre entretient un appétit constant. Si j'ai jamais le bonheur de venir encore dîner chez vous un jeudi, je vous prie d'avance de me faire servir une double ration. Rappelez-moi au souvenir de M. le comte (1) et de M. Hippolyte. »

Nous voyons dans cette lettre poindre l'une des causes de la maladie qui fondit sur Adam Mickiewicz : l'insalubrité de la ruelle où Henri avait choisi le logement. Les signes avant-coureurs de cette maladie qui s'étaient montrés à Bourgas réapparurent vers le 25 octobre :

M. Adam, écrit Henri à cette date, va bien mais il est un peu affaibli par une attaque de sa maladie. Nous avons marché hier l'espace d'une bonne lieue et cette promenade a paru favorable à sa santé. Les intrigues qui se croisent à propos de la formation polonaise influent sur son humeur.

---

(1) Le comte de Pons et Hippolyte Delaveau.

Vous savez combien il a à cœur ce germe des espérances nationales et il voit des gens occupés à susciter des obstacles à cette œuvre. A peine l'aube d'une résurrection kozake a-t-elle lui que nous voyons le second de nos régiments jeté pour un peu d'or dans la gueule ivre du Moloch anglais. Chaque marchand est un tant soit peu voleur, et à plus forte raison celui qui trafique à la fois des bibles et de l'opium. Que tous nos Kozaks et moi avec eux périssions d'un coup, soit! Sur nos tumulus fleurirait sans doute plus d'une rose, mais la fin ignoble d'un aussi prosaïque marché est facile à prévoir. Combien de précieux souvenirs et de chères espérances enfantés par le spectacle des bonnets rouges et des lances étincelantes de nos Kozaks polonais ressuscités ne sont-ils pas dissipés à la vue de ce triste marchandage! Quelle vie que celle que mène Sadyk-Pacha; y a-t-il au monde rien de plus étrange et de plus attrayant que ses colonels, ses officiers, ses Kozaks, ses chevaux, ses dromadaires, ses buffles, ses lévriers? Si vous pouviez voir ses Kozaks lorsqu'ils pêchent, chantent, jouent, dansent. Faudrait-il qu'un édifice taillé dans le roc dur s'écroulât misérablement? Le chagrin ne me permet plus de continuer mes descriptions. Il me suffit d'avoir assisté à une charge du régiment, d'avoir entendu les hourrahs! et je ne l'oublierai jusqu'à ma mort et, Dieu aidant, je ferai sous peu ma partie dans ce concert. J'ai assisté aujourd'hui à un curieux spectacle. Sur les quatre heures, je traversais le Bosphore en caïque, à quelques pas de moi un grand trois-mâts s'en alla butter contre un immense paquebot et sombra à l'instant. Il ne resta que des lambeaux de la voile du trois-mâts qui se balançaient sur le paquebot et des bulles d'air à la surface du Bosphore, tout comme si quelqu'un y eut précipité une grosse pierre. C'était un navire anglais très beau et tout neuf. En général, je n'affectionne ni l'eau ni les caïques : j'ignore ce que les voyageurs y découvrent de si agréable. Parlez-moi du cheval, c'est très différent.

Cette page d'Henri nous introduit au beau milieu des dissensions intestines qui, en affectant son moral, rendirent Adam Mickiewicz plus accessible aux influences morbides du climat. La suite des lettres que nous publions mettra le lecteur au courant de la question qui se débattait alors à Constantinople :

Dans mes lettres précédentes, écrivait encore le 25 octobre Henri à Louis Zwierkowski, j'étais dominé par les impressions qu'excita en moi l'aspect de nos régiments. N'y avait-il pas dans cette quinzaine passée sous la tente, dans ce paradis polonais de quoi ravir l'âme pour des siècles. Je ne vis que par cela, je ne rêve qu'à cela, mais aujourd'hui une pierre m'est tombée sur le cœur. La scission d'un noyau de formation polonaise m'afflige énormément. L'écheveau s'emmêle tellement que le diable y perdra son latin. On dit que le deuxième régiment passe à la solde des Anglais. Il me semble qu'il n'est pas si facile de diriger des Polonais et que, dans ces imbroglios diplomatiques, surgissent toujours des difficultés imprévues qui déjouent les visées des gens auxquels la tendance des Polonais et leur naturel ne sont qu'imparfaitement connus. Les Polonais, sous une main inhabile, deviennent semblables au vif argent qui, alors que vous croyez le tenir sous vos doigts, se fractionne tout à coup à l'infini. J'ai causé avec des officiers des deux régiments, l'Asie ne les effraye pas ; ce à quoi ils répugnent c'est au bât anglais. Le soldat astique son fourniment en tel lieu où le sort le conduit. Il irait en Asie. Les peureux et les pleutres qui s'y sont refusés n'ont cherché là qu'un prétexte à leur inconstance et à leur désertion.

Le 27 octobre, Adam Mickiewicz écrivait à sa belle-sœur Sophie Szymanowska :

Vos lettres, datées de septembre, ne me sont parvenues que maintenant, après avoir erré à Varna et à Bourgas. Je me porte bien. J'ai souffert de l'indisposition habituelle des camps et par laquelle chacun passe. En dépit d'elle, je regrette le camp. Vous pouvez considérer ce qu'Henri vous écrit de la vie qu'on y mène comme l'exacte vérité. Mais nous n'y étions qu'en qualité d'hôtes, nous ne faisions que jouir, tandis que les autres doivent travailler. Au camp, entre beaucoup d'anciennes connaissances, j'ai rencontré Alexandre W. qui m'a prié de le recommander au général. Je l'ai conduit à Sadyk-Pacha qui a promis de ne plus se souvenir de ses fredaines passées, sauf à le tenir court. Vous vous rappelez peut-être de Kuczynski, il nous venait souvent voir aux Batignolles, il m'a chargé de ses compliments pour Marie. Il est maintenant colonel arabe et chef d'état-major de l'armée égyptienne. Je ne l'aurais point reconnu, il est noir comme un Arabe et il a tous les mouvements d'un Bédouin. C'est un homme remarquable et qui, s'il vit, ira loin. Je ne sais si vous avez connu le poète Berwinski, il m'a cette année rendu visite à Paris. J'appréciais ses écrits, sinon qu'il tombait parfois dans la maladie Norwidienne (1) et devenait ennuyeux. Maintenant au camp il est frais et dispos, commande un peloton et est en même temps employé à l'état-major. Ses camarades le taquinent en le traitant de littérateur, ce dont il se défend. C'est ainsi que la littérature n'est guère en honneur. Je ne vous parle pas des autres Pachas, Bimbachas et Mizailamach, car vous ne les connaissez pas. Après un si grand nombre d'années, ils ont tous beaucoup changé et tous à leur avantage.

(1) Cyprien Norwid, poète polonais contemporain.

Le conflit qui éclata à Constantinople en 1855 était de la même nature que celui qui divisa les Polonais l'année 1848 en Italie. Le comte Ladislas Zamoyski, homme d'une bravoure rare, de beaucoup de talent et d'infiniment d'intrigue, ne comprenait d'action que de compte à demi avec les cabinets. Il existait une légion polonaise sous le titre de Kosaks ottomans. Il la scindait en deux et en faisait passer une partie au service de la Grande-Bretagne pour capter les bonnes grâces du ministère anglais. Adam Mickiewicz essaya vainement de persuader aux uns et aux autres qu'il fallait marcher de concert. Il aurait voulu que Zamoyski ne coupât point l'herbe sous le pied de Sadyk-Pacha. Le comte entendait que les Polonais respectassent la localisation de la guerre, tant que cela plairait aux grandes puissances, tandis que Sadyk-Pacha admettait qu'à la première occasion, il y aurait à essayer de passer en Pologne et de soulever ce pays. Enfin, Adam Mickiewicz voulait faire concourir au relèvement de la Pologne tous les éléments qu'elle renferme. Le 15 octobre, Armand Levy, en se promenant dans le camp de Sadyk-Pacha, avait rencontré un soldat israélite fait prisonnier par les Turcs et qui, avec plusieurs de ses compagnons, préféra s'engager contre la Russie que de rester prisonnier de guerre. Rentré sous la tente, il demanda à Adam Mickiewicz si, de même qu'il existait déjà un régiment presque exclusivement polonais sous le général Zamoyski et un régiment de Kosaks sous Sadyk-Pacha, on ne pourrait pas créer un régiment d'Israélites polonais. « Vous avez raison, répondit Adam Mickiewicz. Une fois entré en Pologne, un pareil régiment permettrait d'entraîner une synagogue et les autres synagogues suivraient. Or, notre paysan sait le Juif si prudent qu'en le voyant prendre parti contre la Russie, il en serait frappé. » De retour à Constantinople, Armand Levy alla en causer avec le banquier Camondo, qui accueillit cette idée avec faveur. Levy lui remit une note dictée par Mickiewicz et que Camondo alla lire à Rechid-Pacha, qui trouva le projet réalisable. Ali-Pacha, alors grand Vizir, n'y fit pas d'objection. Rouchdi-Pacha, ministre de la guerre, fut plus réservé et répondit que la Turquie se proposait plutôt d'amalgamer ses sujets que de les organiser en corps militaires distincts, et il émit la crainte que ce ne fut un précédent dangereux. L'affaire en était là, c'est-à-dire soumise à l'examen de la Sublime-Porte, quand Adam Mickiewicz mourut.

Le 1er novembre, Levy m'écrivait :

Nous allons avoir une petite maison à nous, au bout de Péra, avec vue sur le Bosphore et chambre pour chacun. Nous reprenons allure aristocrate. Henri dit merveille de notre appartement nouveau. Je ne l'ai pas encore vu. Je te dirai plutôt aujourd'hui un mot de celui que nous quittons ; une seule chambre, et, à chaque angle, l'un de nous trois ; la porte occupe le quatrième coin ; un matelas ou un tapis pour se coucher, nos manteaux pour nous couvrir, nos malles servant de table à manger, celle de ton père de sofa pour les visiteurs. La selle formait table de nuit. Un logement d'émigré ! et que d'hommes de valeur, d'entre les Polonais surtout, sont venus dans ce simple réduit. Les jours s'y sont bien passés avec bon cœur et gaîté ! Le docteur Drozdowski, dans la maison duquel nous avions pris logement, est le plus excellent homme du monde, froid d'apparence et sec, mais très serviable et dévoué, vivant de peu, mais ayant généreusement fait de grands sacrifices déjà pour le régiment de Kosaks de son ami Sadyk; seulement nous avons fait dernièrement connaissance avec des hôtes peu aimables, une triple nuée de puces, de punaises et de cousins. Henri seul n'en ronflait que de plus belle et avec un vrai bruit de canon ; mais ton père ni moi n'avons fermé l'œil durant plus d'une nuit, et le jour nous semblait bien long à venir : nous sommes en effet à l'époque de l'année où le soleil est le plus paresseux. Combien nous regrettions alors notre tente et notre foin de Bourgas! Or on dit qu'ici c'est partout de même. Et Skinder-Bey (Kuczynski) vient de nous dire que c'est bien pis à Sébastopol; le sol est couvert de ces maudits insectes, et le maréchal Pélissier, en le faisant conduire au milieu de cette ville en ruine, lui disait : « Surtout ne mettez pas pieds à terre, nous ne pourrions plus vous approcher. » Sais-tu bien que de Sébastopol il ne reste plus rien, pas une maison debout, une ville rasée. Si on ne la reconstruit bientôt, l'herbe repoussera et les chèvres y paîtront de nouveau. Ainsi s'en va la grandeur humaine. Une seule église est restée debout sans que rien l'ait atteinte. Sébastopol est toujours désert. Il ne fait pas bon s'y promener, car aussitôt tirent les forts du Nord. Skinder-Bey, qui vient de parcourir tous les travaux, dit que c'est effrayant comme labeur et comme énergie de part et d'autre, une lutte de géants; du côté des Russes d'immenses fortifications en terre, et du côté des alliés quatre-vingt kilomètres de tranchées, taillées dans le roc et sous le feu de l'ennemi. Pour nous louer notre petite maison on a voulu savoir nos noms. Et Skinder-Bey qui s'en occupait a dit que nous étions Maghyars. Car les Turcs aiment beaucoup les Maghyars (c'est même race du reste), un peu les Polonais qu'ils prendraient volontiers pour des Musulmans, mais non orthodoxes. Le reste du monde est ghiaour. Les Français ne sont aimés que médiocrement et les Anglais détestés. Donc, nous voici Maghyars pour le quart d'heure, et qui mieux est sans nous en être doutés. T'ai-je dit qu'ici les grandes rues peuvent bien avoir trois mètres de largeur. Juge de ce que cela est quand il survient des voitures. Les voitures ne vont jamais qu'au pas, un courrier les précède, et fait ranger dans un coin, dans un carrefour, la voiture qu'il viendrait à rencontrer. Au milieu de la foule qui se presse dans ces petites ruelles, il n'y en a pas moins d'énormes fardeaux qui circulent. Or voici le mode : deux longues perches très épaisses sont passées dans les cordes qui soutiennent les tonnes ou les caisses et posées sur les épaules des portefaix, tantôt deux, tantôt quatre, tantôt six, selon le poids, et alors ceux qui sont près s'appuient la main sur l'épaule l'un de l'autre. Il y a un certain balancement imprimé par eux aux perches et au fardeau qui en diminue la lourdeur. Et pour se faire faire place, chacun crie d'une voix rauque et haletante : *Guarda! Guarda!* Dans cette ville aux cent langues, il y a certains mots universels, tel est *Guarda*, tel aussi *bono*. Une chose est *bono* ou non *bono*. C'est le terme commun entre tous. Dans ce pays, les Musulmanes sont voilées et il n'y a à pieds que des pauvresses et en petit nombre ; les autres vont en voiture et toujours voilées. Tu trouveras ceci singulier peut-être, et pourtant c'est la vérité. Quand, dans le quartier franc, je rencontre des Européennes non voilées, cela me produit comme un scandale intérieur. Ton père a vu une fois un enterrement de Grec : on le portait le visage découvert dans la bière. Ici il faut être rentré de bonne heure. Dès qu'il fait nuit, les portes de quartier se ferment; on peut se les faire ouvrir avec bakıchich (1), mais les rues sont désertes, peu sûres et sans

(1) Pourboire.

police. On vous jeterait dans la Corne-d'Or, qui s'en soucierait? En revanche, on peut donner sérénade. A deux pas de nous, il y a trois jours, nous avons entendu des chants allemands très joliment exécutés sous une fenêtre. Ils étaient une douzaine et six garçons portaient des lanternes. Quand la sérénade fut finie, ils partirent. Nous avons su que c'était à l'adresse d'une Allemande, belle sans doute, mais point ne l'ai vue. Une vraie scène espagnole. Une liberté aussi absolue fait crier les bons Francs de Péra. Vivre sans police! Il faut entendre Henri les parodier. Voici du bon pourtant. On ne peut pénétrer de force dans une maison qu'avec un firman et dans l'appartement des femmes jamais. Et si le mari voit babouches de femmes à la porte du harem, ce qui annonce visite, il ne peut entrer. Cette coutume est inviolable. Ton père va bien.

Autre lettre le 4 novembre :

Je te disais dans ma dernière lettre que nous allions entrer dans une très jolie maison à nous. Tout était convenu. Le propriétaire était enchanté, quand tout-à-coup les mollah, c'est-à-dire les prêtres turcs de la localité se sont mis en rumeur. « Mais ce sont des maghyars comme moi » disait le colonel Kuczynski. « Mais toi aussi tu es un ghiaour » répondirent-ils. (En effet, il n'a pris de Turc que le fez et le nom, mais point la religion.) « Ton domestique est ghiaour et ta femme sort sans voile. » Survient le colonel Osman-bey, bon Polonais et Turc complet, qui dit : « Allons voir le Pacha de mon quartier. » Il y va. On lui dit : « Mais les Francs envahissent tout. » Et il répond : « Imbécile! comment les Francs te tiennent déjà par la barbe et tu leur disputes encore un poil de ton bras. » —« Ah! c'est vrai! » soupire-t-il. —« Eh bien donc, que ces Francs viennent. » Mais les Turcs répliquèrent : « Nous quitterons plutôt le quartier. » C'est ainsi qu'ils ont fait déjà en plus d'un quartier. A chaque fois que les Francs y sont arrivés nombreux, ils l'ont déserté, mieux aimant abandonner leurs demeures que de supporter la vue de rayas, d'infidèles sans voiles et sans turbans. Donc, nous devons renoncer à ce logement. Et qu'on parle des progrès de la civilisation occidentale ! Nous sommes les protecteurs officiels des Turcs, mais au fond ils nous considèrent toujours comme des infidèles. Et si la force des faits et la puissance des armées modifient si lentement les mœurs, que penser de ceux qui croient qu'un article de gazette change la face du monde, ou qu'un discours fera époque, selon l'expression reçue dans notre Occident? Ne pouvant nous livrer davantage aux puces, punaises, cousins, voire même aux scorpions, nous sommes momentanément dans un hôtel pendant que colonels et drogmans sont pour nous en quête de logements. Vendredi, j'ai vu passer à la fois deux enterrements : un convoi turc, c'était un militaire, puisque des militaires portaient le cercueil sur leurs épaules et que des militaires seuls suivaient. Un prêtre turc en habit blanc précédait et le cercueil était couvert d'un drap vert. Au même moment, un autre convoi arrivait au cimetière grec, près duquel j'étais. Je restai. C'était un tout petit enfant, dans un cercueil point fermé, la tête à découvert, selon le rite grec. Le cimetière, point clos, forme une place avec des pierres tumulaires çà et là sans ordre. Ça a l'air abandonné, tant il y a peu le culte des morts. L'enfant fut déposé à terre. Les prêtres grecs s'assirent sur des tombes voisines et deux fossoyeurs commencèrent à piocher, bêcher et creuser la fosse qui n'avait été en rien préparée. Quand elle fut prête et peu profonde, la vieille femme qui accompagnait l'enfant lui enleva les dentelles mises pour orner son cercueil et les remit aux fossoyeurs. Ceux-ci posèrent le cercueil toujours découvert au fond de la fosse, placèrent sous la tête un petit sac de terre, et les prêtres et les chantres s'approchèrent, dirent une prière en grec, puis le prêtre prit une bouteille de vin que lui présenta la femme, il en versa quelques gouttes sur la tête nue de l'enfant, jeta ensuite également une petite pelletée de terre ; on referma le cercueil, puis la terre combla la fosse, pendant que la femme qui conduisait le deuil versait à boire aux prêtres, chantres et garçons, tout en leur offrant des gâteaux disposés sur un plat, dernier vestige de l'antique banquet des morts, puis on se sépara. Je me suis souvent demandé ici pourquoi moi, si philhellène à Paris, je ne me suis pas senti à Constantinople la moindre impulsion vers les Grecs. Je sens que je les aimerais beaucoup à Athènes. Ici ils ne m'attirent nullement, ce ne sont pas eux que je plains. J'en ai compris partiellement la raison à cet enterrement. J'ai vu combien les prêtres grecs sont bas et nuls tout autrement que le clergé français. On sent non pas tant encore l'ignobilité individuelle que la bassesse générale. C'est non l'individu qui est en défaut, mais le corps tout entier. Ils puisent à une source tarie. Ils me font l'effet de gens qui accomplissent une mission avec le sentiment de la nullité de leur chef. Ils ne se sentent pas réellement envoyés. S'ils ont une certaine dignité physique, ils ne peuvent avoir dans leurs gestes ni dans leurs paroles aucune force, puisqu'ils ont conscience de la nullité de ceux au nom desquels ils ont à parler. Dans l'Eglise catholique au contraire, l'individu est souvent indigne, mais il se sent toujours fort quand il parle de sa religion, il se sent envoyé, il sait la force d'où il vient. Eh bien, c'est en voulant faire de la question grecque une question religieuse et byzantine qu'on l'a perdue, et, qui pis est, dévoyée, en la tournant du côté de la Russie. On a reproché à M. J. de Maistre d'avoir dit dans son fameux livre du Pape que la Grèce ne pouvait renaître, parce que ce foyer de misérables disputes qui avaient corrompu l'Occident était maudit. On a vu là un anathème sur la nationalité grecque et, au fond, ce ne fut qu'un avertissement providentiel que les vieilles disputes théologiques devaient demeurer condamnées, que la Grèce théologique était morte. Mais le gouvernement français ne put ni ne voulut point poser nettement la question de nationalité grecque, et alors il laissa la Russie fomenter la question religieuse et parler de l'Empire grec à rétablir à Constantinople. Or Constantinople n'est point grec. La capitale est Athènes. Il s'agit non d'Empire, mais de nation. Les Grecs ont droit aux îles grecques et aux parties grecques de Macédoine, etc. Quant à ce grand caravensérail du monde qu'on appelle Stamboul qu'en adviendra-t-il ? Je ne sais. Ce n'est point la ville d'un peuple. C'est un bazar entre deux continents.

Mickiewicz put enfin quitter l'hôtel et Levy l'annonce le 8 novembre :

Nous voici enfin casés et dans une maisonnette assez proprette, à l'extrémité de Péra, au bas de l'une des rues qui descendent à gauche. Pendant plusieurs nuits, nous avons couché à l'hôtel. C'est un zouave qui tient cet hôtel, brave homme, c'est vrai, zouave surtout, c'est-à-dire querelleur et ultra-chauvin. Donc il avait, contre son habitude, avant-hier accepté un Anglais, le casant, faute de place ailleurs, dans sa chambre. Mais, vers les minuit, nous entendons un vacarme énorme. Je prends la lumière et je vais voir. Nos deux hommes se battaient : l'Anglais, la figure toute ensanglantée, tenait sa botte à la main prêt à frapper; le zouave, tout en parant, appliquait de tels coups de poing à son adversaire que l'Anglais criait : *malo, malo*, et il vint jusque chez ton père crier : « Français non *bono, malo, malo.* » Pourquoi se battaient-ils? Une querelle nationale à propos de je ne sais quoi, si bien que le zouave, trouvant un Anglais indigne d'être abrité sous son toit, ne voulait plus le laisser se recoucher, et il était minuit. Un colonel polonais fit l'office de juge de paix et les réconcilia. Voilà toutefois le danger pour l'Anglais de coucher chez un zouave. Celui-ci, du reste, ne trompe pas sa clientèle, car il est peint en personne sur son enseigne. Pour nous, le zouave fut aux petits soins en notre qualité de Franco-polonais. Autre exemple d'animosité nationale : deux jours avant, vers le soir, auprès de Sainte-Sophie, Tunisiens et Français se sont pris de querelle, en sont venus aux mains, et l'on dit qu'une vingtaine ont été tués : c'était une rancune d'Algérie. Le Seraskier ou ministre de la guerre fit de grands efforts pour les apaiser, mais ignorant l'arabe, il n'y réussissait pas. Un officier égyptien survint et aida à ramener l'ordre. Combien les antipathies de peuple à peuple sont lentes à s'effacer! On parle beaucoup d'entente cordiale. Le soldat anglais voit de bon cœur des Français qui l'aident dans le danger et plus d'une fois l'ont nourri, alors qu'au commencement toutes les précautions n'avaient point été prises, mais il sent trop son infériorité et son amour-propre est froissé. Quant aux officiers anglais, ils restent à l'écart dans leur morgue : comment se lier avec un homme qui n'est point riche et ne le sera point et partant ne sera jamais honorable! Au contraire, les Français et les Ecossais ont de suite sympathisé : il y a tout un fond historique qui nous rapproche, de communs souvenirs d'antique alliance. Les maisons ont toutes ici un avancement sur la rue. C'est sur ce balcon couvert que sont placés les divans, et il y a des croisées non seulement de face, mais sur les deux côtés, ce qui permet de voir dans la rue sans être vu. Cela me rappelait les miroirs que les Belges adaptent à leurs croisées dans le même but : tout dans la rue s'y réfléchit et les passants aussi. Il est impossible de donner une idée de la multiplicité des costumes que l'on voit ici : tantôt c'est un Tcherkesse avec sa longue capote brune et sa garniture de cartouches, dix sur chaque côté de la poitrine, et son haut bonnet garni de fourrures ; tantôt un Persan avec sa robe orientale et son bonnet noir en peau de mouton ; ailleurs un Grec avec son nez d'aigle et son large bonnet rouge ; plus loin le Turc, et puis les Européens de toutes nations. Chacun de ces costumes, qui ferait bondir d'étonnement nos Parisiens, passe ici complètement inaperçu.

Le fils aîné de Mickiewicz écrivit à son père pour lui exprimer son désir de se battre, si des régiments polonais entraient en ligne. Le 12 novembre, Levy lui répond à ce sujet :

J'ai eu hier ta lettre double. Je l'ai remise à ton père. Il a lu la sienne et la mienne. J'ai vu que cela lui faisait plaisir. Il a souri et, se rappelant le mot du roi Etienne: « Etudie-bien, je te ferai gentilhomme, » il a dit comme s'adressant à toi : « *Disce puer latine, te faciam Kozakum.* » Henri s'est écrié que tu étais un excellent jeune homme et veut t'écrire. Il a pris ta lettre et la veut garder dans ses archives. Ton père n'a pas trouvé de faute dans ta lettre polonaise et a été content.

Le 15 novembre Levy reprend la plume :

C'est de l'ambassade russe que je t'écrivais il y a trois jours. Et j'admirais de rechef le coup de la Providence qui transforme le palais d'où est parti le signal de guerre en asile pour nos blessés. C'est dans la grande salle de bal que sont soignés les officiers. Combien de trahisons et d'intrigues furent menées dans ce lieu! L'air d'hôpital est destiné à le purifier. En face même du lit du capitaine que je visitais se trouvaient des officiers russes. Aujourd'hui un officier français partant donnait une poignée de main aux officiers russes en retour recevait d'eux en parfait français un souhait de bonne santé. Sans doute ainsi un jour fraterniseront les deux peuples, mais il faut pour cela que de grands actes de réparation aient eu lieu. Nulle alliance n'est bonne sans justice, car elle manque de bénédiction.

Il ajoute dans un cahier de notes :

Mickiewicz m'a raconté sa visite, en compagnie du prince Ladislas Czartoryski, à lord Strafford de Redcliffe, ambassadeur d'Angleterre à Constantinople : « Le Prince fut accueilli plus que froidement et je le fus au contraire très gracieusement. Mais je ne me suis pas mépris sur le motif. La façon dont on traitait le Prince, agent ostensible de la politique polonaise, signifiait que l'Angleterre ne voulait et ne ferait rien pour la Pologne; on s'efforçait d'autre part de déployer toutes les amabilités du gentleman envers le poète, ce qui, politiquement, ne tirait pas à conséquence. Milady me demanda quelle traduction elle pouvait lire de mes poésies et elle insista pour que j'acceptasse l'hospitalité de l'ambassade, mettant pour mon retour de Térapia à Constantinople son canot à ma disposition. Je m'excusai de ne pas accepter. » Et à propos de M. Thouvenel, ambassadeur de France, il dit : « Il n'y a rien à tenter avec lui, puisqu'il ne prend sur rien aucune décision, sans en avoir par le télégraphe référé à Paris (1). »

Mickiewicz habitait une ruelle étroite, malpropre. Or le choléra sévissait à Constantinople.

(1) Entretiens notés par Armand Levy.

Deux fois mon père avait rencontré sur sa route ce terrible fléau, en 1832 et en 1849. A Constantinople, le choléra s'est en quelque sorte acclimaté. Ses ravages augmentent ou diminuent d'intensité, mais il ne disparaît jamais entièrement.

Le choléra semble coïncider en Europe avec les déceptions qui ont suivi jusqu'ici trop souvent les grandes secousses morales.

En 1855, la France paraissait par un nouveau chemin tendre au renouvellement de l'Europe. Malheureusement, elle devait enrayer avant l'heure. Adam Mickiewicz eut sans doute comme un avant-goût du traité de Paris en considérant la bassesse des hommes officiels français et l'indécision des chefs militaires. Les divisions parmi ses compatriotes achevaient, en abattant son âme, de le mettre à la merci de la plus redoutable des maladies, et ses deux compagnons n'éprouvaient aucune appréhension, encore moins ses enfants, qu'attéra le télégramme suivant :

Au prince Adam Czartoryski, hôtel Lambert, Paris.

Constantinople, 27 novembre.

Le vingt-six, neuf heures soir, Adam Mickiewicz succomba à courte maladie. Nous pensons le ramener prochainement à Paris. Prévenir avec ménagement ses enfants.

Sluzalski, Armand Lévy.

Le 3 décembre, une lettre de Levy apporta les détails suivants :

Votre pauvre père nous a été enlevé comme par un coup de

foudre. Il faisait mauvais temps depuis plusieurs jours et il gardait la chambre, un peu indisposé, mais sans inquiétude. Samedi, nous restâmes à causer fort longtemps, depuis neuf heures du matin jusqu'à deux heures et la conversation était constamment restée, comme il arrivait le plus souvent avec lui, sur un terrain élevé, religieux. Mon maître de turc survint, il assista à la leçon et pria le maître de lui donner leçon aussi. Nous devions assister aux leçons l'un de l'autre. Le dimanche, il allait assez bien, se levant comme d'habitude et causant de même. Il mangea un petit poulet rôti. Nous causâmes un peu le soir, puis j'allai travailler. La nuit, il se releva un peu pour prendre du thé. Le lundi matin, il allait bien, venait de recevoir une lettre de vous et nous la lut. C'est alors que je t'écrivis et te dis: Nous allons tous bien, datée du 26. Je sortis à 2 heures pour aller jeter la lettre à la poste et faire une course dans Stamboul. J'allai demander quelles commissions ton père pouvait avoir. Il avait vomi, un peu auparavant, mais cela ne nous inquiétait pas et lui-même dit : C'est comme Levy avant hier. Je laissai ton père avec Henri et deux amis, les colonels Kuczynski et Bednarczyk. A quatre heures, j'étais de retour. Après mon départ il s'était assoupi, et les colonels étaient partis tranquillisés. En montant l'escalier, notre hôtesse me dit : il est au plus mal. J'en fus renversé. Je trouvai Henri en larmes, un médecin était au pied du lit. On avait appliqué sinapismes et fait le nécessaire en pareil cas. Trois autres médecins polonais furent encore appelés. C'était un cas de choléra foudroyant. Il prit un peu les remèdes prescrits, puis ne voulut plus rien prendre. « Ils ne savent pas, me dit-il, ils veulent me réchauffer et je brûle. » Or il brûlait intérieurement et ses membres se glaçaient. Puis : « Je souffre près de la colonne vertébrale ; je sens comme si les poumons se serraient. » Il essaya de reposer, mais survinrent des crises violentes et il se tordait de douleur sur l'oreiller. Avant mon retour, il avait dit à Henri : « Que pense le médecin? Dis-le moi sincèrement. » — « Que vous pouvez mourir. » — « Eh bien, fais chercher le prêtre (un lithuanien qu'il aimait), prends la plume et écris ce que je te vais dire. » Puis : « Je n'en ai plus la force. Dis à mes enfants qu'ils s'aiment toujours entre eux. » Quand je rentrai, sa première parole fut : « Vous allez bien? » toujours songeant aux autres plus qu'à lui, plus inquiet de la santé des autres que de la sienne. Nous ne l'avons pas quitté d'une seconde, tout ce qui était possible a été fait, mais tout fut inutile. La congestion cérébrale avait été immédiate. A neuf heures moins le quart, il rendait le dernier soupir, et nous lui fermions les yeux. Je ne pouvais en revenir, tant toutes les émotions s'étaient pressées. Le perdre et en si peu de temps! Qui me rendra jamais une telle affection ? Après cette pénible première nuit, il a fallu songer aux devoirs à lui rendre. A ses derniers moments nous avions dit : « Eh bien ! nous le ramènerons en France. » Le lendemain matin de bonne heure, un artiste de talent venait faire son portrait, un beau dessin : c'est le profil de Napoléon ; ce mot fut celui d'Henri, et de lui-même l'artiste trouva et redit la même expression. Puis vinrent, photographe et statuaire pour le masque. Après les 24 heures écoulées eut lieu l'embaumement. Terrible nuit encore. Ce fut fait avec tous les soins et le respect possible et désirable. J'y veillais comme je l'eusse fait pour mon père. Dans la bière, il est revêtu de son habit et pantalon noirs, gilet noir — les plus beaux — et en plus sa robe fourrée qu'il affectionnait, le bonnet polonais sur la tête. Les cheveux sont intacts. Quelques mèches seulement par derrière ont été coupées pour vous. Un crucifix lui a été mis en main. Ses médailles sont à son cou. Le cercueil de zinc est recouvert d'un premier cercueil de bois, puis d'un troisième de chêne. Henri et moi nous sommes là nuit et jour. Nous pensions partir de suite. Mais des difficultés nous ont été suscitées par un excès de zèle d'un ou deux Polonais qui ont eu la pensée que son corps devait rester ici au milieu d'eux, comme consécration de son séjour à Constantinople. Nous avons dit : « Avant tout la famille. Que les enfants ne soient point privés de la dernière consolation de pleurer ensemble sur son tombeau. Sa volonté était de reposer au milieu d'eux, près de sa femme, à Montmorency, à côté de Niemcewicz, Kniaziewicz et autres martyrs polonais qui attendent là que la patrie délivrée puisse recevoir leurs os. Que la volonté du défunt soit respectée ! » Puis, au point de vue de la patrie, il n'est pas indifférent peut-être que Mickiewicz retourne à Paris. Reçu mort par ceux qui, au même embarcadère, l'ont accompagné vivant il y a trois mois, il agira encore sur eux, les unissant dans la même douleur, les excitant à l'action, au sacrifice. Un tombeau est un lieu de pèlerinage. Or, on ne vient pas en pèlerinage à Constantinople ; mais pour s'y battre. Toutefois, un petit mausolée sera élevé à l'endroit où il est allé prier pour la Pologne et où sera célébré le service funèbre, où tous devant Dieu, sur son cercueil, se promettront d'abjurer toute discorde et de continuer son œuvre. J'ai obtenu promesse de ceux qui avaient soulevé la difficulté près du Consulat français qu'ils la lèveraient aujourd'hui. S'ils ne le font je t'écrirai télégraphiquement, moi ou Henri, et alors tu diras par le télégraphe : « Nous demandons que le corps de notre père soit ramené à Paris. » Un mot peut être envoyé en tous cas dès la réception de cette lettre par le ministère à l'ambassadeur. Nous partirons sans doute lundi prochain. En sept jours, ou à peu près nous serons à Marseille. Et de suite nous vous préviendrons par le télégraphe et partirons pour Paris.

Dans une note, écrite le surlendemain de la mort de Mickiewicz, Levy dit :

Est-ce un cas de choléra? Qui le sait d'une manière certaine? Nulle noirceur à la figure, ainsi qu'il arrive, dit-on, en pareil cas, après la mort ni avant. Nulle différence dans l'haleine, même durant l'agonie. Nulle décomposition, même après plus de 24 h. écoulées. L'un des médecins déclarait une heure 1/2 avant la mort qu'il n'y avait point de choléra. Un autre a déclaré jusqu'à la fin que ce n'était point le choléra.

Une foule de difficultés sanitaires ou autres furent cause que le cercueil de Mickiewicz resta plusieurs semaines dans la maison où il était mort. Le 31 décembre, un Français, M. Leval, qui habite encore Constantinople, relatait ainsi à Valérein Kalinka la cérémonie qui précéda l'embarquement du cercueil :

Mon cher Kalinka,

C'est hier qu'ont eu lieu enfin les obsèques de M. Adam Mickiewicz. Vous connaissez par mes précédentes lettres les malheureuses causes de ce retard. Nous avons quitté la maison à onze heures et demie; un peloton fort de cinquante hommes marchait en avant et ouvrait la marche; venaient ensuite les prêtres à pied, les clairons et le char funèbre, entre deux rangées de soldats du second peloton; derrière le char venait la foule et le reste de la troupe fermait la marche.

Tous les officiers portaient le crêpe au bras et au sabre. Les soldats portaient leur fusil en deuil; les clairons étaient aussi garnis de crêpe. Les soldats étaient en tuniques, havre-sac sur le dos, capote pliée, shako couvert en toile cirée.

Les officiers d'infanterie portaient pantalon et tunique de soldats, mais avec des passants d'épaulette; ils avaient aussi des schakos de soldats couverts en toile cirée. Le major Jagmin commandait toute la troupe qui montait à deux cents hommes. Quatre officiers commandaient les quatre pelotons. Le lieutenant Kossilowski et moi, en tenue du régiment de cavalerie, étions tantôt en avant, tantôt en arrière, pour porter les ordres du major.

Le char funèbre, traîné par des bœufs couverts en noir, avait été donné par l'hôpital français. Sluzalski portait l'uniforme d'officier supérieur, et Levy de soldat du 1er régiment des Cosaques. Lord Strafford a envoyé un de ses secrétaires.

Vers midi un quart, nous étions à l'église de Saint-Antoine, où la messe a été célébrée par l'abbé Lawrynowicz. Le service fini, le convoi a repris sa première marche et nous nous sommes rendus à l'échelle de Top-Hané, où le cercueil a été placé dans une embarcation et embarqué sur l'*Euphrate*, partant aujourd'hui pour Marseille.

Je vous envoie, mon cher ami, un morceau du crêpe que j'ai porté au sabre pendant cette triste cérémonie. Faites de même; envoyez moi de celui que vous porterez pendant la cérémonie qui aura lieu à Paris.

LEVAL.

Le 7 janvier 1856, Levy écrit :

Nous voici en vue de Marseille, nous prendrons l'express demain mardi à 9 h. et serons à Paris mercredi matin à 6 h. précises. J'ai reçu des deux ambassadeurs de France et d'Angleterre des lettres fort sympathiques pour la mémoire de ton père. Dans l'incertitude où nous étions d'être emmenés par les messageries, l'ambassadeur d'Angleterre s'était beaucoup occupé de nous obtenir un bâtiment anglais.

Quand la maladie l'a terrassé, Mickiewicz songeait à quitter Constantinople. Après avoir parcouru les pays slaves de Turquie, il se proposait de visiter aussi la Grèce et Jérusalem.

A Paris, le service funèbre eut lieu le 21 janvier. Un ami de Mickiewicz, Félix Wrotnowski, en rend compte ainsi :

La matinée était pluvieuse. A la Madeleine, un catafalque avait été dressé au milieu de l'église, et près de l'entrée, entouré de cierges, se trouvait le cercueil qu'à cause de ses dimensions on n'avait pas pu placer dans le catafalque; la messe dite, le convoi prit le chemin de Montmorency. Le temps se mit au beau. A Montmorency, après les chants d'Église, les jeunes gens chargèrent le cercueil sur leurs épaules jusqu'au cimetière. Quand il eut été descendu dans le caveau, ils allèrent chercher dans le char funèbre le cercueil de Céline Mickiewicz et l'apportèrent également jusqu'au bord du caveau où il allait être descendu (1).

Un vieil ami de Mickiewicz, le poète Bohdan Zaleski, parla au cimetière :

Sur la tombe d'Adam Mickiewicz, ce qu'il y aurait peut-être de plus éloquent, ce serait une douleur muette, cette même douleur muette qui, à la nouvelle de sa mort, s'est propagée de district en district par toute la Pologne, si longue et si large qu'elle soit. Et de quoi parler en effet au milieu de la brume grise de notre affliction ? L'immense mérite du poète défunt est depuis longtemps apprécié et universellement reconnu. Où est l'orateur capable de s'élever au diapa-

(1) Le corps de la femme du poète, provisoirement déposé au cimetière Montmartre, fut ce jour là réuni dans le même caveau que celui de son mari.

son de son chant? De ce chant qui vivra à travers les générations, qui résonne dans nos cœurs à tous et à nos oreilles d'une façon si lugubre et si déchirante.

Compatriotes! Et moi aussi je suis né en Arcadie! Je naquis dans un recoin de cette région ensoleillée où Adam Mickiewicz régissait de vastes domaines. Nous avons voisiné longtemps et toujours dans une intime fréquentation; aussi sais-je beaucoup sur sa vie, ses malheurs, ses affaires privées et publiques et aurais-je beaucoup à narrer.

En vérité, la mission de cet homme fut grande et spéciale. Poète inspiré, potentat de la parole, il occupa solitairement les cimes spirituelles d'où le ciel lui était moins haut et Dieu plus proche. Oh! rayonnant et couronné il fut visible de ces sommets au loin et à notre Pologne et à la Slavie et en quelque sorte à l'Europe entière. Il surpassait sans conteste les poètes de ce siècle; il tenait la première place parmi les chantres nationaux comme un nouveau Boyan de la Slavie entière et de ses tribus. Quelque chose de davidéen rayonnait de son visage, car il portait au front son étoile poétique. Les grandeurs de l'intelligence et du sentiment s'unissaient en lui et n'avaient d'égales que l'énergie de son caractère, toujours prêt à l'action. Mais, avant tout, Mickiewicz fut un patriote Polonais, un citoyen au service actif de sa nation, un travailleur vigilant, zélé, préoccupé sans cesse des besoins du pays. Toute son existence n'a été qu'un pèlerinage vers le sépulcre de sa mère la Patrie, pour insuffler sa vie à la morte, afin de l'aider à ressusciter. Dans cette lutte d'ardent amour filial gisait le souci de ses soucis, cette douleur des douleurs qui prématurément avait blanchi ses cheveux. Et pourtant Mickiewicz n'a pas ranimé la Pologne, il n'a pas recueilli sur ses lèvres et lancé au monde l'annonce tonnante de sa résurrection! Les infortunes et les angoisses dantesques l'affligèrent dans sa maison et hors de sa maison et ballotèrent son âme nuit et jour : voilà pourquoi il s'irrita intérieurement, eut des emportements passionnés (1), pécha beaucoup, mais aima beaucoup. A côté du fier sentiment de sa force marqué sur son front, la bonté et le pardon des injures brillaient sans cesse dans ses yeux et sur ses lèvres. Mickiewicz mariait à la sublimité de la pensée la simplicité de l'âme.

Compatriotes ! c'est d'un pareil homme de génie, d'un tel Polonais que nous ensevelissons aujourd'hui les restes en terre étrangère. Perte irréparable pour le pays entier ! Et quelle perte n'est-ce pas pour nous, frères et compagnons d'émigration de Mickiewicz, pour nous qui vieillissons dans une attente vaine et de nombreuses et quotidiennes déceptions ! Chez qui puiserons-nous un avis viril et un encouragement mélodieux, aux milieu des tristes jours qui nous attendent infailliblement? L'esprit de notre poète rend sans doute compte au Seigneur de sa mission sur la terre, en présence des saints patrons de la Pologne, qui compatissent à notre misère et à notre infortune. Le Christ, Homme-Dieu, homme de douleur, homme de la croix, nous voit, ô mes compatriotes ! Le Rédempteur et le Juge des individus et des peuples pèse sur les balances de la justice, les destinées du monde et de la Pologne. Aimant et miséricordieux, Lui, il sait pourquoi, au milieu des complications les plus graves, nous perdons le génie culminant de notre nation. Est-ce que ce signe de la Toute-Puissance n'est pas un avertissement de Dieu ? N'exige-t-il pas quelque chose de nous ? Peut-être l'humilité, une plus profonde humilité ? Peut-être une plus sainte patience qui n'est aussi que l'humilité renforcée, vertu chrétienne enfantant des miracles et pour les individus et pour les peuples ? Mickiewicz répétait souvent que la prière d'un berger a la force de sauver le monde. Dans notre aban-

(1) Allusion à l'attitude indépendante de Mickiewicz vis-à-vis de Rome, à aquelle Zaleski fut toujours absolument soumis.

don, prenons à cœur ce conseil mémorable, acceptons-le comme l'héritage du grand poète qui vient de s'éteindre ! Propageons parmi nous l'humilité et la patience ; sustentons notre esprit par la prière et persévérons, persévérons vis-à-vis de Dieu, jusqu'au bout, dans l'accomplissement de nos devoirs et dans nos sentiments polonais. Je n'ai aucune autorité sur vous ni aucune mission à votre endroit, ô mes compatriotes ! J'ose seulement vous crier avec le bienheureux poète Brodzinski : « Que toute âme vivante polonaise désire et veille, car elle ne sait ni le temps ni le lieu où elle peut être appelée ! Que chacun veille, simple ou sage, homme au grand cœur ou faible femme ! Écoutez où l'herbe pousse, soyez attentif à chaque souffle de vent, recherchez les voies du salut et avant tout que votre âme se consume devant Dieu qui envoie la grâce et indique le vrai chemin. »

Compatriotes ! je cite ces préceptes de la sagesse nationale, non comme un reconfort spirituel, mais comme un témoignage de la vérité et un hommage à la mémoire des poètes polonais. Dieu, et après Dieu la Pologne, telle a été la moelle des pensées et le sujet des entretiens d'Adam Mickiewicz, depuis les premières années de notre amitié, c'est-à-dire depuis le début de l'émigration.

Compatriotes ! avec quel charme et quelle douceur Montmorency reflète en mon âme les premières années de l'émigration ! Délicieux, paisible, embaumé, Montmorency possédait alors de vivants hôtes polonais. C'est là que demeuraient Kniaziewicz et Niemcewicz, ces vénérables vieillards, amis et compagnons de Kosciuszko. A côté d'eux, s'effaçait le modeste et pieux Etienne Witwicki. Adam Mickiewicz aimait Montmorency comme aussi la forêt de Fontainebleau qui lui rappelait sa Lithuanie. Il acheva ici, à Montmorency, le chant de sa jeunesse, si inspirée et si libre. Nous l'avons chanté jusqu'au bout le chant de la jeunesse, la main dans la main, voix contre voix, sur la note des mélodies nationales oubliées. Et où sont ces journées harmonieuses?

Ces temps merveilleux, ces jours de bonheur et de gloire, comme les feuilles d'érable que le vent roule ont été emportées on ne sait où.

Et combien Montmorency a aujourd'hui changé d'aspect, qu'il s'est étrangement assombri! Il est devenu l'asile du deuil national polonais, *locum requietionis* pour les bien méritants : il est quasi devenu l'Ukraine de l'émigration, fameuse par les tertres tumulaires dont elle est hérissée. Ici encore nous précèdent les vénérés et éprouvés patriotes Niemcewicz et Kniaziewicz; pas loin d'eux repose le serviteur de Dieu des bords du Boh, l'ardent missionnaire des Indes, le père Florian Topolski; plus loin encore la polonaise exemplaire, princesse de Wurtemberg (1) et tout à l'entour tant et tant de dignes compatriotes. Et voici qu'au milieu d'eux un nouvel hôte éminent arrive jusque de Constantinople. Oh! Montmorency, ce n'est qu'une auberge de grand chemin de cette France hospitalière, une auberge pour les morts polonais dans l'attente du retour. Au lendemain de la résurrection de la patrie, ces illustres trépassés se mettront en marche vers le Nord. Adam Mickiewicz, nous te promettons, à toi et à ceux qui reposent ici, un convoi plus magnifique encore, là-bas, dans la Pologne indépendante.

Adam Mickiewicz, tu grandis à nos yeux dans l'éclat de ton immortalité, avec ta harpe royale, aux cordes d'or, à l'épaule, au point que moi qui te fus cher jadis, je n'ose plus m'enhardir comme autrefois. Aveuglé par les larmes, tremblant d'émotion, comment réussirais-je à te gémir un dernier adieu?

Notre Adam, je te dis adieu au nom de la Lithuanie! Je te

(1) Sœur du prince Adam Czartoryski, et qui ne voulut plus connaître son fils, parce qu'il avait porté les armes contre la Pologne.

dis adieu au nom de la Pologne entière, d'une mer à l'autre! Tu es son orgueil, sa gloire dans tous les temps. Tu es son honneur devant les nations !

Notre Adam, je te dis adieu au nom de notre famille d'émigrés qui, en foule, entoure ta tombe avec tant de piété et qui prouve son amour pour toi par des actes émouvants.

Notre Adam, je te dis adieu au nom du conseil de famille qui aidera tes enfants, au nom de ces orphelins pour lesquels la tendresse de tes amis et les sympathies de la nation ne remplaceront jamais l'œil et le cœur d'un père tel que toi.

Notre Adam, je te dis adieu au nom de tes plus chers et de tes plus proches des rives du Niemen et de la Wilia et de ce vaste monde! je te dis adieu au nom de mes plus chers et de mes plus proches, vieux ou jeunes. Je te fais enfin mes adieux avec tendresse et exaltation, abîmé dans la prière à notre Père qui est aux cieux, et noyé de larmes. Le chant de rossignol de mon cœur t'adressse mes adieux sous forme d'un gémissement d'orphelin, étendu, ukrainien. Au revoir, mon compagnon de poésie.

Après les soucis, les luttes, les douleurs de cette existence terrestre, Céline et Adam, réunis dans ce commun tombeau, que la paix soit avec vous dans le Seigneur, dans l'infini des temps et de l'espace !

Selon la coutume observée dans notre émigration, je jette dans cette fosse une poignée de terre polonaise, de terre des rives du Dnieper.

Après que des prêtres polonais eurent récité sur la tombe l'*Ave Maria*, Bohdan Zaleski ajouta :

Sainte Vierge qui défend la brillante Czenstochowa et qui resplendis à Ostrobrama (1), toi protectrice de Nowogrodek et

---

(1) Czenstochowa et Ostrobrama sont deux sanctuaires vénérés,

de son peuple fidèle, par un miracle, reconduis ton poète dans sa patrie !

Charles Edmond Chojecki, en décrivant ce coin du Campo-Santo de l'exil polonais, où, en un si petit espace, repose tant de gloire, dorment tant de souvenirs, rappelle que chaque année, le 21 mars, l'émigration polonaise s'y rend en pèlerinage et il ajoute :

Admirer Mickiewicz et croire à l'impérissable vitalité de son pays, c'est tout un... Si ses compatriotes ont inspiré et nourri son génie, il le leur rend avec usure. L'oppression étrangère, tenace et inépuisable dans ses ressources, s'efforcera de leur faire oublier leur passé, leurs traditions, leur histoire, jusqu'à leur langue ; elle essayera d'étouffer la moindre manifestation de la vie nationale dans le présent, elle travaillera à leur ravir tout, jusqu'à l'espérance dans l'avenir. Vains efforts. Un homme est là, un seul qui suffit à déjouer ce plan d'extermination à outrance. Par la magie de son langage, il fera revivre tradition et histoire, il découvrira dans la langue des trésors nouveaux et marquant l'or trouvé, il le mettra en circulation dans la masse de ses concitoyens, il rallumera dans les cœurs le noble enthousiasme, désintéressé, sans calcul et sans peur, sans autre but et sans autre récompense que la satisfaction elle-même du sacrifice accompli pour le salut de la patrie, et il endurcira les âmes dans la foi de l'avenir, dans la foi qui soulève les montagnes, dans la foi contre laquelle s'émoussera la hache de l'ennemi. Gloire au poète pour avoir ainsi fortifié la conscience na-

---

l'un en Pologne, l'autre en Lithuanie. Zaleski cite, en changeant le dernier vers, le début du *sieur Thadée*, qui est une réminiscence de l'Illiade : « Entends ma voix, Dieu qui porte un arc d'argent, toi le protecteur de Chryse et de la Sainte Cilla, etc.

tionale de son pays ! Son corps repose ici sous quelques pelletées de terre, mais son esprit embrasse au loin de vastes contrées. Il erre dans l'ombre, insaisissable aux Cosaques et aux sbires du tzar, de hameau en hameau, de maison en maison, comme un soufle, de bouche en bouche, et il amasse de saintes colères contre les oppresseurs. Oui, pour qui sait voir, Mickiewicz mort est, avec tant de martyrs, de toutes les forces vives de la patrie la plus vivante encore.

En 1867, l'inauguration à Montmorency d'un monument dû au ciseau d'Auguste Préault rassembla les compatriotes du poète et ses admirateurs français. En 1870, la municipalité de Cracovie décida que le corps d'Adam Mickiewicz sera enseveli à Wawel, dans le caveau des rois, où reposent déjà Joseph Poniatowski et Kosciuszko. Le 7 mars 1870, le docteur Dietl, président de la Ville, m'annonça avoir obtenu à Vienne l'autorisation du ministre de l'intérieur. Ceux qui, dans l'attente d'un moment psychologique favorable à cette translation, l'ont retardée dix-huit ans, voudraient la faire ajourner à l'époque indéterminée où la statue d'Adam Mickiewicz sera érigée sur la grande place de Cracovie. Mais un comité formé sous les auspices du docteur Weigel, ancien président de la ville de Cracovie, vient de se constituer pour hâter l'heure où la dépouille mortelle du grand poète reposera en terre polonaise. La Pologne honore de plus en plus Adam Mickiewicz, parce qu'elle reconnaît en lui une de ces âmes que, selon le mot de Pétrarque, Dieu envoie ici-bas *per far di colassu fede fra noi,* « pour témoigner parmi nous des choses de là-haut. »

APPENDICE

Dossier d'Adam Mickiewicz (1).

Le Ministre, secrétaire d'État au département de l'instruction publique ;
Vu la loi du 15 juillet 1840, portant création d'une chaire de langue et littérature slave au Collège de France,

ARRÊTE :

Art. 1er. — M. Adam Mickiewicz, ex-professeur de langues anciennes à l'Académie de Lausanne, auteur de plusieurs ouvrages célèbres, est chargé à titre provisoire de la chaire de langue et littérature slave au Collège de France.
Art. 2. Le traitement affecté à cette chaire sera alloué à M. Adam Mickiewicz à partir du jour de son installation.
Fait à Paris, le 8 septembre 1840 (2).

COUSIN.

---

(1) Au lendemain de la Révolution du 4 septembre 1870 et grâce à la cordiale entremise de M. H. Carnot, j'ai pu consulter à la préfecture de police le dossier de mon père. Les incendies de la Commune ont privé l'histoire de cette source précieuse de renseignements. Certes les indicateurs de la préfecture de police sont essentiellement des gens sujets à caution. Et il eût été assez difficile d'imaginer combien le dossier de mon père contenait de niaiseries, si je n'en avais copié un certain nombre de pièces. Ce ramassis de calomnies et d'absurdités contenait cependant quelques indications utiles ; et il peut servir à caractériser l'attitude et les procédés de la préfecture de police vis-à-vis de mon père. J'y joins quelques documents officiels provenant d'autres archives.

(2) Voir : *Bulletin des Lois du Royaume de France*, année 1841. Loi qui ouvre un crédit pour la création d'une chaire de langue et

Rapport de police.

10 août 1842.

M. Mickiewicz entraîne des Français. C'est pour la première fois depuis les carbonari que les fractions politiques polonaises cherchent des liaisons intimes avec les gens du pays. Il me semble que le fait est assez grave.

Rapport de police.

22 janvier 1844.

Jeudi dernier, M. Michelet a dit devant un nombreux auditoire : « Quant à Mickiewicz, c'est un homme dont la tête est entourée d'une lumière divine ; c'est plus qu'un poète : c'est un prophète. »

Rapport du 4 mai 1844.

Adam Mickiewicz a érigé sa chaire en tribune et fait du cours de littérature qui lui est confié un enseignement politique.

Rapport du 21 mai 1844.

Au cours de M. Mickiewicz, le grand amphithéâtre est comble. Beaucoup de Français se mêlent à ses compatriotes. A sa dernière leçon l'exaltation a été extraordinaire. Une femme du peuple, qui se trouvait près de la tribune, s'est évanouie. Une autre femme s'est jetée à genoux en criant :

de littérature slave au *Collège de France*, le 15 juillet 1840. (T. XX, 2ᵉ semestre 1840, p. 353.)

Vive Adam Mickiewicz! Toutes les autres dames polonaises (il y en avait une trentaine) étaient très émues.

Rapport du 29 mai 1844.

La dernière leçon de M. Mickiewicz a été consacrée à démontrer l'influence sur la terre des esprits de l'autre monde et à développer cette idée que l'esprit de Napoléon ne sera pas en repos avant qu'il n'ait rempli sa mission en France. A la fin de la leçon, le professeur a montré un portrait de l'Empereur représenté en pénitent. Le portrait a été fait sur la description des visions du prophète Towianski, sur le champ de Waterloo.

Le portrait a été distribué en plusieurs exemplaires au public, puis a été repris par le Suisse et par ordre de M. Mickiewicz, parce qu'il n'a pas encore été déposé.

Paris, 31 mai 1844.

Monsieur le Préfet,

Les manifestations étranges sur lesquelles vous avez justement appelé mon intention ont cessé, je l'espère. Le cours de M. Mickiewicz ne doit pas avoir lieu aujourd'hui ni jours suivants. S'il en était autrement, une mesure immédiate serait prise et j'aurais soin de vous en informer. Je vous prie de me faire connaître s'il se passe aujourd'hui quelque chose au *Collège de France* où, selon toute apparence, le professeur ne sera pas attendu par son auditoire ordinaire.

Recevez, etc.

Le Pair de France, Ministre de l'instruction publique,

VILLEMAIN.

Rapport de police.

Le 27 septembre 1844, M. Mickiewicz a été appelé chez le Ministre. Depuis, une grande consternation règne parmi les sectaires de Towianski.

Note de l'ambassadeur de France auprès du Roi des Belges.

16 novembre 1844.

Quant à Towianski, il est fort connu à Bruxelles. Il a habité la capitale et Ostende; il a vécu retiré. Il a joué le rôle d'inspiré et de révélateur. Selon lui, le rôle du Christ est passé ; de même que Moïse n'a eu qu'une durée, de même la mission du Christ est achevée. Il a ébloui par ses idées mystiques le général Skrzynecki lui-même. Le général, qui m'a souvent parlé de ses relations avec Towianski, s'est toujours refusé à croire qu'il put être agent de la Russie. Il ne voit en lui qu'un homme dont l'esprit est égaré par un orgueil insensé et par une surabondance de génie et d'activité mentale.

Le Ministre, secrétaire d'État au département de l'instruction publique,

Arrête :

Il est accordé à M. Adam Mickiewicz, chargé à titre provisoire du cours de littérature slave au Collège de France, un congé d'un an à partir de l'époque de l'ouverture du cours.

Il sera remplacé par M. Cyprien Robert.

M. l'administrateur du Collège de France est chargé de l'exécution du présent arrêté.

Fait à Paris le 25 mars 1845.

Salvandy.

Rapport de police.

3 avril 1845.

M. Mickiewicz a fait dire que son programme était prêt, mais qu'on a déchiré l'affiche sans le prévenir, comme c'est l'usage. Il ajoute que le Ministre lui a envoyé sous enveloppe l'affiche du *Collège de France* et que c'est ainsi qu'il avait appris qu'il avait demandé un congé. On donne pour certain que M. Mickiewicz parle en ce moment de remonter dans sa chaire, un beau matin, afin de faire une démonstration telle que l'Europe n'en aura jamais ouïe de pareille. Il dit qu'il n'est pas suspendu et qu'un simple caprice de l'administration n'est pas une mesure officielle à laquelle il soit forcé de se soumettre.

Rapport de police.

19 août 1845.

On assure que M. Mickiewicz se croit transporté au ciel depuis que son profil est immortalisé.

Extrait d'un rapport de police du 20 décembre 1847.

. Il est de notoriété publique que la secte de Towianski parle de la France avec amertume en disant que ce pays tombe dans le matérialisme et obéit à des esprits anglais ou allemands, c'est-à-dire égoïstes et bas. Leur prophète ne donne pas une longue existence au gouvernement et M. Mickiewicz a répété, devant un nombreux auditoire, que le gouvernement n'a que la consistance d'un rêve et que le réveil de la France est proche.

Rapport de police du 20 janvier 1848.

M. Mickiewicz part définitivement pour Rome demain dimanche ou mardi au plus tard. Il est accompagné du sieur Edouard Gericz qui, ayant reçu quelque argent de sa mère, fera les frais du voyage. On doit consacrer une journée à plusieurs villes de France, afin de ne pas trop se fatiguer et de recevoir les visites de ses compatriotes.

Le Pape est instruit de ce voyage et attend M. Mickiewicz. Les dernières lettres des prêtres polonais qui sont à Rome expriment leur mécontentement de ce que les affaires de Pologne soient si mal représentées à Rome. L'abbé Dunski prétend que le Pape a dit hautement devant plusieurs personnes qui l'entouraient, le 22 décembre : « Depuis le démembrement de la Pologne, personne n'a pris sérieusement en main la cause de la religion catholique. Les peuples nous ont regardé comme une ombre de l'ancien pouvoir d'Innocent III et les puissances comme un prince temporiseur. Il est temps que les chevaliers de l'Église sauvent seuls l'Europe, comme ils la sauvèrent sous Sobieski. »

Paris, le 16 août 1848.

Monsieur le Ministre,

Je dois appeler votre attention sur un point qui appartient à votre décision et dont l'Assemblée des professeurs n'a pas dû s'occuper.

Il s'agit de M. Mickiewicz, chargé à titre provisoire de la chaire de littérature slave au Collège de France. On a prétendu que l'ancien gouvernement avait suspendu son cours. C'est une erreur. M. Mickiewicz avait demandé et obtenu un congé et il avait agréé pour remplaçant M. Cyprien Robert, à qui il abandonnait la moitié de son traitement.

Cet ordre de choses doit-il continuer ?
Le congé subsistera-t-il ?
Le professeur fera-t-il le cours ?
Son suppléant sera-t-il continué ?

Ce sont des questions qui doivent être décidées pour que je puisse rédiger l'affiche du cours.

Je vous prie d'agréer, etc.

L'Administrateur du Collège de France,

LETRONNE.

Rapport de police

3 octobre 1848.

Le sieur Towianski, mis en liberté le 20 septembre sur l'ordre du général Bertrand, président de la commission militaire, demande à quitter la maison de santé Puzin pour se rendre dans le midi de la France.

Paris, le 8 janvier 1849.

Monsieur le Ministre l'instruction publique,

Je suis chargé par l'Assemblée des professeurs du Collège de France de vous prier de vouloir bien nous faire connaître la décision que vous avez prise relativement à la position de M. Mickiewicz à l'égard du Collège de France.

M. Mickiewicz, chargé à titre provisoire du cours de langue et littérature slave au Collège de France, par arrêté de M. le Ministre de l'instruction publique du 8 septembre 1840, a cessé de faire son cours par suite d'une décision ministérielle datée du 16 octobre 1844 qui lui a accordé un congé. Des décisions du Ministre de l'instruction publique lui ont donné, chaque année, pour remplaçant, M. Cyprien Robert qui a fait le cours depuis novembre 1845 jusqu'à la fin de 1848.

Aujourd'hui, M. Mickiewicz est venu me prier de faire connaître à l'Assemblée des professeurs qu'il avait l'intention de reprendre son cours et qu'il était en instances auprès de l'administration pour obtenir l'autorisation de reparaître dans sa chaire. J'ai donné connaissance à l'Assemblée des professeurs de la communication que j'ai reçue de M. Mickiewicz. L'assemblée n'a pu autoriser M. Mickiewicz à reprendre son cours ni décider que M. Cyprien Robert continuerait à le remplacer. Ce n'est pas en effet du Collège de France, mais bien de l'administration supérieure que le professeur et son remplaçant tiennent leurs pouvoirs, et l'assemblée du Collège de France ne peut intervenir dans cet enseignement, tant que le professeur qui en est chargé n'aura pas été institué dans les formes légales.

Dans cet état de choses, Monsieur le Ministre, nous vous prions de vouloir bien prendre une décision et de nous la faire connaître. Nous vous prions en outre de considérer que le programme du cours doit être très prochainement imprimé et placardé et que ce programme doit, en ce qui touche M. Mickiewicz, être rédigé conformément à la décision que vous aurez prise.

Pour les professeurs du Collège de France :

L'Administrateur par interim,
E. BURNOUF (1).

Nous Ministre, secrétaire d'Etat au département de l'instruction publique,

ARRÊTONS :

Article premier. — M. Cyprien Robert continuera de sup-

(1) M. Falloux écrivit sur cette lettre : « Consulter M. Cousin. »

pléer M. A. Mickiewicz dans sa chaire de langue et littérature slave au Collège de France. Il touchera un traitement de deux mille francs pendant la durée de cette suppléance.

Art. 2. — Les trois mille francs restant sur le traitement de la chaire seront alloués à M. Mickiewicz, maintenu en possession du congé qui lui a été précédemment accordé.

Fait à Paris, le 11 janvier 1849.

FALLOUX.

Ministère de l'Intérieur.

6 septembre 1849.

Monsieur le Préfet,

Vous m'avez informé le 28 août dernier que M. Mickiewicz, après avoir promis de ne plus prendre part à la rédaction de la *Tribune des Peuples*, était toujours regardé comme devant être un des principaux collaborateurs de cette feuille, lorsqu'elle fera sa réapparition et comme devant toujours avoir la haute main dans sa direction politique. En conséquence, vous croyez devoir insister sur la nécessité d'expulser M. Mickiewicz du territoire français.

Avant d'accueillir vos propositions à cet égard, je désirerais qu'il put être constaté que M. Mickiewicz a réalisé l'intention qu'on lui attribue et que le gouvernement pût être en mesure d'établir que, sous ce rapport, il a manqué à sa parole.

Dans ce dernier cas, je n'hésiterais pas à prononcer l'expulsion réclamée ; mais, quant à présent, la mesure me paraît devoir encore être ajournée. Je vous prie seulement de prendre des informations à cet égard.

Agréez, Monsieur le Préfet, l'assurance de ma considération distinguée.

J. DUFAURE.

29 mars 1852.

Monsieur le Préfet,

M. Mickiewicz a formé une demande à l'effet d'être natulisé. En me donnant avis de cette démarche, M. le Ministre de la Justice me rappelle que le cours de ce professeur a été suspendu vers 1842 et il ajoute que cette circonstance étant de nature à éveiller toute l'attention du gouvernement, il lui est nécessaire de s'entourer de renseignements précis sur les difficultés dont ce cours a été l'objet autrefois. Enfin, mon collègue me prie de lui faire savoir, surtout au point de vue politique, si cet étranger peut, sans inconvénient, être admis à jouir des droits de citoyen français.

Veuillez agréez, etc.

Le Ministre de l'instruction publique et des cultes,
H. FORTOUL.

Avril 1852.

**CABINET
du
Ministre de l'Intérieur.**

On désire se renseigner sur M. Mickiewicz. A-t-il rompu avec les anciens journalistes de la *Tribune des Peuples?*
Quelle est son attitude depuis?
A fournir d'urgence.

4 mai 1852.

La préfecture de police, à propos de la naturalisation demandée par M. Adam Mickiewicz, ne peut qu'exprimer un avis contraire. La mesure prise par le gouvernement qui l'a révoqué de sa chaire est incompatible avec la faveur qu'il sollicite.

13 mai 1852.

Faire prendre auprès du Ministre des affaires étrangèrer les renseignements indiqués par M. Pietri.
Faire deux copies du rapport de M. Pietri.

H. Fortoul.

A. M. de Turgot.

18 mai 1852.

Monsieur le Ministre et cher collègue,

M. le garde des sceaux m'a prié de lui faire connaître mon avis sur une demande de naturalisation formée par M. Adam Mickiewicz, ex-professeur de littérature slave au collège de France.

Je n'ai pas voulu lui répondre sans avoir pris les renseignements nécessaires et j'ai invité M. le Préfet de police à m'adresser un rapport détaillé dont je savais les éléments entre ses mains. D'après ce rapport que je viens de recevoir, la nomination de M. Mickiewicz à la chaire de professeur aurait rencontré une vive opposition de la part de l'ambassade russe, et il existerait encore aujourd'hui au ministère des affaires étrangères copie d'un engagement que M. Mickiewicz aurait pris de ne pas être hostile à la politique de Saint-Pétersbourg afin d'obtenir l'abstention de M. le comte de Pahlen.

En outre, M. Mickiewicz paraîtrait s'être activement occupé, après février, de la formation d'une légion polonaise et il aurait parcouru l'Italie, lors de l'insurrection qui y a éclaté, avec un drapeau qu'il prétendait être béni par le Saint-Père, qui lui a donné un démenti officiel.

Je ne doute pas, Monsieur le Ministre et cher collègue, qu'il ne vous soit possible de me fixer sur la valeur de ces différentes assertions dont je ne voudrais faire part à M. le garde des sceaux qu'après m'être assuré de leur exactitude. Je vous serai donc obligé de vouloir bien me transmettre le plus promptement possible tous les renseignements que vous pourrez recueillir sur les faits imputés à M. Mickiewicz.

Agréez, etc.

H. Fortoul.

A S. E. M. Fortoul.

Paris, 2 juin 1852.

Monsieur le Ministre et cher collègue,

Pour répondre au désir que vous m'avez fait l'honneur de m'exprimer par votre lettre du 14 mai dernier, j'ai prescrit de rechercher dans les bureaux du Ministère des affaires étrangères, afin de faire vérifier l'exactitude des deux faits attribués à M. Adam Mickiewicz

J'ai l'honneur de vous annoncer que ces recherches n'ont abouti à aucun résultat et qu'il a été impossible de retrouver trace soit de l'engagement qu'aurait pris M. Mickiewicz à l'époque de sa nomination de ne pas être hostile à la politique du gouvernement russe, soit de la conduite qu'il aurait tenue en Italie, lors des derniers événements dont ce pays a été le théâtre.

Agréez, etc.

Turgot.

30 août 1852

RAPPORT

Nous avons fourni, le 9 avril courant, les renseignements demandés le 2 du même mois.

Les antécédents politiques du poète Adam Mickiewicz sont assez bien connus. Cependant, il existe un fait assez grave, resté pour ainsi dire ignoré. On se rappelle qu'élevé sous le gouvernement de Louis-Philippe à la chaire de littérature slave au Collège de France, il fut révoqué (1).

[J'ai reçu la lettre que vous m'avez fait l'honneur de m'écrire le 9 mars au sujet de M. Mickiewicz qui a formé une demande à l'effet d'être naturalisé français. Je crois surabondant de vous rappeler les nombreuses communications adressées par la préfecture de police à votre département relativement à M. Mickiewicz. Il me suffira de vous dire que les leçons de ce professeur ont été suspendues] à la suite du scandale que causa dans le monde politique, littéraire et religieux, sa propagande panslaviste en faveur de la Russie et hostile au pouvoir qui l'avait nommé, ainsi que son apologie des doctrines extravagantes et anti-catholiques du prophète Towianski.

La conduite du poète Mickiewicz fut diversement commentée.

[Toutefois je possède sur le compte de M. Mickiewicz quelques autres documents qu'il m'a paru utile de porter à votre connaissance.]

On se souvient que sa nomination avait rencontré une vive opposition de la part de l'ambassade russe et que les difficultés n'avaient été aplanies qu'après de long pourparlers.

On voulut connaître les diverses phases de cette intrigue et, par suite de quelques indiscrétions, on apprit que pour obtenir l'abstention du prince de Pahlen, M. Mickiewicz avait

(1) Le 4 mai, le préfet de police transmit au ministre, sous sa propre signature, le rapport de son agent l'officier de paix Hébert, en y faisant des changements que nous donnons entre [ ]

pris l'engagement formel par écrit de ne pas être défavorable dans ses cours à la politique impériale de Saint-Pétersbourg. On assurait alors que cette promesse manuscrite avait été envoyée à l'Empereur Nicolas, et aujourd'hui encore des personnes qui se prétendent bien informées affirment qu'il doit exister au ministère des affaires étrangères une copie de cet acte ou quelques documents relatifs à cette affaire.

Depuis lors, M. Mickiewicz s'est tenu à l'écart, si ce n'est pendant les événements qui ont suivi la révolution de février et surtout dans le cours de la révolution italienne. On n'a pas oublié ses intrigues pour la formation d'une légion polonaise, dont les membres ont pour la plupart péri de misère ou de fatigue en Italie, et ceux qui ont survécu se rappellent l'avoir vu parcourir ce pays tenant un prétendu drapeau béni par le Saint-Père qui lui donna un démenti officiel.

[Il est l'un des principaux fondateurs de la *Tribune des Peuples,* journal démagogique, dont il a été le rédacteur en chef. Il s'est vu forcé de renoncer à ce poste par suite des observations qui lui ont été adressées par le gouvernement et des menaces qui lui ont été faites de l'expulser du territoire français.

La conduite de M. Mickiewicz est aujourd'hui plus réservée. Néanmoins il est difficile d'admettre que les événements de décembre aient modifié ses dispositions envers le gouvernement du Prince-Président. En effet, il est positif que Mickiewicz n'a pas abandonné ni désavoué la doctrine de Towianski, bien que la division règne parmi les sectaires qui tiennent encore des réunions chez l'ancien professeur. Or, il est reconnu dans l'émigration polonaise que les adeptes du prétendu prophète ont constamment montré de l'aversion contre l'ordre de choses actuel et que leur manière de voir ne s'est pas modifiée.]

Actuellement, la conduite politique de M. Mickiewicz est empreinte de prudence, de réserve, on pourrait même dire de dissimulation et il serait difficile de savoir si les évènements de décembre ont quelque peu modifié ses dispositions envers le pouvoir présidentiel, contre lequel il ne fait extérieurement aucune opposition.

Non seulement M. Mickiewicz n'a pas abandonné ni désavoué ces doctrines de Towianski, mais encore il existe entre ces deux hommes une entente intime, cordiale et plus complète que jamais, bien que la division règne parmi les sectaires du prophète.

Ceux-ci tiennent régulièrement des réunions chez M. Mickiewicz dans lesquelles figurent principalement le colonel Kamienski, Januszkiewicz et Chodzko.

La *Tribune des Peuples* n'a eu de fait que deux fondateurs réels : M. Branicki, bailleur de fonds, et M. Mickiewicz comme rédacteur en chef.

Ce dernier n'a pas rompu ses relations avec les anciens collaborateurs de cette feuille, et son intimité est très grande avec Branicki dont il est l'oracle dans toutes les questions politiques ou littéraires. C'est le comte qui soutient et paie la pension de ses enfants.

D'un autre côté, quelques Polonais font observer qu'ayant, dans ses leçons au Collège de France, parlé fréquemment avec éloge de l'empereur Napoléon, Mickiewicz doit être partisan des idées politiques du Prince-Président, mais le plus grand nombre répond que le poète professeur a voulu plutôt jeter du ridicule sur le nom impérial en le couvrant du manteau des doctrines anti-religieuses de Towianski et en le proclamant le Messie des idées nouvelles. A l'appui de leur opinion, ceux-ci font valoir que M. Mickiewicz a dit dans son cours que la chute de l'Empereur était justifiée par sa politique, puisqu'ayant trahi et étouffé la liberté, il devait périr.

[En général, M. Mickiewicz est considéré comme un grand poète, mais il est à peu près déconsidéré vis-à-vis de ses compatriotes. Esprit] brouillon, versatile, sophiste, il allie les idées les plus saines aux plus extravagantes, aussi bien en politique qu'en matière religieuse. Aussi toutes ses folies n'ont-elles réussi qu'à faire mettre ses ouvrages à l'index par la cour de Rome qui n'a vu en lui que le projet de saper le catholicisme au profit de la Russie. On l'a vu se mêler en même temps d'entreprises opposées inconciliables. Il s'est montré à la fois partisan effréné du principe aristocratique et du socialisme le plus désordonné. Pendant qu'il faisait de la propagande anti-religieuse, il fondait une congrégation de Jésuites et devenait le plus fougueux sectaire de Towianski.

[En résumé, Monsieur le Ministre, les renseignements qui précédent semblent plus que suffisants pour motiver le rejet de la demande formée par M. Mickiewicz.

Je dois ajouter que la récente mesure qu'a prise à juste titre le gouvernement français contre cet étranger en le révoquant de ses fonctions de professeur au Collège de France serait tout à fait incompatible avec la faveur qu'il sollicite aujourd'hui de votre département.]

Veuillez agréer, etc.

Le Préfet de Police.
Pietri

Police municipale.

Rapport 19990.

8 novembre 1852.

RAPPORT

Les nouvelles qui circulent en ce moment dans l'émigration polonaise sont empreintes d'un certain intérêt. On rapporte que le poète Adam Mickiewicz va être nommée sur les instances de la princesse Mathilde, au poste de Conservateur de la Bibliothèque de l'Arsenal.

Ce bruit a produit une fâcheuse impression sur les émigrés qui, en général, considèrent M. Mickiewicz comme un agent russe qui, de tout temps, a fait de la propagande en faveur de la Russie contre la France, et qui est, au fond, l'adversaire du gouvernement actuel.

Les Polonais disent que M. Mickiewicz n'est pas émigré, qu'il pourra rentrer en Pologne quand bon lui semblera, et qu'il est à regretter que cette faveur n'ait pas été accordée à quelque réfugié ancien militaire de l'Empire dévoué au Prince-Président ou à quelque littérateur émigré.

On ajoute que M. Mickiewicz, pour se faire pardonner son passé, a rompu, ostensiblement du moins, avec tous les sectaires du prophète Towianski.

D'un autre côté, on raconte que le projet de former des légions polonaises en Angleterre, dont il avait déjà été question il y a quelque temps, est de nouveau mis sur le tapis et que le ministère anglais a fait sonder les dispositions des officiers supérieurs polonais. On se serait abouché avec l'hôtel Lambert, et le général Dembinski, très hostile au Prince-Président, serait désigné comme le chef des futures légions.

Des Polonais, qui se disent bien informés, assurent que cette affaire est très sérieuse, que la démocratie aussi bien que l'aristocratie polonaise y sont immiscées et que cette intrigue est dirigée contre la France.

On sait de la manière la plus positive que l'ambassade russe, qui est très bien informée de ce qui se passe, a connaissance de ces menées dont elle se montre très inquiète et auxquelles elle assigne un but révolutionnaire.

Ses agents sont en quête pour savoir ce qu'il y a de réel relativement à une adresse au Prince-Président qui serait, disent-ils, soumise à la signature de notabilités militaires de l'émigration.

Ils paraissent consternés de cette nouvelle et les plus hardis récriminent contre l'Empereur Nicolas qui, selon eux, n'a pas voulu accorder une amnistie générale, malgré les pressantes sollicitations de l'ambassade qui reconnaît que cet acte de clémence n'aurait plus en ce moment aucune valeur, attendu que les émigrés amnistiés ne paraissent nullement disposés à quitter la France dans le moment actuel.

Néanmoins, les agents russes essayent toujours de faire des prosélytes pour l'amnistie, et l'un d'eux, Venceslas Jablonowski, va à domicile persécuter dans ce but les anciens émigrés.

Il circule un bruit au sujet du Prince Napoléon. On raconte que ce personnage s'entoure de tous les réfugiés qui sont le plus hostiles au Prince-Président contre lequel on laisse échapper des menaces.

On remarque dans son entourage Tanski, correspondant de feuilles allemandes, journaliste réputé pour agent russe, acharné contre le Président; Ordega, aussi mal disposé qu'avant sa naturalisation; enfin Branicki, compagnon de tous ses plaisirs, qui pourvoierait à ses dépenses et paierait ses dettes.

L'officier de paix,

HÉBERT.

6 janvier 1854.

L'Empereur, monsieur le Préfet, me charge de vous communiquer la note ci-jointe concernant M. Towianski (1), polonais déporté, et de vous prier de m'adresser les renseignements que vous pourrez vous procurer sur cet étranger.

ALBERT DE DALMAS.

Conclusion de la réponse du Préfet.

31 janvier 1854.

Si le prophète Towianski obtient sa rentrée en France, on doit s'attendre à de nouvelles intrigues dans l'émigration qui, déjà, n'est que trop travaillée en ce moment.

HÉBERT.

(1) Voir la *Correspondance d'Adam Mickiewickz* avec André Towianski, 2º vol., p. 156.

Rapport de police de l'agent polonais.

17 janvier 1854.

M. Adam Mickiewicz m'a dit : Il faut boire beaucoup pour être inspiré par l'esprit divin.

Le poète, ouvrant un tiroir plein d'or, a dit à Adolphe*** : La doctrine est pour les imbéciles et ceci est pour moi.

Date des déplacements d'A. Mickiewicz selon la police.

1843 9 octobre. M. Mickiewicz est de retour depuis huit jours.
1845 18 mai. M. Mickiewicz est parti pour la Suisse de son logis, 1, rue d'Amsterdam.
1845 3 juillet. Mickiewicz est attendu aujourd'hui à Paris.
1845 13 juillet. Mickiewicz est arrivé ce matin 12, rue du Boulevard.
1846 4 février. Mickiewicz est parti pour Zurych.
1846 7 avril. Mickiewicz est attendu demain à Paris.
1846 25 mai. Mickiewicz est revenu de Suisse.
1847 10 juillet. M. Mickiewicz part samedi prochain avec toute sa famille aux bains de mer pour six semaines.

MINISTÈRE de
L'INSTRUCTION PUBLIQUE
ET DES CULTES.

Division.

Bureau

Note pour

Paris, le   Août 1855

Depuis les réformes introduites dans l'Empire turc par le sultan Mahmoud et que son successeur n'a cessé de développer, des rapports de plus en plus fréquents se sont établis entre les chrétiens de la Turquie et des principautés danubiennes et les peuples de l'Occident. Les événements actuels et les conséquences qui en découlent ne peuvent qu'affermir ces rapports et les rendre plus intimes. La protection désintéressée de la France lui concilie la bienveillance des habitants non moins que la reconnaissance du Gouvernement ; et il est évident que la sympathie mutuelle qui attire les populations de l'Occident et de l'Orient ne fera que s'accroître à mesure qu'elles se connaîtront davantage. Aussi le Ministère de l'Instruction publique a-t-il porté son attention sur ce point.

Déjà l'on a vu des savants et de hauts fonctionnaires dans l'Instruction publique des pays qui composent l'Empire turc venir étudier en France les questions qui concernent l'établissement des écoles, des bibliothèques, des imprimeries, etc. Et, d'autre part, les voyageurs Français ont eu récemment l'occasion de visiter et d'observer ces pays si intéressants sous tous les rapports avec plus de liberté que cela n'avait été possible jusqu'alors. Il importe de faciliter ces communications, d'activer ces recherches et d'en préciser ces résultats.

C'est une tradition de la France, que partout où elle porte ses armes elle porte en même temps les investigations de la science, que toujours des missions scientifiques et littéraires soient poursuivies à l'ombre de ses drapeaux, assurant ainsi ces conquêtes vraies et durables, les seules qui ne coûtent aucun regret et qui font profiter la civilisation des calamités mêmes de la guerre. Cette tradition, inaugurée par celui qui organisa et accomplit l'expédition d'Egypte, a été depuis constamment suivie.

Lors de nos luttes en Algérie, le Ministre de l'Instruction publique, Monsieur Villemain, a dirigé les recherches des savants vers la découverte de plus d'un document précieux chez les Arabes. Aujourd'hui que la bravoure de nos soldats rétablit en Orient la prépondérance de nos armes, il a paru opportun de s'enquérir sur les lieux mêmes de tout ce qui peut éclairer l'histoire des Turcs et des populations de leur Empire sous le point de vue civil et religieux. Il est utile aussi de constater, comme l'a fait il y a quinze ans Monsieur Cousin pour la Hollande et la Prusse, quel est l'état de l'Instruction publique dans l'Empire turc, quels sont les progrès survenus depuis quelques années, et de déterminer quels conseils pratiques il y aura à donner quand les avis et les bons offices de la France seront demandés.

On se souvient de l'action que notre littérature a eue au dernier siècle sur l'Europe, sur les mœurs et sur les idées des gouvernement et des peuples : le temps n'est pas éloigné peut-être où nous verrons notre littérature agir sur les populations de l'Empire turc. Déjà un commerce considérable de librairie trouve des débouchés jusque dans les contrées éloignées de la Bosnie et de la Bulgarie ; évidemment l'Occident scientifique et littéraire est appelé à exercer une nouvelle influence sur ces peuples ; il serait donc nécessaire d'avoir des renseignements précis sur la nature de cette influence et sur l'étendue qu'elle peut avoir, ainsi que sur les principaux centres des populations chrétiennes où elle se manifeste davantage.

Monsieur le Ministre de l'Instruction publique désirerait avoir le tableau exact des établissements scientifique et littéraires qui existent maintenant chez les chrétiens de la Turquie et dans les pricipautés Danubiennes ; — et savoir :

Quelles y sont, en matière d'instruction publique, les lois, ordonnances et coutumes actuellement en vigueur :

Quels sont les rapports entre la hiérarchie ecclésiastique et les personnes employées dans les établissements d'instruction publique ;

Quelles sont les méthodes suivies dans les écoles publiques et quels sont les livres présentement en usage ;

Quels sont les auteurs occidentaux les plus connus et les plus populaires et les livres qu'on a traduits ;

Quelle est la proportion des traductions d'auteurs allemands et d'auteurs français ;

Quel est, à peu près, le nombre de livres exportés de la France ; quel chemin prend ce commerce ; quels sont à cet égard les règlements de censure et de douanes :

S'il y a dans les bibliothèques, dans les monastères, quelques manuscrits soit anciens, soit du moyen âge qui concernent la littérature classique proprement dite ou celle de l'Occident.

La personne chargée de cette mission se rendra d'abord à Constantinople, profitera des renseignements utiles de l'ambassade française, les complètera par la visite et l'examen des bibliothèques et des imprimeries chrétiennes établies à Constantinople, ainsi que des chrétiens habitants de la capitale.

De Constantinople, M. se rendra, en traversant la Bulgarie, à Widdin, centre commercial de ce pays. Un court séjour dans la Bulgarie suffira pour prendre connaissance de tout ce qui peut avoir trait à la présente mission.

La cité qui offrira le plus d'intérêt sous tous les rapports est Belgrade; mais on ne doit point se borner à profiter des ressources scientifiques qui se trouvent dans cette capitale de la Serbie. Le pays serbe est si important au point de vue historique et littéraire qu'il serait utile d'en visiter toutes les villes les plus considérables. De la frontière de Bosnie, on pourra prendre des informations sur la Bosnie et sur l'Herzégovine, dans le cas où, par suite des circonstances, il serait impossible de parcourir ces pays et de pousser l'excursion jusqu'au Monténégro.

De la Serbie on ira en Valachie et en Moldavie. On verra aussi la Dobroutscha.

MINISTÈRE
des
AFFAIRES ÉTRANGÈRES.

Paris, le 7 septembre 1855

Cabinet.

— Monsieur, M. Adam Mickiewicz, qui vous remettra cette lettre, se rend en Turquie chargé d'une mission par M. le ministre de l'Instruction publique. Je vous prie de vouloir bien l'accueillir avec bienveillance et de lui rendre les services qui dépendront de vous.

Agréez, Monsieur, l'assurance de ma haute considération.

A. Walewski

A messieurs les agents diplomatiques à Belgrade, à Bucharest et à Constantinople.

AU NOM DE L'EMPEREUR DES FRANÇAIS,

Nous Ministre, secrétaire d'État des affaires étrangères, prions les officiers civils et militaires chargés de maintenir l'ordre public dans l'intérieur de la France et dans tous les pays amis ou alliés de l'Empire français de laisser librement passer *M. Adam Mickiewicz se rendant en Turquie, chargé d'une mission du ministère de l'Instruction publique* et de lui donner aide et protection en cas de besoin.

Le présent passeport délivré à Paris, le 7 septembre 1855.

Le ministre des affaires étrangères.
A. WALEWSKI.

Chancellerie de l'ambassade de France près la Porte ottomane.

Extrait du registre des actes de l'état civil.

Acte de décès de Adam Mickiewicz.

Du 27ᵐᵉ jour du mois de novembre 1855, à dix heures du matin.

Acte de décès du sʳ Mickiewicz Adam, ancien professeur au Collège de France, bibliothécaire à l'Arsenal, demeurant à Paris, rue de Sully n° 1, de passage à Constantinople, y décédé hier à neuf heures moins un quart du soir, âgé de cinquante-cinq ans environ, natif de Novogrodek, province de Wilna (Lithuanie).

Sur la déclaration à nous faite par le sieur Drozdowski (Stanislas), docteur en médecine, demeurant à Galata-les-Constantinople, natif de Wilna (Lithuanie), âgé de 45 ans.

Et par le sieur Antoine Gaillard, chef de bureau de la Chancellerie de l'ambassade de France à Constantinople, y demeurant, natif de Turin, âgé de 53 ans.

Et ont signé après lecture faite, constaté par nous, Lucien

Rouet, chancelier de l'ambassade de France près la Porte ottomane, faisant fonctions d'officier de l'état-civil.

A Constantinople, les jour, mois et an susdits.

(Signé) S. DROZDOWSKI, A. GAILLARD.
L. ROUET.

Collationné au registre par nous Lucien Rouet, chancelier de l'ambassade de France près la Porte ottomane.

A Constantinople, le 29 novembre 1855.

ROUET.

A M. Laurent de l'Ardèche, à la Bibliothèque de l'Arsenal.

Paris, le 30 novembre 1855.

Monsieur l'administrateur,

Je viens de recevoir de M. le Ministre des affaires étrangères une dépêche télégraphique qui lui a été adressée le 28 novembre courant par M. l'ambassadeur de France à Constantinople pour l'informer que M. Mickiewicz a succombé le 26 du même mois à une attaque de choléra. Je vous prie de vouloir bien vous charger d'annoncer cette triste nouvelle à la famille de M. Mickiewicz et lui transmettre en même temps l'expression de tous mes regrets.

Recevez, Monsieur l'administrateur, l'assurance de ma considération très distinguée.

Le Ministre de l'instruction publique et des cultes.

Pour le ministre :

Le chef du Secrétariat,

Charles FORTOUL.

MINISTÈRE
de
L'INSTRUCTION PUBLIQUE
ET DES CULTES.
Secrétariat.

1ᵉʳ *Bureau*

Paris le 7 janvier 1856.

Prince, j'ai l'honneur de vous informer que je viens de prescrire l'ordonnancement en votre nom d'une somme de quinze cents francs destinée au remboursement de pareille somme que vous avez bien voulu avancer à M. Mickiewicz au moment de son départ pour sa mission en Orient.

J'ai donné les ordres nécessaires pour que le mandat de paiement puisse être mis à votre disposition dans le courant du mois de janvier.

Veuillez agréer, Prince, l'assurance de ma haute considération.

Le Ministre de l'instruction publique et des cultes,
H. Fortoul.

M. le prince Czartoryski.

INDEX BIBLIOGRAPHIQUE

ŒUVRES FRANÇAISES

De la peinture religieuse des Allemands (introduction à une série d'articles dont le premier seul a paru). Livraison de mars 1835 de la *Revue des Etats du Nord*, publiée à Paris, sous la direction de E. Boulet, de Metz. Cet article a été réimprimé dans la 15e livraison, n° du 14 juin 1846, de l'*Artiste, Revue de Paris, Beaux-Arts et Belles-Lettres*, et dans le n° du 10 décembre 1859 du journal l'*Espérance*, à Genève.

Semaine de miel d'un conscrit. Fragment des mémoires d'un sergent polonais. Livraison de la *Revue du Nord*, de mai 1835.

Notice biographique et littéraire sur Alexandre Pouchkine, dans le n° 1, du 25 mai 1837, du *Globe*, revue des sciences, des arts et des lettres, Paris.

La comédie infernale examinée par A. Mickiewicz dans ses leçons du *Collège de France* (*Revue indépendante* du 10 mai 1843.)

Cours de littérature slave au Collège de France. Vers la fin de 1842, le cours fut lithographié. Du 6 au 27 décembre 1842, on tira 4 fascicules ; du 10 janvier au 17 juin 1843, 5 fascicules, le tout formant 152 p. in-fol. Le cours étant bi-hebdomadaire, on voulut d'abord réunir sous un titre les leçons du commencement et sous un autre titre celles de la fin de la semaine; voilà pourquoi, en 1843, sous le titre d'*Études*, il y eut, dans le même format, 8 fascicules lithographiés, des 13 et 17 janvier, 3, 7, 14 et 21 mars, 16 et 23 mai ; en tout 73 p.

L'Eglise officielle et le Messianisme (cours de littérature slave du *Collège de France* 1842-1843), publié d'après les notes sténographiées. 2 vol. in-8°. Paris, 1845, au Comptoir des Imprimeurs-Unis, quai Malaquai, 15. Le 1er vol. a 548 p. De la p. 505 à la p. 548 se trouve : *Appendice : Notes et essais sur les inscriptions lyciennes*, par M. Alexandre Chodzko. L'ouvrage devait simplement porter pour titre : *Cours de littérature slave*, 3e année. Sur les instances de quelques amis français, il fut modifié. Le volume 1er, l'*Église officielle et le Messianisme* (première partie : littérature et philosophie), fut mis en vente le 18 février 1845 ; le 2e, l'*Église et le Messie* (deuxième partie : religion et politique), qui a 304 p., parut le 29 mai 1845. Cinq exemplaires de ces deux volumes furent tirés sur papier vélin. La préface a été tirée à part à 3000 exemplaires, sous forme d'une brochure de 8 p. in-8° qui porte sur sa couverture l'avis suivant : « Nous livrons cette préface, détachée du livre : *L'Église et le Messie* d'Adam Mickiewicz, parce que, tout en résumant l'idée, l'essence même du livre, elle est en fait et en droit un acte public. Les peuples slaves ont adressé un appel à la France : la France répondra à cet appel. Ch. Bouvier, E. Bournier, Th. Fouqueré. »

Les Slaves, cours professé par Adam Mickiewicz (1840-41) et publié d'après les notes sténographiées. 5 vol. in-8°. Paris, 1849, au Comptoir des Imprimeurs-Unis, quai Malaquais, n° 15. Ainsi les 3 premiers volumes parurent en 1849 ; les 2 vol. édités précédemment forment les t. IV et V de cette édition, au moyen d'un changement de titres et de faux-titres. Un autre changement de ce genre permit de faire figurer ces 5 vol. comme les t. VII-XI de l'édition polonaise des œuvres de l'auteur de 1860-61. Enfin, en 1866, on modifia encore une fois les titres, faux-titres et couverture de cet ouvrage en y ajoutant une préface de Ladislas Mickiewicz.

Zywila, légende lithuanienne, par Adam Mickiewicz, retrouvée et publiée, texte et traduction en regard, par Ladislas Mickiewicz, avec eau-forte. 1 vol. in-16 de 31 p. Paris, 1866, librairie du Luxembourg, prix : 3 fr. Il en a été tiré quelques exemplaires sur papier de luxe avec titre en couleur.

Histoire populaire de Pologne, par Adam Mickiewicz, publiée avec notes et chapitre complémentaire, par Ladislas Mickiewicz. 1 vol. in-18, p. XXIV et 617. Paris, Hetzel, 1867, prix : 3 fr.

Drames polonais d'Adam Mickiewicz. 1° Les confédérés de Bar ; 2° Jasinski ou les deux Polognes, publiés pour la première fois. 1 vol. gr. in-16 p. XVI et 85. Paris, 1867, librairie du Luxembourg, prix : 3 fr. Il en a été tiré quelques exemplaires sur papier de luxe avec titre en couleur.

La politique du XIX⁰ siècle, par Adam Mickiewicz, avec préface et annotations par Ladislas Mickiewicz, 1° Politique polonaise : articles du *Pèlerin Polonais* ; 2° Politique française et universelle: articles de la *Tribune des Peuples* ; 3° Le Tsarisme, la Pologne et Napoléon (avec l'image de Napoléon pleurant sur la carte d'Europe). 1 vol. in-18 p. LXXXII et 306. Paris, 1870, librairie du Luxembourg, prix : 5 fr.

Mélanges posthumes d'Adam Mickiewicz, publiés avec introduction, préface et notes, par Ladislas Mickiewicz. Première série : I. *Drames polonais:* Les confédérés de Bar-Jacques Jasinski. — II. *Roman militaire et roman prophétique:* La semaine de miel d'un conscrit, le premier chapitre des guerres futures. — III. *Critique littéraire :* Goethe et Byron, Alexandre Pouchkine. 1 vol. in-18, p. XXIV et 368. Paris, 1872, librairie du Luxembourg, prix : 3 fr. 75 c.

Vie de Saint Adalbert, apôtre du Nord et patron de la Pologne, par Adam Mickiewicz, br. in-16 de 16 p. Paris, 1876, librairie du Luxembourg. Prix : 5 fr.

Mélanges posthumes d'Adam Mickiewicz, publiés avec introduction, préfaces et notes par Ladislas Mickiewicz. Deuxième série. 1. *Légendes Lithuaniennes:* Zywila, Karylla. — II. *Proverbe :* Ce que femme préfère. — III. *Notices littéraires :* Dépouillement des bibliothèques et musées de Pologne. La mort de Garczynski. Coup d'œil sur les Dziady et fragment de la 1ʳᵉ partie. — IV. *Apologétique du romantisme :* De la poésie romantique, réponse aux 1 critiques de Varsovie. 1 vol. in-18, p. CXL et 569. Paris, 1879, librairie du Luxembourg, prix : 8 fr.

TRADUCTIONS ET COMPTES RENDUS

Poésies romantiques d'Adam Mickiewicz, dans le *Bulletin du Nord, journal scientifique et littéraire*, publié à Moscou, par G. Lecointe de Laveau, 1828. Livraisons de janvier et de septembre. La traduction des sonnets et ballades donnée dans ce recueil était due à la plume de Mⁿ F. Zaleska.

Sonnets d'Adam Mickiewicz. Article de E. Héreau (d'après la critique publiée par le prince Viazemsky dans le *Télégraphe de Moscou*, n° 7, année 1827), inséré p. 711, t. XXXVII de la *Revue encyclopédique*, ou analyse raisonnée des productions les plus remarquables dans les sciences, les arts industriels, la littérature et les beaux-arts, par une réunion de membres de l'Institut et d'autres hommes de lettres. Paris, 1828.

Poésies d'Adam Mickiewicz, 1828-29. Article signé M. P. (Michel Podczaszynski), consacré à la 1re édition des œuvres de Mickiewicz publiée à Paris, p. 229, t. XLII de la *Revue encyclopédique*, avril 1829.

Konrad Wallenrod, récit historique, tiré des Annales de Lithuanie et de Prusse, le Faris et les sonnets de Crimée, traduits du polonais par Félix Miaskowski et G. Fulgence, ornés du portrait de l'auteur. 1 vol. in-8°. Paris, 1830. Librairie de Sédillot, prix; 3 fr. 75 c.

Poésies d'Adam Mickiewicz, traduites du polonais par MM. Miaskowski et Fulgence, article d'Alphonse d'Herbelot, p. 356-373 du t. XLVI de la *Revue encyclopédique*, mai 1830, tiré à part sous le titre : *Notice sur la vie et les poésies d'Adam Mickiewicz*. Paris, mai 1830, br. in-8°

Examen des œuvres de Mickiewicz, dans un article publié sous le voile de l'anonyme, par Sigismond Krasinski, livraison d'octobre 1830 de la *Bibliothèque Universelle*, de Genève.

Mickiewicz, article de Léonard Chodzko dans la *Biographie universelle des Contemporains*. Paris, 1826-1833.

Konrad Wallenrod, roman historique, traduit du polonais d'A. Mickiewicz. 1 vol. in-32, p. 163. Paris, 1830, Gagniard et A. J. Denain. (Traduction anonyme de M. Jastrzembski.)

Dythyrambe à la jeunesse, traduit par Boyer-Nioche. In-8°, Paris, 1831.

Du parti polonais et de la tendance des peuples de l'Europe (articles d'Adam Mickiewicz, traduits du journal *Pielgrzym Polski* (*le Pèlerin Polonais*), p. 317-324 de l'ouvrage: *Souvenirs de la Pologne historiques, statistiques et littéraires*. 1 vol. gr.-in-8°. Paris, 1833.

Le Faris, poème d'Adam Mickiewicz, traduction en vers, suivie de celle d'un fragment de Konrad Wallenrod et d'une poésie adressée par le traducteur à l'auteur. 1 vol. in-8° orné d'une lithographie. Saint-Pétersbourg, 1833.

Evangile de la nation polonaise pendant son pèlerinage, trad. par Louis Lemaître. In-8°, 31 p. Paris, 1833.

Le chant du chasseur, paroles de Mickiewicz, musique de Kotkowski. Paris, 1833.

A la mère Polonaise, trad. par M. Baze, avocat. Agen, 1833, réimprimé dans l'opuscule intitulé : *Rocznica Rowolucyi polskiej* (l'anniversaire de la Révolution polonaise).

Fragments des Dziady, traduits par M. Burgaud des Marets. 2ᵉ partie dans le journal *le Polonais*, p. 179-189, vol. 1ᵉʳ. Paris, septembre 1833.

La mère polonaise, trad. inédite (anonyme) dans le journal *le Polonais*, p. 282, vol. 1ᵉʳ, septembre 1833.

Livre des Pèlerins polonais, traduit par le comte Charles de Montalembert. 1 vol in-16, p. LXXV et 176, précédé d'une préface du traducteur et suivi de l'hymne à la Pologne de l'abbé de Lamennais. Paris, 1833.

Le livre des Pèlerins polonais, critique signée H. R. dans le journal *le Polonais*, vol. 1ᵉʳ, p. 229-240, octobre 1833.

Livre des Pèlerins polonais, traduit par le comte Charles de Montalembert. Contrefaçon belge qui a eu deux éditions et possède de plus que l'édition française une préface de 11 p. signée : Un ami des Polonais. Bruxelles, J. J. Tircher, 1834.

Ballades polonaises. 1º Czaty (le guet), 2º Twardowska (la corvée), p. 117-124 de la *Revue étrangère de la littérature et des sciences*. Paris, 1834.

Fragments des Dziady, traduits en français par M. Burgand des Marets, 4ᵉ partie, dans le journal : *le Polonais*, 2ᵉ vol. p. 71-75 et 115-120. Paris, février 1834.

A une mère polonaise, trad. en vers par M. Baze, avocat, dans le journal *le Polonais*, p. 31, vol. 3, 1834.

Les Ayeux ou la fête des morts, seconde et troisième parties, poème traduit du polonais par M. Boyer-Nioche. 1 vol. in-16. Paris, 1834.

Dziady ou la fête des morts, poème traduit du polonais (par M. Burgaud des Marets), 1 vol. in-12. p. VII et 174, Paris, 1834.

Le sieur Thadée, poème de Mickiewicz, critique dans le journal *le Polonais*, vol. 5, p. 44. Paris, juillet 1835.

Grazyna, poème d'Adam Mickiewicz, trad. par Christien Ostrowski, dans le vol. *Nuit d'exil*. Paris 1836.

Sainte-Beuve a donné un compte-rendu de cette traduction dans le 4ᵉ vol. du journal : *le Polonais*, p. 444. Paris, juin 1836.

Konrad Wallenrod, trad. par Loison. 1 vol. in-8°. Paris, 1836.

Le joueur de Lyre, esquisse de mœurs lithuaniennes, trad. de Mickiewicz par Christien Ostrowski dans le t. IIᵉ de la *Pologne historique, littéraire et monumentale*. Paris, 1837.

Pharis, la redoute d'Ordon, la mère polonaise et le joueur de Lyre, trad. de Mickiewicz par Christien Ostrowski, dans la *Semaine d'exil*. Paris, 1837. Pharis et le joueur de lyre, trad. par Ostrowski, se trouvent également dans la *Brise du Nord*, 1ʳᵉ édition. Paris, 1838, 2ᵉ édition, 1839.

Sieur Thadée, analyse d'un poème d'Adam Mickiewicz par J. Wyslouch, dans la *Brise du Nord*, keepsake polonais. 1 vol. in-8°. Paris, 1838. M. Wyslouch déclare emprunter la traduction de la confession de Robak à M. F. Haage, qui devait publier en français le poème entier du *sieur Thadée*, mais ne l'a pas fait.

De la poésie de Mickiewicz, dans l'article : *De la littérature polonaise au XIXᵉ siècle*, trad. de l'*Athénéum*, livraison de la *Revue Britannique* de septembre 1838.

George Sand, Essai sur le drame fantastique, Goethe, Byron, Mickiewicz, dans la livraison du 1ᵉʳ décembre 1839 de la *Revue des Deux-Mondes* (réimprimé dans le vol. *Impressions littéraires*). 1 vol. in-18, Paris, Hetzel, 1862.

Discours prononcé à l'installation de M. A. Mickiewicz comme professeur ordinaire de littérature latine dans l'Académie de Lausanne, le 26 juin 1840, par MM. de la Harpe, président du conseil de l'Instruction publique ; C. Monnard, recteur de l'Académie ; A. Mickiewicz, récipiendaire. Lausanne, imprimerie et librairie de Ducloux, 1840, br. in-8°. L'avis suivant est imprimé sur la couverture : « Le discours prononcé par M. Mickiewicz n'a pas été remis par son auteur pour l'impression. »

Dans la *Revue Suisse*, sous la rubrique : *Littérature étrangère*, article sur Mickiewicz (par F. Frossard, pasteur), t. III, Lausanne, 1840.

A Mickiewicz, après une lecture du Faris, poésie par L. Delâtre. *Revue Suisse*, t. III, 1840. Il y est dit en note : « La librairie de Marc Ducloux se propose de publier une édition du Livre des Pèlerins polonais, traduit par le comte Charles de Montalembert, et suivi d'un hymne à la Pologne par F. de Lamennais. L'édition originale est épuisée. » L'édition ainsi annoncée n'a point paru.

Galerie des contemporains illustres, par un homme de rien (M. de Loménie). vol. III, *A. Mickiewicz*. Tirage à part en br. in-18 de 36 p. avec portrait. Paris, 1841. Il existe une contrefaçon belge : *Galerie des contemporains illustres*, par un homme de rien, avec une lettre-préface par M. de Châteaubriand, ornée de magnifiques portraits dessinés par Baugniat. 2 vol. in-4° à deux colonnes. Bruxelles, chez Meline, Caus et Cie. La biographie d'Adam Mickiewicz figure dans le 1er vol. p. 233-241, avec portrait.

Œuvres d'Adam Mickiewicz, professeur de littérature au Collège de France, traduction nouvelle par le comte Christien Ostrowski, 2 vol. in-12. Paris, 1841, H. L. Delloye, éditeur. Autre édition en 1845.

Adam Mickiewicz, poésie par M. Martin, dans la *Revue de Paris* du 30 octobre 1842.

Lèbre (A.). Mouvement des peuples slaves, leur passé, leurs tendances nouvelles. Cours de M. Mickiewicz. *Revue des Deux-Mondes* du 15 déc. 1843. M. Lèbre a également consacré plusieurs articles à Mickiewicz dans *le Semeur*.

De la littérature slave, par M. Mickiewicz (*Revue Indépendante* du 10 avril 1843).

Loubens (Charles). L'Eglise officielle et le Messianisme, par Adam Mickiewicz (*Revue Indépendante* du 25 mai 1846).

Thomas (Alexandre). Appréciations sur Mickiewicz dans *La Propagande russe en Pologne*, et *La propagande démocratique en Pologne*, n°s de la *Revue des Deux-Mondes* des 15 août 1846 et 1er avril 1848.

Légion des croisés polonais (affiche in-4°). Paris, 10 mai 1848.

Principes de la Pologne renaissante, in-4°. Paris, 1848.

Démonstrations des Florentins en l'honneur d'A. Mickiewicz et des croisés polonais, in-4°. Paris, 1848.

Œuvres poétiques complètes d'Adam Mickiewicz, traduction nouvelle d'après l'édition originale de 1844, par Christien Ostrowski. 3e édition ornée de deux planches en taille-douce, 2 vol. in-18, Paris, Plon frères et Victor Lecou, 1849.

Konrad Wallenrod et Grazyna, traduits par Christien

Ostrowski dans l'édition illustrée publiée avec textes polonais, français et anglais par Jean Tysiewicz. 1 vol. in-4°, 268 p., avec portrait. Paris, 1851.

Erdan. Les mystiques polonais (t. II de *la France mystique*, p. 299-478). 1 vol. in-18. Paris, 1851.

Les ayeux, le Presbytère, traduction en vers français par P. Dubois, précédée d'une préface par A. David, 1 vol. in-8. Paris, Gabriel jeune 1851.

Les quatre littératures slaves. par Cyprien Robert (*Revue des Deux-Mondes* du 15 décembre 1852).

Julian Klaczko. La Crimée poétique (traduction des sonnets d'Adam Mickiewicz, (*Revue contemporaine* des 30 avril et 15 mai 1855.)

Nécrologie d'Adam Mickiewicz (par M. Juste Olivier), dans la chronique de Paris de la *Revue Suisse*, déc. 1855.

Œuvres poétiques complètes d'Adam Mickiewicz traduites du polonais par Christien Ostrowski, 5e édition ornée de deux planches en taille-douce, 2 vol. in-12. Paris, 1859. Firmin-Didot.

Les Mânes, poème d'Adam Mickiewicz, suivi de quelques poésies fugitives du même auteur, traduit par le comte Michel Borch. 1 vol. in-8° de 176 p. orné d'une lithographie. Vilna, 1859.

Paul de Saint-Vincent (Budzynski), Mickiewicz. (Livraisons du 15 novembre 1859 et du 29 février 1860 de la *Revue Contemporaine*.)

Fontille (Edmond), pseudonyme d'Edmond Mainard. Adam Mickiewicz, sa vie et sa croyance, esquisse biographique, impressions, souvenirs, 1 vol. in-18. Paris, 1862. Une autre édition parue la même année, sous le titre : « Le prophète national de la Pologne, esquisse sur la vie et la croyance d'Adam Mickiewicz », ne diffère de la précédente que par l'absence d'une lettre-préface d'Alexandre Chodzko qui figure en tête de la première.

Chojecki (Charles-Edmond). De l'esprit poétique de la Lithuanie, l'œuvre d'Adam Mickiewicz (livraison de la *Revue Contemporaine* du 28 février 1862).

Traduction libre du do Matki Polki de : Mickiewicz, in-8° de 8 p. signé : P. N. B. (Pierrre-Napoléon-Bonaparte). Paris, Paul Dupont, 1864.

A la mère polonaise, traduit de Mickiewicz par P. M. K. Br. in-8° de 8 p. Tarnopol, 1864.

La Pologne captive et ses trois poètes, Mickiewicz, Krasinski, Slowacki (par Charles-Edmond Chojecki). 1 vol. in-18. Leipzig, 1864.

Le livre de la Nation polonaise et des Pèlerins polonais, traduction nouvelle par Armand Levy, avec introduction et commentaires par Ladislas Mickiewicz, édition illustrée, titre rouge et encadrement de couleur, 1 vol. in-18. Paris, Dentu, 1864.

A une mère polonaise, trad. du comte Charles de Montalembert, dans : **Le Pape et la Pologne**, br. in-8°. Paris 1869.

Conrad Wallenrod, légende historique, d'après les chroniques de Lithuanie et de Prusse, traduction de l'un des fils de l'auteur avec introduction d'Armand Levy et neuf gravures sur acier d'après Antoine Zaleski. 1 vol. in-4°. Paris, 1866, librairie du Luxembourg.

Les Slaves. Histoire et littérature des nations polonaise, boême, serbe et russe par Adam Mickiewicz, introduction par Ladislas Mickiewicz, br. in-8° de 8 p. Paris, 1866, librairie du Luxembourg.

Chardon (J.). Littérature polonaise. Etude sur Adam Mickiewicz, br. in-8°. Versailles, 1866. (Extrait des mémoires de la Société des sciences morales, des lettres et des arts de Seine-et-Oise.)

Premiers siècles de l'histoire de Pologne d'Adam Mickiewicz, traduit du texte polonais inédit par le fils de l'auteur. 1 vol. in-18. Paris 1867, librairie du Luxembourg. Prix : 3 fr. 50 c.

Dans le *Paris-Guide*, par les principaux écrivains et artistes de la France, première partie : jugement, p. 139-141, de Michelet sur Mickiewicz, dans le chapitre du Collège de France, et p. 1093-1097 de Charles-Edmond, dans le chapitre : la Colonie polonaise. Paris, 1867, Lacroix et Cⁱᵉ.

Monument d'Adam Mickiewicz à Montmorency, notice et discours, texte française et polonais, avec vignette et eau-forte de Bronislas Zaleski. 1. vol. in-16 de 95 p. Paris, 1867, librairie du Luxembourg. Prix : 3 fr.

Inauguration du monument d'Adam Mickiewicz à Montmorency, br. in-18 de 48 p. Paris, 1867, librairie du Luxembourg. Prix : 1 fr.

Allocution de M. Louis Wolowski, membre de l'Institut, à l'inauguration du monument d'Adam Mickiewicz à Montmorency (21 mai 1867), br. in-8°. Paris, 1867.

Mickiewicz, article du **Magasin pittoresque** (juin 1870), avec reproduction d'après un dessin de Gilbert du médaillon de Mickiewicz par A. Préault au cimetière de Montmorency.

Mémorial de la Légion polonaise de 1848, créée en Italie par Adam Mickiewicz, publication faite d'après les papiers de son père, avec préface et notes, par Ladislas Mickiewicz. 1 vol. in-18, p. XLIX et 536. Paris, 1877, librairie du Luxembourg. Prix : 5 fr.

Victor Pavie, Gœthe et David, souvenirs d'un voyage à Weimar, br. in-18 de 89 p. Angers, 1874 (avec le récit de la rencontre de Mickiewicz et de David d'Angers). Un fragment de ce même article a paru sous le titre : *Gœthe chez lui*, dans le numéro de déc. 1874 de *l'Artiste*.

Trois pensées de Mickiewicz et la Primevère, trad. dans le vol. : Fables et poésies polonaises publiées par le comte V. H. de Rochetin, précédées d'une lettre de Henri Martin. 1 vol. in-18, Paris, 1874.

Ode à la jeunesse de Mickiewicz, traduction nouvelle de Christien Ostrowski, p. 301 des œuvres complètes de cet auteur. Paris, 1875, Lemerre.

Monsieur Thadée de « Soplica », où le dernier procès en Lithuanie *sui generis*, récit historique en douze chants, par Adam Mickiewicz, trad. en vers par Charles de Noire-Isle (pseudonyme du comte Charles Przezdziecki). 2 vol. in-18, t. I, p. 307, t. II, p. 348. Paris, 1876-1877, 5 fr. le vol. Plon et Cie.

L'héroïne slave, par Jules Franc. 1 vol. in-18, p. 108, Paris, 1877, Lahure. C'est une adaptation à la scène du poème de Grazyna.

Cycle Lithuanien. Première partie : Adam Mickiewicz, Edouard Odyniec. Ce vol. contient les poésies lyriques de Mickiewicz, les deux romances de Wallenrod, les stances d'amour, les sonnets, les aïeux, trad. par M. de Noire-Isle. 1 vol in-18, p. 309. Nice, chez Visconti, Paris, chez Marpon et Flammarion 1880. Prix : 3 fr. 50. M. de Noire-Isle a publié sous le titre de : *Poètes illustres de la Pologne au XIXe siècle*, une collection de traductions qui sont d'inconscientes, mais grotesques parodies.

Primevère, *poésie de Mickiewicz*, dans *la Revue slave*, dirigée par A. de Fontaine, trad. de Sylvère Granvil, 1880.

Honoration de la mémoire d'Adam Mickiewicz en Italie. I. Solennité du Capitole. II. Plaque de marbre commémorative. — III. Couronnement du buste de Mickiewicz. — IV. Création et inauguration de l'Académie Adam Mickiewicz à Bologne. — V. Célébration du XXV anniversaire de la mort de Mickiewicz. 1 vol. in-18 de 131 p. Paris, 1881, librairie du Luxembourg. Il en a été tiré quelques exemplaires sur papier de luxe.

Adam Mickiewicz. Le livre de la nation polonaise et des pèlerins polonais, traduit en hébreu par le docteur Moïse Ascarelli, avec une préface d'Armand Levy, 1 vol. in-32. Paris, librairie du Luxembourg, 1881. (Tirage à part des 16 p. de la préface française de M. Armand Levy.)

Chefs-d'œuvre poétiques d'Adam Mickiewicz, traduits par lui-même et par ses fils, et suivis du livre de la nation polonaise et des Pélerins polonais, avec une notice sur la vie de l'auteur par Ladislas Mickiewicz, 1 vol. in-18, p. 391. Paris, Charpentier, 1882.

Les origines slaves, par Adam Mickiewicz, 1 vol. in-18, p. XV et 51. Paris, librairie du Luxembourg, 1882.

Le 30e anniversaire de la mort d'Adam Mickiewicz, article suivi de la traduction en vers de *la ballade d'Alpujarra* tirée de *Konrad Wallenrod*, et de *l'Orage*, passage du 10e livre de *Thadée Soplitza*, par V. G. (Venceslas Gasztowt), dans le numéro du 20 nov. 1885 du *Bulletin littéraire, scientifique et artistique polonais*, publié par les soins de l'association des anciens élèves de l'École Polonaise, br. in-8º, Paris 1885.

Le Luth des poètes slaves, recueil des compositions choisies de la littérature et des chansons nationales des peuples slaves comparées avec leurs textes nationaux et traduites par Julien-Soltyk-Romansky, 2º livraison. Les sonnets de Tauride, par Adam Mickiewicz, 1 br. in-8º. Dresde, Blochmaum, 1885.

A Adam Mickiewicz, poésie de M. Lucien Paté, dite par M. Armand Duterlre (de l'Odéon) à la soirée du 6 décembre 1886 organisée par l'association des anciens élèves de l'École Polonaise. Br. in-8º. Paris, Reiff, 1886.

La redoute d'Ordon, d'après Adam Mickiewicz, par Jules Perrin, br. in-8º. Paris, Reiff, 1887.

TABLE DES MATIÈRES

Pages

Préface... V

I

Années d'enfance et d'adolescence. Premières poésies et premier amour. Publication des œuvres. Philomates et Philarètes. Persécution, emprisonnement et condamnation par ukase impérial.. 1

II

Exil à Saint-Pétersbourg, à Odessa et à Moscou. Françoise Zaleska et Caroline Sobanska. Voyage en Crimée. Amitiés russes. Apparition des *Sonnets* et du poème de *Conrad Wallenrod*. Embarquement pour l'Allemagne.......... 58

III

Prague et Wenceslas Hanka. Weimar et Goethe. Pérégrinations en Italie. Anastasie de Klustine et Henriette Ankwicz. Excursion en Suisse et retour à Rome. Strophes *A la mère Polonaise*. Acheminement vers la Pologne. Attente en Posnanie. Séjour à Dresde et départ pour Paris............. 108

IV

L'émigration. Le *Livre des Pèlerins Polonais* et le poème *le sieur Thadée*. Mickiewicz au lit de mort de son ami Etienne Garczynski. Son intimité avec Lamennais et Montalembert.

Sa ferveur religieuse et son mariage. Sa liaison avec Quinet et Michelet. Ses essais en langue française. Appréciations de George Sand. Difficultés de la situation. Projet d'établissement en Suisse... 135

V

Cours de littérature latine à l'université de Lausanne. Enseignement de littérature slave au Collège de France. Prédications d'André Towianski à Paris et leur influence sur les leçons de Mickiewicz. Suspension de ces leçons et départ du poète pour Rome... 172

VI

Création à Rome d'une légion polonaise. Marche de Rome à Milan. Retour en France. Rapports avec les Napoléons. Fondation de la *Tribune des peuples*. Révocation du professorat au *Collège de France*. Mickiewicz à la Bibliothèque de l'Arsenal. Il perd sa femme. Mission en Orient. Mort à Constantinople. Obsèques à Montmorency.............. 224

Appendice... 343

Index bibliographique...................................... 368

EN VENTE A LA MÊME LIBRAIRIE

Envoi FRANCO au reçu du prix en un mandat ou en timbres-poste.

Collection in-18 jésus à 3 fr. 50

V. ALMIRAL
L'Espagne telle qu'elle est, 2e édition 1

FERNAND BEISSIER
Le Galoubet, 5e édition 1
Prudence Raynaud 1

PAUL BELON ET GEORGES PRICE
Paris qui Passe, 2e édition 1

ÉLÉMIR BOURGES
Sous la Hache, 2e édition 1
Le crépuscule des Dieux, nouvelle édition 1

CHARLES DE BRÉ
Le Roman du Prince Impérial, 7e édition 1

CHARLES BUET
Madame la Connétable 1
Contes moqueurs 1
Médaillons et Camées 1

ROBERT CAZE
Paris Vivant, 2e édition 1

ROBERT CHARLIE
Le Poison Allemand, 3e édition. 1

ALBERT CIM
Institution de demoiselles, 4e édition 1
La Petite Fée, 2e édition 1

HENRI CONTI
L'Allemagne intime, 4e édition. 1

PAUL GINISTY
L'Année littéraire 1885, 2e éd. 1

JULES HOCHE
Le Vice sentimental, 2e édition. 1
La Fiancée du Trapèze 1
Causes célèbres de l'Allemagne 1

L.-P. LAFORÊT
La Femme du Comique, préface d'Émile Augier, 2e édition 1

CAMILLE LEMONNIER
Noëls Flamands, 2e édition 1
Peintres de la Vie, 2e édition... 1

JULES LERMINA
Nouvelles histoires incroyables, 2e édition 1

AUGUSTE LEPAGE
Une déclassée, 2e édition 1

PAUL LHEUREUX
L'Hôtel Pigeon, 2e édition 1

JEAN LORRAIN
Les Lepillier, 2e édition 1
Très Russe, 2e édition 1

FRANÇOIS LOYAL
L'espionnage Allemand en France, 3e édition 1

JACQUES LOZÈRE
Baudemont, 4e édition 1
Mariages aux champs, 2e édit. 1

PAUL MARGUERITE
Tous Quatre, 2e édition 1
La confession posthume, 2e éd. 1
Maison ouverte, 2e édition 1

TANCRÈDE MARTEL
La Main aux dames, 2e édit.... 1
La Parpaillote, 2e édition 1
Paris païen, 2e édition 1

GEORGES MAILLARD
L'Organiste, 3e édition 1

OSCAR MÉTÉNIER
La Grâce, 2e édition 1
Bohême bourgeoise, 2e édition. 1
Outre-Rhin, 2e édition 1

GEORGES MEYNIÉ
L'Algérie juive, 3e édition 1
Les Juifs en Algérie, 2e édition. 1

ISAAC PAVLOVSKY
Souvenirs sur Tourguéneff, 2e édition 1

ÉMILE PIERRE
A Plaisir, 2e édition 1

ALBERT PINARD
Madame X., 2e édition 1

PAUL POUROT
A quoi tient l'Amour, 2e édit .. 1

JEAN RAMEAU
La Vie et la Mort, 2e édition.... 1

ÉDOUARD ROD
L'Autopsie du docteur Z...... 1

J.-H. ROSNY
Nell Horn (de l'armée du Salut), 2e édition 1
Le Bilatéral, roman parisien de mœurs révolutionnaires, 2e édition.. 1
L'Immolation, 2e édition 1

LÉO ROUANET
Chambre d'Hôtel, 2e édition.... 1
Maxime Everault, 2e édition ... 1

CAMILLE DE SAINTE-CROIX
La Mauvaise Aventure, 2e édit. 1
Contempler, 2e édition 1

ALBERT SAVINE
Les Étapes d'un naturaliste 1

LOUIS TIERCELIN
Amourettes, 2e édition 1
Les Anniversaires 1
La Comtesse Gendelettre 1

LÉON TIKHOMIROV
Conspirateurs et Policiers (souvenirs d'un proscrit russe... 1
Russie Politique et Sociale, 2e édition 1

COMTE LÉON TOLSTOÏ
Ma Confession, trad. ZORIA, 3e éd. 1
Que faire ? 2e édition 1
Dernières Nouvelles, 2e édition 1
L'École de Yasnaïa poliana, 3e éd. 1
Pour les enfants, 3e édition ... 1

LÉO TRÉZENICK
Les Gens qui s'amusent, 2e éd. 1

A. VANDAM
Affaire Colin-Camphell, 2e édit. 1

JULES VIDAL
Un cœur fêlé, 2e édition 1
Blanches Mains, 2e édition 1

CHARLES VIRMAITRE
Paris qui s'efface, 2e édition.... 1
Paris-Escarpe, 9e édition 1
Paris-Canard, 2e édition 1
Paris-Boursicotier, 2e édition.. 1

KALIXT DE WOLSKI
La Russie juive, 3e édition 1